HEYNE BÜCHER

BLAUE REIHE

Von John Lutz
sind als Heyne-Taschenbücher erschienen:

Nachtanschluß · Band 02/2269
Jake Dancers Schulden · Band 02/2290

JOHN LUTZ

TODESSTRAFE

Kriminalroman

Aus dem Amerikanischen übersetzt
von Renate Gotthardt

WILHELM HEYNE VERLAG
MÜNCHEN

HEYNE BLAUE REIHE
Nr. 02/2306

Herausgegeben
von Bernhard Matt

Titel der Originalausgabe
RIDE THE LIGHTNING

Printed in Germany 1989
Umschlagfoto: Süddeutscher Verlag, Bilderdienst, München
Umschlaggestaltung: Atelier Ingrid Schütz, München
Satz: IBV Satz- und Datentechnik GmbH, Berlin
Druck und Bindung: Elsnerdruck, Berlin

ISBN 3-453-04057-0

Für I. Ingelsfeld,
unter welchem Namen
auch immer.

Ist es Tatsache – oder habe ich es geträumt –, daß die Welt der Materie vermittels der Elektrizität zu einem großen Nervensystem geworden ist, daß auf Tausende von Meilen hin in einer atemberaubenden Sekunde alles in Schwingung versetzt? Wahrlich, die Erdkugel ist ein einziger riesiger Kopf, ein Hirn, Instinkt gepaart mit Intelligenz. Oder, sagen wir lieber, daß sie Gedanke ist, ganz Gedanke, nicht mehr Stoff, wofür wir sie hielten.

Nathaniel Hawthorne
Das Haus der sieben Giebel

Es ist ein Wunder wohl im Weltenall,
Wenn ein Gedanke durch den Äther dringt,
Sehnsüchtig ruft und schwere Kunde bringt.

Josephine L. Peadbody
Wireless

1. Kapitel

Eine schräge Regenwand strich wie eine Sense über den Placid Grove Trailer Park. Für einen Moment erleuchtete ein verschlungenes Netz von Blitzen den Platz. Die Wohnwagenreihen waren schemenhaft zu erkennen; eckig und still und fahl in der Nacht, erinnerten sie Nudger an Grabmale mit Markisen und Fernsehantennen. Er war erst kürzlich von einer Reise nach New Orleans zurückgekommen, wo die Toten wegen des sumpfigen Bodens über der Erde bestattet wurden. So wirkte der Trailer Park in diesem Moment in dem Unwetter, in dem sich kein Mensch draußen blicken ließ. Nur daß hier die Toten ihre Autos in der Nähe abgestellt hatten und mitunter einer der Begrabenen hinter einem Fenstervorhang zu sehen war.

Nudger schauderte und hielt den schwarzen Regenschirm beim Gehen schief gegen den Wind. Er fuhr mit der Hand in die Hosentasche und zog einen Zettel heraus. Er kniff die Augen zusammen und legte den Kopf zur Seite, um in dem schwachen Licht besser zu sehen, und vergewisserte sich noch einmal der Adresse, die er im Labyrinth der Wohnwagen zu finden versuchte. Obwohl es ein warmer Abend war, war der Regen eigenartig kühl und schien seinen Weg in Nudgers Nacken zu finden, gleich, wie er den Regenschirm hielt. Nudger stopfte den wasserfleckigen Zettel wieder in die Hosentasche und ging weiter, geriet mit einem Fuß in eine tiefe Pfütze und fluchte leise.

Endlich, am Ende der Tranquillity Lane, fand er Nummer 307 und klopfte an die Metalltür.

Er mußte nicht lange warten. Im Wohnwagen brannte

Licht; er sah einen Schatten hinter der heruntergelassenen Jalousie zur Tür gehen. Der Wind wehte mehr Regen in Nudgers Richtung und drohte, ihm den Regenschirm zu entreißen und diesem übel mitzuspielen. Nudger spürte den Plastikgriff heftig in der Hand rotieren, umklammerte ihn fester und schob sich langsam näher an den Wohnwagen heran, um Schutz zu suchen.

»Ich bin Nudger«, sagte er, als die Tür aufging.

Einige Sekunden lang starrte ihn die Frau auf der Schwelle an, der Regen blies unter der Metallmarkise in den Wohnwagen hinein, bespritzte ihr kornblumenblaues Kleid und zerzauste ihr das strohblonde Haar. Sie war groß, aber sehr dünn, wirkte zerbrechlich und schien auf den ersten Blick zwölf Jahre alt zu sein. Auf den zweiten Blick sah Nudger, daß sie Mitte Zwanzig war. Leichte Krähenfüße waren in den Winkeln der hellblauen Augen zu sehen, als ein ihr ins Gesicht schlagender Regentropfen sie zusammenzucken ließ. Sie hatte einen wissenden, übergroßen Mund mit vollen Lippen und leicht hervorstehenden Zähnen. Eine Frau, die so aussah wie sie, ließ niemanden kalt; Männer fänden sie entweder dürr und häßlich oder ungeheuer sinnlich. Nudger mochte fohlenhafte Frauen; er katalogisierte sie als attraktiv.

»Brr!« machte sie schließlich, als wäre sie zur Tür gekommen, um nach dem Wetter zu sehen und hätte Nudger erst jetzt bemerkt. »Gießt das nicht fürchterlich?«

»Das tut es«, stimmte Nudger zu. »Und zwar auf mich.«

Ihr ganzer dünner Körper zuckte nervös, als sie entschuldigend lächelte. »Ich bin Candy Ann Adams, Mr. Nudger. Und Sie werden tatsächlich pitschnaß. Kommen Sie doch herein.«

Sie trat einen Schritt zur Seite, und Nudger stieg in den Wohnwagen. Er erwartete, daß er überraschend geräumig sei: er hatte früher einmal in einem Wohnwagen gehaust und dort auch sein Büro gehabt, und hatte ihn so in

Erinnerung. Aber dieser hier war überaus eng. Die Einrichtung war billig und die Polster abgewetzt. Aus einem tragbaren Schwarzweißfernseher auf einem winzigen Tischchen neben dem Sofa mit dem Schottenkarobezug plärrten Verzückungsschreie von Quizkandidaten. Es war heiß hier drinnen, und in der Luft hing der Geruch nach etwas Fettigem, das zu lange gebraten worden war.

Candy Ann räumte einen Stapel *People*-Ausgaben von einem Vinylsessel und lud ihn mit einer geschmeidigen Armbewegung ein, Platz zu nehmen. Nudger klappte den Schirm zu, lehnte ihn neben die Tür und setzte sich. Candy Ann setzte zum Reden an, zuckte dann wieder in ihrer charakteristischen Art, als erinnerte sie sich nicht nur mit ihren Gedanken, sondern auch mit ihrem Blut und ihren Muskeln, und ging hinüber, um den lauten Fernseher auszuschalten; eine grobknochige dunkelhaarige Frau mit Ponyfransen tat einen Freudenschrei, als sie vom Bildschirm verschwand. In der plötzlichen Stille schien der Regen mit erneuter Wut auf das Metalldach zu trommeln. Vielleicht war der Sturm ein Fan des Showmasters.

»Jetzt ist es ruhiger, also können wir reden«, verkündete Candy Ann und setzte sich Nudger gegenüber auf das zu klein geratene Sofa. Sie sprach mit dem singenden Tonfall des Ozarkdialekts, nicht unangenehm. »Sind Sie auch wirklich ein Privatdetektiv?«

»Bin ich«, sagte Nudger. »Bin ich Ihnen empfohlen worden, Miß Adams?«

»Ich hab' Ihren Namen aus den Gelben Seiten. Und wenn Sie für mich arbeiten, können sie ebensogut Candy Ann zu mir sagen, ohne das Adams.«

»Außer auf dem Scheck«, sagte Nudger.

Sie schenkte ihm das Grinsen eines zwölfjährigen Teufelchens. »Klar, machen Sie sich darum mal keine Sorgen. Ich habe Ihnen bereits einen Scheck geschrieben, muß bloß noch den Betrag einsetzen. Das heißt, wenn Sie bereit sind, den Auftrag anzunehmen. Vielleicht wollen Sie das ja gar nicht.«

»Warum nicht?«

»Es hat mit meinem Verlobten zu tun, Curtis Colt.«

Nudger horchte ein paar Sekunden auf den Regen, der auf das Dach prasselte. Der Name Curtis Colt kam ihm bekannt vor und er besaß eine beunruhigende Konnotation. Nudger brauchte nicht lange, bis ihm einfiel, wo er ihn schon einmal gehört hatte, gelesen hatte. Vor etwa einem Jahr waren die Medien voll davon gewesen. Und vor kurzem erst wieder. Er fragte: »Der Curtis Colt, der nächste Woche hingerichtet wird?«

»Genau der. Bloß hat er diese Schnapsladenbesitzerin nicht getötet. Das weiß ich ganz genau. Es ist nicht fair, daß er auf dem Blitz reiten soll.«

»›Auf dem Blitz reiten‹?«

»So nennen die Knackis das Sterben auf dem elektrischen Stuhl, Mr. Nudger.« Sie verschränkte die dünnen Arme über der Brust, umfaßte die Ellenbogen mit den Händen, als wäre ihr kalt. »Die haben viele Namen für diesen Stuhl: Alter Funke, Heißer Hocker... Bratpfanne des Herrn. Aber Curtis gehört da nicht drauf, und das kann ich auch beweisen.«

»Es ist ein bißchen spät, um damit herauszurücken«, sagte Nudger. »Oder haben Sie beim Prozeß für Curtis ausgesagt?«

»Nö. Ich konnte nicht aussagen. Sie werden schon verstehen, weshalb. Die Anwälte und der Richter und die Geschworenen wissen nicht mal, daß es mich gibt. Curtis wollte nicht, daß sie von mir wissen. Deshalb hat er ihnen auch nichts gesagt.« Die verschränkten Arme dicht an den Körper gepreßt, schlug sie die Beine übereinander und wippte unbekümmert mit dem Unterschenkel; Arme und Beine hätten zwei verschiedenen Menschen gehören können, die zwei verschiedene Stimmungen ausdrücken wollten. Ihr Gesicht paßte zu den Beinen; sie lächelte, als versuche sie, ihn durch Flirten dazu zu verleiten, mehr über diesen Auftrag wissen zu wollen, damit er Curtis Colt in letzter Minute durch eine Begnadigung des Gouverneurs retten konnte, genau wie in einem alten Film. Vielleicht nuschelte Curtis Colt in eben diesem Moment aus den Mundwinkeln etwas von wegen sich hinauszugraben?

Nudger betrachtete aufmerksam ihr auf eine hagere Art hübsches Landmädchengesicht und sagte: »Erzählen Sie mir mehr von Curtis Colt.«

»Haben Sie denn wirklich nichts über ihn in der Zeitung gelesen oder im Fernsehen gesehen?«

»Ich schau' nur mal kurz rein, um mich anlügen zu lassen. Erzählen Sie mir die Einzelheiten.«

»Nun, die behaupten, daß Curtis den Schnapsladen überfallen hat – er und sein Partner hatten in jener Nacht schon drei andere Überfälle hinter sich, aber das waren alles Tankstellen –, als dieser alte Mann, dem der Laden gehört hat, aus dem Hotelzimmer gekommen ist und gesehen hat, daß seine Frau die Hände hochgenommen hatte und von Curtis mit der Waffe bedroht wurde. Da hat der Alte den Kopf verloren und ist auf Curtis zugerannt, und Curtis mußte auf ihn schießen. Ihm blieb überhaupt keine andere Wahl. Als die Frau das gesehen hat, ist sie durchgedreht und auf Curtis losgegangen, und Curtis hat auf sie geschossen. Sie ist gestorben. Der Alte hat überlebt, aber er kann weder sprechen noch denken und muß gefüttert werden.«

Nudger erinnerte sich jetzt deutlicher an den Fall. Curtis Colt war wegen vorsätzlichen Mordes verurteilt worden, und wegen der Debatte in der Legislative über die Vorzüge von Giftgas versus Strom, mottete der Staat den elektrischen Stuhl aus, um Curtis zum ersten Mörder seit mehr als einem Vierteljahrhundert zu machen, der in Missouri mit Strom hingerichtet würde. Nostalgiker und Fundamentalisten hielten das für Fortschritt.

»Am Samstag werden sie Strom durch Curts jagen, Mr. Nudger«, jammerte Candy Ann. Sie klang wie ein kleines Mädchen, das sich darüber beklagte, daß die Noten in ihrem Zeugnis nicht gerecht seien.

»Ich weiß«, sagte Nudger. »Aber ich sehe nicht, wie ich Ihnen helfen könnte. Oder, genauer gesagt, Curtis Colt helfen könnte.«

»Wissen Sie, was Gedanken in Wirklichkeit sein sollen, Mr. Nudger?« Candy Ann ignorierte seine Hilflosigkeitsbekundung. Ein versonnener Ausdruck lag in den großen blauen Augen, als sie nach Worten suchte. »Gedanken sind nichts als klitzekleine Stromstöße im Gehirn. Das hab' ich irgendwo gelesen. Und jetzt muß ich mich immerzu fragen, was passiert mit seinen Gedanken, wenn die den ganzen Strom durch Curtis jagen? Wie lange wird es ihm vorkommen, bis er schließlich stirbt? Wird es neben den Schmerzen auch eine Riesenexplosion verrückter Gedanken geben? Ich weiß, es hört sich verrückt an, aber ich liege nachts wach und muß immerzu daran denken, und ich habe das Gefühl, daß ich alles versuchen muß, was man noch tun kann, um Curtis zu helfen.«

Das hatte eine gewisse Revolverblatt-Logik, gab Nudger zu; wenn Gedanken tatsächlich schwache Stromstöße waren, dann konnten Starkstromstöße zu übertrieben fürchterlichen Gedanken werden. Jedenfalls war es unmöglich, Candy Ann, die sich ihre Zeit mit *People* und Quizsendungen vertrieb, vom Gegenteil zu überzeugen.

»Man hat nie Curtis' Kumpel geschnappt, den Fahrer, der davongerast ist und ihn in dieser Tankstelle im Stich gelassen hat, oder?« fragte Nudger.

»Nö. Curtis hat auch nie verraten, wer der Fahrer war,

egal, wie bedrohlich es für ihn aussah. Curtis ist ein Dickschädel.«

Nudger begriff allmählich, worauf das hinauslief. »Aber Sie wissen, wer den Wagen gefahren hat?«

»Ja. Und er hat mir gesagt, daß er und Curtis zur Zeit des Raubüberfalls meilenweit von dem Schnapsladen entfernt waren. Als er gesehen hat, wie die Polizei Curtis auf den Leib gerückt ist, als der sich an der Tankstelle Zigaretten kaufte, ist er aufs Gaspedal getreten und von dem Parkplatz abgehauen, bevor sie auch ihn schnappen konnten. Die Polizei hat nicht einmal das Kennzeichen gesehen.«

Nudger rieb sich mit der Hand das Kinn, beobachtete, wie Candy Ann mit dem Bein wippte, als wäre es ein wohlgeformtes Metronom. Sie war barfuß und trug keine Strumpfhosen. »Die Geschworenen glaubten, Curtis sei nicht nur im Schnapsladen gewesen, sondern sie glaubten auch, daß er kaltblütig auf das alte Ehepaar geschossen hat.«

»Aber das ist einfach nicht wahr. Nicht, nach dem, was –« Sie biß sich noch rechtzeitig auf die Lippen, bevor ihr der Name des Mannes herausrutschte.

»Curtis' Freund gesagt hat«, sprach Nudger den Satz für sie zu Ende.

»Ja. Und der muß es schließlich wissen«, sagte Candy Ann indigniert. Der Regen versetzte dem Wohnwagen wieder einen Schlag; etwas Metallisches ächzte im Wind. Der Wohnwagen schaukelte im Missouri-Sommermonsun. Der viele Regen war gut für die Farmer, jedenfalls für diejenigen, die noch eine Farm besaßen.

»Nichts davon hat etwas zu bedeuten, es sei denn, der Fahrer meldet sich und legt glaubwürdig dar, daß er zur Zeit des Überfalls irgendwo anders mit Curtis zusammen war.«

Candy Ann nickte und hörte auf, mit dem Bein zu wippen. »Ich weiß. Aber das wird er nicht. Er kann nicht. Deshalb will ich Sie engagieren.«

»Mein Beruf mag noch ein etwas geringeres Prestige haben als der Beruf des Hundefängers«, sagte Nudger, »aber ich lasse mich nicht für etwas Illegales anheuern.«

»Was ich von Ihnen will, ist legal«, sagte Candy Ann gekränkt. Nudger schaute an ihr vorbei in die Puppenküche und sah eine leere Ginflasche auf der Spüle stehen. Er fragte sich, ob Candy Ann ein wenig angetrunken sein könnte. »Die Aussagen der Zeugen haben zu Curtis' Verurteilung geführt«, fuhr sie fort. »Und diese Leute irren sich. Ich will, daß Sie einen Weg finden, sie davon zu überzeugen, daß es nicht Curtis war, den sie an dem Abend gesehen haben.«

»Korrigieren Sie mich, wenn ich mich irre, aber vier Leute, zwei davon Kunden in dem Geschäft, haben Curtis bei einer Gegenüberstellung identifiziert.«

»Sie irren sich nicht. Aber was heißt das schon, daß die vier Curtis identifiziert haben? Wer kann bei einer Schießerei schon klar denken oder sehen? Haben sich Augenzeugen schließlich nicht schon oft geirrt?«

Nudger mußte zugeben, daß das stimmte, obwohl er nicht sah, wie sie sich in diesem Fall irren konnten. Immerhin gab es vier von ihnen. Und dennoch, Candy Ann hatte recht; es war erstaunlich, wie sicher Menschen manchmal waren, daß der falsche Mann ein Verbrechen begangen hatte, bloß zwei Schritte von ihnen entfernt.

»Ich möchte, daß Sie mit den Zeugen reden«, sagte Candy Ann. »Finden Sie heraus, *warum* sie glauben, Curtis sei der Mörder. Und dann zeigen Sie denen, daß sie sich geirrt haben könnten und bringen sie dazu, ihre Aussage zu ändern.«

»Das wäre Energieverschwendung«, sagte Nudger.

»Aber wir haben die Wahrheit auf unserer Seite, Mr. Nudger. Wenigstens ein Zeuge wird seine Aussage ändern, wenn er zum Nachdenken gebracht wird. Denn Curtis war nicht dort, wo die ihn gesehen haben wollen. Er war woanders, und das ist eine so feste und unveränderliche Tatsache wie die Sonne und die Sterne.«

»Die Sonne und die Sterne sind in einer Ausdehnung begriffen«, belehrte sie Nudger. »Fliegen mit Millionen von Meilen in der Stunde auseinander. Wissenschaftler nennen das die Urknall-Theorie.«

»Ich weiß nix von einem Urknall, Mr. Nudger. Ich weiß nur, daß Curtis niemanden getötet hat.«

»Curtis hat alle Rechtsmittel erschöpft«, erklärte Nudger dieser hoffnungslos naiven Kindfrau. »Sogar wenn alle Zeugen ihre Aussage ändern, bedeutet das noch lange nicht, daß er einen neuen Prozeß bekommt.«

»Vielleicht nicht, aber ich wette, die werden ihn nicht umbringen. Die könnten die Publicity nicht verkraften, wenn genug Zeugen sagen, daß sie sich geirrt haben und daß jemand anders die alte Frau erschossen hat. Dann könnte Curtis vielleicht, bloß vielleicht, einen neuen Prozeß bekommen und aus dem Gefängnis freigelassen werden.«

Nudger starrte sie an. Er war von Ehrfurcht ergriffen. Hier war ein törichter Optimismus am Werk, der sogar den seinen überstieg. Er mußte Candy Ann einfach bewundern.

Das wohlgeformte blasse Bein wippte wieder unter dem kornblumenblauen Kleid. Als Nudger den Blick senkte, um es anzustarren, fragte Candy Ann: »Werden Sie mir also helfen, Mr. Nudger?«

»Klar«, sagte Nudger. »Das scheint ein Klacks zu sein.«

2. Kapitel

Nudger saß auf seinem Stammhocker aus rotem Vinyl am Ende der rostfreien Stahltheke in Danny's Donuts und starrte auf den Stapel glänzender Zeitungskopien vor ihm. Er hatte den Vormittag in der Bibliothek draußen auf dem Lindbergh Boulevard verbracht, hatte über alten Artikeln über Curtis Colt gehockt und sich die Seiten kopiert, die ihm relevant zu sein schienen. Ihm war ein wenig übel gewesen. Dazusitzen und auf einen dieser Bibliotheksmikrofilmbildschirme zu starren, während vergrößerte Fotos von Zeitungen an ihm vorbeirollten, war wie in einem fahrenden Zug am Fenster zu sitzen; es verursachte bei Nudger dasselbe Gefühl von Reisekrankheit.

Er fühlte sich besser, als er in seinem Büro ankam, das im ersten Stock lag, direkt über dem Doughnut Shop. Also beschloß er, hinunterzugehen, mit Danny zu reden und sich einen Dunker Delite und ein Glas Milch zu Mittag zu gönnen. Aber dem trübseligen Danny war die Milch ausgegangen, und er hatte sich vielmals entschuldigt und Nudger zu seinem Gratis-Dunker-Delite einen bodenlosen Gratisbecher Kaffee aufgedrängt. Binnen weniger Sekunden war Nudger wieder flau im Magen. Der Dunker Delite war annehmbar. Der Kaffee, den Danny eifrig immer wieder bis zum Rand aufgoß, hätte nicht übler sein können. Ebensogut konnte man sagen, der Würger von Boston sei fies gelaunt.

»Worum geht es in den Artikeln?« fragte Danny, als der letzte der wenigen Nachmittagskunden das Geschäft verlassen hatte.

»Curtis Colt«, sagte Nudger.

Danny las jeden Tag die Zeitung und war so etwas wie ein Verbrechenfan. »Der Kerl, den Gouverneur Scalla mit Strom statt mit Gas über den Jordan schicken will?«

»Eben der.« Nudger schaute auf seinen Dunker Delite.

Scott Scalla war ein starrsinniger ehemaliger Justizminister, der vor allem deshalb gewählt worden war, weil er gelobt hatte, daß die Todesstrafe wieder vollzogen werde, und der den elektrischen Stuhl der Gaskammer vorzog. Die meisten Abgeordneten in Jefferson City, der Hauptstadt des Staates, waren dafür gewesen, die Gaskammer zu benutzen, wenn Missouri schon unbedingt wieder damit anfangen mußte, verurteilte Mörder hinzurichten. Gewiefter Politiker, der er war, hatte Scalla die Diskussion über das Wie dazu benutzt, um die Aufmerksamkeit von der Diskussion über das Ob abzulenken. Curtis Colt sollte entweder Giftgas einatmen oder auf dem Blitz reiten. Die Ob-Frage war schon ad acta gelegt, ehe Colt zum elektrischen Stuhl verurteilt worden war.

»Und warum mußt du das alles über Colt lesen?« fragte Danny. Er wischte die glatte Theke mit dem schmutziggrauen Tuch ab und steckte es sich wieder in den Gürtel. »Nach dem nächsten Samstag wird kaum noch etwas, was du über ihn weißt, eine große Rolle spielen. Er wird tot sein.«

»Wahrscheinlich«, sagte Nudger. Er tat so, als tränke er seinen Kaffee, während Danny ihn mit traurigen braunen Augen beobachtete. »Glaubst du, er hat diese Frau getötet, Danny?«

»Klar. Er wurde schließlich von zwölf redlichen und treuherzigen Männern schuldig gesprochen.«

»Unter den Geschworenen waren acht Frauen«, erinnerte ihn Nudger.

»Vom Geschlecht einmal abgesehen.« Danny hielt einen Moment inne, um das Tuch aus dem Gürtel zu ziehen und mit ihm nach einer Schmeißfliege zu schlagen, die sich auf der Theke niedergelassen hatte. »Colt ist schuldig. Vor Gericht kommt immer die Wahrheit heraus.«

»Das tut sie«, stimmte Nudger zu und beoachtete, wie die Fliege verzweifelt durch einen goldenen Sonnenstrahl davonschwirrte, spiralförmig aufstieg mit den Flügeln um ihr Leben schlug. Wunderschön. »Aber manchmal nicht die ganze Wahrheit. Und nicht so, daß man sie erkennen könnte.«

»Das spielt jetzt keine große Rolle mehr«, sagte Danny. »Was vorbei ist, ist vorbei. Das Gericht sagt, Colt hat es getan, und er hat bloß noch eine Woche zu leben. Warum also stocherst du in dem Fall herum, Nudge?«

»Mich hat jemand engagiert, der glaubt, daß Colt unschuldig ist.«

»Hm.« Danny lehnte sich vor, um die übriggebliebenen Sahnehörnchen in der schmierigen Theke neu zu arrangieren. Eine der ausgebreiteten Zeitungsseiten, auf die er das Wachspapier in der Theke gelegt hate, war die Sportseite des Tages. »Die Cards haben jetzt viermal hintereinander gewonnen«, las er zwischen den Sahnehörnchen. »Wenn wir jetzt noch ein paar gute Ersatzwerfer bekommen, kommen wir an die Spitze der Liga.«

Nudger wünschte, es gäbe Auswechselspieler in jedem Beruf: es gab viele Gelegenheiten, an denen er einen Ersatzdetektiv gut gebrauchen könnte. Er schob den Kaffeebecher zur Seite und machte sich wieder ans Lesen.

Die Zeitungen waren sich über die Einzelheiten des Verbrechens einig. Zwei Kunden hinten im Spirituosengeschäft hatten Schüsse gehört, den Gang hinuntergeschaut und Curtis Colt über dem am Boden liegenden alten Mann stehen sehen, dem das Geschäft gehörte. Colt hielt eine Waffe in der Hand. Die Frau des Mannes, ebenfalls angeschossen, taumelte im Geschäft herum, suchte nach Halt und warf Ständer und Flaschen um. Colt schob sie beiseite und floh.

Draußen sahen zwei Zeuginnen, wie er immer noch mit der Waffe in der Hand aus dem Geschäft gestürzt kam und in einen geparkten Wagen stieg, dessen Fahrer mit laufendem Motor gewartet hatte. Eine der Zeuginnen, eine Mrs. Langeneckert, schrie ihm zu, stehenzubleiben. Ein weiterer zielloser Schuß fiel, als das Auto davonraste.

Der Besitzer des Spirituosengeschäfts, der achtundsechzigjährige Amos Olson, war einmal in den Kopf und zweimal in den Unterleib geschossen worden. Eine der Kugeln war abgeprallt und hatte das Rückgrat und das zentrale Nervensystem verletzt. Er würde nie seine Darstellung des Verbrechens abgeben. Er würde nie mehr reden und vielleicht niemals wieder zusammenhängend denken.

Olsons Frau Dolly, ebenso alt wie ihr Mann, war nur einmal getroffen worden, aber mit tödlicher Präzision in die Stirn. Nudger wußte, daß die Stirn eine der am wenigsten erfolgversprechenden Stellen war, um einen Menschen zu erschießen; im Gegensatz zum Hinterkopf gab es dort viele Knochen, die das Gehirn schützten. Manchmal dauerte es sehr lange, bis jemand, der in die Stirn getroffen worden war, starb. Deshalb war Dolly Olson wild um sich schlagend im Laden herumgetorkelt, bevor sie gnädig erlöst tot umgefallen war.

Der Dunker Delite schien in Nudgers Magen sein gewaltiges Gewicht zu verlagern, als könnte er es sich nicht bequem machen und wünschte, er wäre woanders. Nudgers Dickdarm sagte ihm, er besäße zuviel Fantasie. Nudger schluckte geräuschvoll und las weiter.

Eine Stunde später an diesem Abend hatte ein mit zwei Männern besetzter Streifenwagen an einer Tankstelle angehalten, damit einer der Polizisten auf die Toilette gehen konnte. Als sie an den Zapfsäulen vorfuhren, schoß ein schwarzes oder dunkelgrünes Auto, wahrscheinlich ein Ford, mit quietschenden Reifen aus einer dunklen Ecke des Parkplatzes. Der Motor des Streifenwagens war ausgeschaltet, und als der Fahrer den Wagen anzulassen versuchte, sah sein Partner jemanden am Zigarettenautomaten in der Tankstelle stehen. Dieser Jemand schien schreckliche Angst zu haben, und die Beschreibung des Raubmörders, die kurze Zeit zuvor über den Polizeifunk durchgegeben worden war, traf auf ihn zu. Auch die ungefähre Beschreibung des Fluchtwagens, der bei dem Überfall benutzt worden war, paßte auf das Auto, das davongerast war.

Der Cop dachte gar nicht mehr daran, die Toilette zu benutzen.

Eine halbe Stunde später war Colt in Handschellen und eingebuchtet. Der schwarze oder dunkelgrüne Ford und sein Fahrer wurden nie mehr gesehen.

Es war haargenau die Art von Fall, die ein Staatsanwalt herbeisehnte. Die Geschworenen berieten nicht einmal eine Stunde, bevor sie Colt schuldig sprachen. Colt hatte zuerst auf den alten Mann geschossen; er hatte also Zeit zum Nachdenken gehabt, bevor er die Frau getötet hat. Er war geblieben. Das war eine Art Vorsatz. Der Richter empfahl die Todesstrafe. Die Geschworenen schlossen sich dem an. Alle wollten den Tod eines anderen Menschen.

Nudger betrachtete Colts Foto und versuchte, ein Gefühl dafür zu bekommen, wer und wie der Mann war. Auf der Titelseite des *Post-Dispatch* war ein Schnappschuß von Colt, wie er in die Third District Station geführt wurde. In der Zeitung des darauffolgenden Tages war eine Nahaufnahme von ihm. Mit dem schmalen dunklen Gesicht auf eine launische, trotzige Art hübsch, sah er aus, als wäre er aus hartem Holz geschnitzt. Er war jung, mit einem Walroßschnurrbart und lockigem dunklen Haar, das ihm anmutig über Ohren und Kragen fiel. Auf einem anderen Foto wurde er aus dem Polizeipräsidium in der Tucker, Ecke Clark Street geführt und wirkte wesentlich gelassener als am Abend seiner Verhaftung. Er trug Gefängniskleidung, und seine Hände lagen vor dem Bauch in Handschellen. Im Vergleich zu den beiden Polizisten, die ihn flankierten, sah er eher klein aus, und er besaß die geschmeidige und muskulöse Statur eines dünnen Mittelgewichtlers.

»Und was sollst du für diesen Mann groß tun können?« fragte Danny.

»Ihm das Leben retten«, antwortete Nudger. Nudger legte die Zeitungskopien zusammen und stellte den Kaffeebecher direkt vor sich.

Danny starrte auf den Becher, dessen Kaffeestand in den letzten fünzehn Minuten nicht sehr gesunken war. Er war bei seinem Kaffee beinahe so empfindlich wie bei seinen Doughnuts, die nicht ganz so tödlich waren.

Nudger hatte keine Wahl; Dannys Gefühle zu verletzen, hieße einen müden alten Basset treten. Er goß mehr Sahne in den Kaffee, gab zwei gehäufte Löffel Zucker hinein, um die Bitterkeit zu mildern, und nahm einen Schluck. Nicht übel. Na ja, nicht sofort tödlich. Er schaute zu Danny hinüber und lächelte.

Danny lächelte zurück und ging zu der großen stählernen Kaffeemaschine und stellte ein paar Ventile anders ein; auf der Rückseite der Maschine zischte etwas und stieß Dampf aus. Er glich einem U-Boot-Kommandanten, der sich daran machte, sein Boot mittels Alarmtauchen in sichere Tiefen zu schicken, wo es auf dem Meeresboden liegen bliebe, niedergehalten von Dunker Delites. »Scalla ist nich' der Typ, der Begnadigungen ausspricht«, sagte er über die Schulter.

»Weiß ich. Er ist der Typ, der eigenhändig auf den Schalter drückt.«

»Ich weiß nicht, warum ich gerade jetzt daran denke«, sagte Danny, »aber Eileen war heute morgen hier und hat dich gesucht. Ihr schien viel daran zu liegen, daß ihr beide zur selben Zeit am selben Ort seid.«

Nudgers Magen versetzte ihm einen Tritt. Einen harten Tritt. Eileen war seine Ex-Frau. Seit der Scheidung kamen sie und sein Magen jedes Jahr schlechter miteinander aus. »Hat sie gesagt, was sie wollte?«

»Nicht direkt«, sagte Danny, »aber sie hat angedeutet, es sei grün und du schuldest es ihr.«

»Diesmal nicht«, sagte Nudger. »Ich habe jetzt alle Alimente bezahlt.«

Noch während er das sagte, fragte sich Nudger plötzlich, ob das auch stimmte. War sein letzter Scheck vielleicht nur auf den halben Betrag ausgestellt gewesen? War der Scheck gedeckt gewesen? Er konnte sich nur verschwommen erinnern.

Danny zuckte die Achseln und wischte sich die Hände flüchtig an dem Tuch ab, wie ein Mechaniker, der gerade unter einem Wagen hervorgekrochen war und sich seiner Arbeit nicht sicher war. »Das mußt du wissen, Nudge. Möchtest du noch einen Doughnut?«

»Danke, nein. Die Arbeit ruft.« Nudger drehte sich von der Theke weg und glitt vom Hocker hinunter. Er nahm den Kaffeebecher und ging auf die Tür zu.

»Und du meinst wirklich, daß Colt unschuldig sein könnte?« fragte Danny ungläubig.

»Das habe ich nie gesagt«, verwahrte sich Nudger.

Er ging durch die Tür in den heißen Tag hinaus, machte eine scharfe Kehrtwendung und ging durch die Haustür zu der engen, knarzenden Treppe, die zu seinem Büro führte. Der süße Geruch aus dem Doughnut Shop folgte ihm.

Nachdem er die Klimaanlage im Fenster eingeschaltet hatte, setzte er sich in den quietschenden Drehstuhl hinter den Schreibtisch und hörte den Anrufbeantworter ab. Nach einem Klicken, Surren und Piepen war die erste Nachricht zu hören.

Ein Betrunkener, der kaum zu verstehen war, erklärte peinlich genau, daß er sich verwählt hatte, und bat um die richtige Nummer. Als niemand seine Entschuldigung annahm, wurde er wütend und legte erbost auf.

Piep. Eileens Stimme: »Wenn du weißt, was gut für dich ist, rufst du mich heute noch an. Wenn nicht –«

Nudger schaltete den Anrufbeantworter aus. Er wußte nicht, was gut für ihn war. Hatte er noch nie gewußt.

Er lehnte sich auf dem Stuhl zurück. Fürs erste hatte er genug Nachrichten gehört, und die Post, die er vom Treppenabsatz mit hineingenommen hatte, sah auch nicht gerade interessant aus: Rechnungen, Reklame, Mahnbriefe von Gläubigern, Rechnungen, Reklame, Rechnungen. Er beschloß, nichts davon zu öffnen, bevor er Beschäftigung brauchte.

Im Büro wurde es allmählich angenehm kühl. Es hatte nicht lange gedauert; der Raum war klein. Nudger sah die Stromrechnung auf dem Schreibtisch im Luftzug der Klimaanlage flattern. Schließlich rutschte sie vom Schreibtisch und segelte an die Wand hinter Nudger. Er machte sich nicht die Mühe, sie aufzuheben.

Er ging noch einmal die Artikel über Curtis Colt durch, diesmal sorgfältiger, und kam zu dem Schluß, daß Colt so schuldig ward wie die Erbsünde.

Nudger gefiel nicht, was er da vor Augen hatte.

Es hätte ihm sogar noch weniger gefallen, wenn er geahnt hätte, wohin es ihn führen sollte.

3. Kapitel

Nudger sah auf die Namensliste, die er zusammengestellt hatte, und beschloß, mit Randy Gantner zu beginnen. Gantner und einer seiner Freunde waren zur Zeit der Schießerei im Schnapsladen gewesen und hatten im Prozeß als Zeugen der Anklage ausgesagt. Man konnte geradesogut mit ihm beginnen wie mit einem anderen – eigentlich war es sogar logisch, mit ihm zu beginnen, dachte

Nudger, denn da es so viele Zeugen gegen Curtis Colt gab, konnte er ebensogut in alphabetischer Reihenfolge mit ihnen reden.

Randy Gantner arbeitete als Bauarbeiter für Kalas Construction, eine der größten Baufirmen in St. Louis, eine Straßenbaugesellschaft, die viele Highways gebaut hatte. Nudger hatte den Namenszug der Firma auf Bauwagen überall in der Stadt an großen Baustellen gesehen. Straßenbaugesellschaften taten das nicht nur, um für sich zu werben; die zahllosen Genehmigungen, die sie für ihre Arbeit benötigten, bedeckten die Seiten der Bauwagen, um die diversen Inspektoren und sich überall einmischenden städtischen Beamten zufriedenzustellen.

Es war schon Nachmittag, als Nudger Gantner auftrieb, der an einer Highwayzufahrt im Northwest County Wochenendüberstunden machte. Kalas Construction errichtete gerade einen neuen Zubringer zum Interstate 70. Es war eine schweißtreibende Arbeit, und ein heißer Nachmittag, um sie zu tun.

»Warum sollte ich mir darum noch Gedanken machen?« fragte Gantner und stützte sich linkisch auf seine Schaufel. Er hatte nichts dagegen, mit Nudger zu reden; es war eine Pause im Abtragen der schwarzen Erdhügel, die von einem riesigen Bohrer aufgeworfen worden waren, der für das Fundament der Betonpfeiler Löcher bohrte. »Colt ist doch schuldig gesprochen worden, und er wird auf den elektrischen Stuhl kommen.«

Die hochstehende Mittagssonne knallte auf Nudger hinunter, wärmte ihm den Nacken und verursachte ihm ein mulmiges Gefühl im Magen. Er schob mit dem Daumen eine Antacidtablette aus der Rolle, die er immer in der Hemdtasche bei sich trug, und warf sich die weiße Scheibe in den Mund. Mit der anderen Hand hielt er Gantner ein Foto von Curtis Colt hin. Es war ein Schnappschuß, den ihm Candy Ann gegeben hatte; vor einem ruhigen See lehnte der drahtige Colt mit nacktem Oberkörper an einem schiefen Zaunpfosten und hielt in einem höhnischen Toast eine Bierdose hoch: Auf den Tod!

Wozu mache ich das bloß? fragte sich Nudger. Es war aussichtslos. Er konnte Colts Schuld direkt *fühlen*. Die Geschworenen hatten recht gehabt.

Dennoch sagte er: »Das ist ein Foto, das Sie während des Prozesses nicht gesehen haben. Ich möchte, daß Sie es sich ganz genau ansehen und mir sagen, ob Sie sich auch ganz sicher sind, daß Colt der Mann war, den Sie im Spirituosengeschäft gesehen haben. Auch wenn es nichts an der Hinrichtung ändert, wird es doch die Frau beruhigen, die ihn liebt.«

Gantner, rotgesichtig und vierschrötig, stand mit nacktem Oberkörper in der prallen Sonne. Schweiß rann ihm wie ein neugieriges Insekt im Zickzack durch das kupferrote Brusthaar. Er verlagerte sein Gewicht und lehnte sich mit dem anderen Arm auf die Schaufel. »Ich wäre ein Idiot, wenn ich meine Aussage ändere, jetzt, wo der Prozeß vorbei ist«, sagte er logischerweise.

»Sie wären ein Mörder, wenn Sie sich wirklich nicht sicher sind.«

»Der kleine Gauner wird braten; ich sehe keinen Sinn darin...«

»Es gibt einen Sinn«, versicherte ihm Nudger.

Gantner seufzte, zerrte ein schmutziges rotes Taschentuch aus seiner Jeans und wischte sich über das fleischige, zerfurchte, verschwitzte Gesicht. Er schielte aus hellblauen Augen auf das Foto und zuckte dann die Achseln. »Das ist Colt. Der Typ, der vor meinen Augen auf den Mann geschossen hat, als ich im hinteren Gang des Ladens gestanden habe. Wenn er gewußt hätte, daß ich und Sanders da hinten stehen, hätte er wahrscheinlich außer den alten Leutchen auch uns abgeknallt. Er hat sich beim

Jesse-James-Spielen tierisch amüsiert. Wenn Sie mich fragen, hat das Arschloch den Stuhl verdient.«

Na ja, Nudger *hatte* gefragt. Aber er wollte hundertprozentig sichergehen. »Und Sie sind absolut sicher, daß es derselbe Mann ist?«

Gantner spuckte zur Seite aus und runzelte die Stirn; Nudger ging ihm allmählich auf die Nerven, und der Polier schaute auch schon herüber. »Ich hab' es der Polizei gesagt, ich hab' es den Geschworenen gesagt, Nudger, und jetzt sag' ich es Ihnen: Colt hat die alte Frau um die Ecke gebracht.«

Nudger war hartnäckig. »Haben Sie tatsächlich gesehen, wie die Schüsse abgegeben wurden?«

»Nö. Ich und Sanders haben im hinteren Gang nach einem nicht allzu teuren Bourbon gesucht, als wir die Schüsse gehört haben, und haben uns dann umgedreht. Da stand Colt über dem alten Mann und hielt eine Kanone in der Hand. Dann sieht die alte Frau, was los ist, und kreischt und rennt hinter der Theke hervor auf Colt zu, auf die Kanone zu. Die hatte wirklich Mumm. Colt zieht die Kanone hoch und schießt auf sie. Sie wird wild und zuckt und torkelt im Laden herum, stößt den guten Whisky um, und Colt rennt durch die Tür zu einem Auto. Sah aus wie ein schwarzer oder grüner alter Ford. Colt hat noch einen Schuß aus dem Wagen abgegeben.«

»Haben Sie versucht, der alten Frau zu helfen?«

»Klar. Aber bis ich und Sanders vorn im Laden waren, lag sie schon am Boden, und wir konnten sehen, daß sie tot war. Mitten auf der Stirn war ein rundes Loch, und die Augen standen offen.«

Gantner war nun in Fahrt. Nach den Vernehmungen durch die Polizei und seiner Aussage im Prozeß kannte er diesen Teil seiner Geschichte beinahe auswendig. Er erzählte sie gerne, feilte an seinem Vortrag; das Showgeschäft lag ihm im Blut.

»Haben Sie den Fahrer gesehen?« Nudger schob noch eine Antacidtablette aus der Rolle. Himmel, brannte die Sonne heiß!

»Flüchtig. Dünner Kerl, schwarze Locken und einen Walroß-Schnurrbart. Hat sich über das Lenkrad gebeugt und hielt es fest umklammert. Das habe ich auch schon den Bullen gesagt. Das war alles, was ich gesehen habe. Das ist alles, was ich weiß.«

»Wo war Ihr Freund Sanders, als Colt aus der Tür rannte?«

»Das weiß ich nicht genau. In meiner Nähe, nehme ich an. Ich habe Ihnen doch gesagt, das ist alles, was ich weiß. Finito.« Gantner hob eine dreckverschmierte Hand und schrieb sauber in die Luft. Er sagte überaus deutlich: »Das beschissene Ende.«

Und das traf auch auf dieses Gespräch zu. Der Polier kam wütend auf sie zu. Er war ein großer, schwerer Mann und ging mit wiegenden Schritten wie ein Matrose auf einem schaukelnden Deck. Er hatte eine Mordswut. *Bum!* Gantners Schaufel schnitt tief in die Erde, beschleunigte das Herannahen des Tages, an dem es noch eine Stelle geben würde, an der sich der Verkehr stauen konnte. Nudger bedankte sich bei ihm und riet ihm, in der heißen Sonne nicht zu schwer zu arbeiten.

»Wollen Sie mir helfen?« Gantner lächelte verschwitzt.

»Ich hab' schon jemanden, dem ich helfen muß.« Nudger ging davon, bevor der ominöse Polier herangekommen war.

Er blieb eine Weile bei offenen Fenstern in dem verbeulten VW-Käfer sitzen. Ein leichter Luftzug fuhr durch das Auto; er fühlte sich auf der rechten Seite von Nudgers verschwitztem Hemd kühl an. Nudger beobachtete, wie der Polier auf den VW deutete, ein paar Minuten mit Gantner sprach und dann wieder wegging. Gantner schaufelte weiter, ohne einen Blick auf Nudger zu werfen, als wäre Nudger nicht vorhanden, wenn er ihn nicht anschaute.

Nudger nahm seinen Ringblock zur Hand und notierte sich die relevanten Teile des Gespräches mit Gantner. Irgendeine riesige Maschine, die Beton zu Staub zermalmte, rollte heran und trümmerte lärmend die alten Zufahrtswege entlang, wie ein Wesen aus einem japanischen Horrorfilm der sechziger Jahre. *Stampfzilla, der Zerstörer.* Die Erde bebte. Nudger wollte bleiben und zuschauen, aber er hatte noch Meilen vor sich und Versprechen zu halten.

Bevor der Staat sein Versprechen an Curtis Colt hielt.

Auch die nächste Zeugin mit der Nudger sprach, hielt an ihrer Identifizierung fest. Sie war eine ältere Frau mit einem Mondgesicht und außerordentlich großen wäßrigen braunen Augen. Iris Langeneckert hatte in der Nähe des Spirituosengeschäfts ihren Hund spazieren geführt und gesehen, wie Curtis Colt aus der Tür stürzte und in den Fluchtwagen stieg.

So erzählte sie es auch hier in ihrer peinlich ordentlichen Wohnung in der Tennessee Avenue in South St. Louis, einfach, knapp, und mit einer Sachlichkeit, die jeden Geschworenen beeinflußt hätte. Dann bot sie Nudger ein Sandwich und ein Glas Eistee an.

Nudger lehnte das Sandwich ab, nahm aber den Tee dankbar an. Er war stark und mit feinem Zucker gesüßt, der durch das Umrühren aufgewirbelt worden war und sich nun allmählich als blasser Satz auf dem Boden des Glases absetzte. Als Nudger trank, wurde er mißtrauisch von der braunen Mischlingshündin beobachtet, die ebenfalls zur Zeugin des Raubmordes geworden war und nun mit halbgeschlossenen Augen hinter dem Sofa lag.

Als Nudger den Tee beinahe ausgetrunken hatte, sagte Iris Langeneckert etwas, das auch Gantner erwähnt hatte.

»Es war ein dünner junger Mann mit schwarzen Locken und einem Bart oder Schnurrbart«, beschrieb sie den Fahrer des Fluchtwagens. Dann fügte sie hinzu: »Wie Curtis Colts Haar und Schnurrbart.«

Nudger betrachtete sich noch einmal den Schnappschuß, den Candy Ann ihm gegeben hatte. Da stand Curtis Colt, etwa einen Meter fünfundsechzig, dünn und sah mit diesem Walroßschnurrbart und dem fettigen schwarzen Lockenschopf auf eine hübsche Art gemein aus. Sogar in seiner Haltung lag eine Nonchalance, die Beine ein wenig zu weit gespreizt, die Schultern hochgezogen, als werde er zuerst zuschlagen, sollte einer auch nur drohend die Hand gegen ihn erheben. Ein Kinn, das verkündete, daß er einstecken konnte, kalte Augen, die sagten, daß er austeilen konnte. Nudger hatte schon viele wie ihn gesehen. Zu viele. Sie waren sich alle gleich, verursachten auf dieser Welt Leid und Verzweiflung. Er fragte sich, ob es möglich wäre, daß Colt der Fahrer des Fluchtwagens gewesen war und sein Komplize die alte Frau getötet hatte. Sogar Nudger fiel es schwer, daran zu glauben.

Er bedankte sich bei Mrs. Langeneckert und fuhr dann in sein Büro in den Beinahe-Vorort von Maplewood zurück, setzte sich an den Schreibtisch in den Schwall kalter Luft aus der Klimaanlage und trank langsam den Gratisbecher Diätcola, den er aus Danny's Donuts mit hinaufgenommen hatte. Der Geruch des Doughnut Shops hing schwerer als sonst im Büro; vielleicht hatte das etwas mit der Hitze und der Luftfeuchtigkeit zu tun. Nudger hatte sich nie so recht an den widerlichen Geruch von Zucker und Fett gewöhnt und daran, was er seinem empfindlichen Magen antat.

Als er sich genug abgekühlt hatte, um wieder klar denken zu können, kam er zu dem Schluß, daß er mehr Informationen über den Überfall und über Curtis Colt benötigte, und zwar aus einer objektiveren Quelle als Candy

Ann Adams. Er rief Police Lieutenant Jack Hammersmith zu Hause an und dessen Sohn Jed sagte ihm, Hammersmith sei gerade eben weggefahren und käme erst spät wieder zurück.

Nudger hörte wieder den Anrufbeantworter ab und bewies damit, daß der Mensch hofft, solange er lebt.

Eine weitere kurze Nachricht von Eileen forderte ihn auf, sie anzurufen, aber ohne zu sagen, weswegen; ein junger Mann verlas feierlich eine Adresse, an die Nudger einen Scheck schicken konnte um die Gründung eines Überwachungskomitees mitzufinanzieren, das gegen die permanente Erhöhung der Stromrechnungen eintreten wollte; und ein frohgelaunter Mann informierte Nudger, daß er mit den Etiketten von zehn Packungen einer bestimmten Hot-dog-Marke eine Eintrittskarte zu einem Spiel der Cardinals zum halben Preis kaufen konnte. (Dazu müßte er mehr als achtzig Hot dogs essen. Nudger schätzte, daß die Baseballsaison vorüber wäre, bis er das getan hätte.) Jeder schien Geld von ihm zu wollen. Niemand wollte Nudger Geld geben. Außer Candy Ann Adams. Nudger beschloß, seinen Pessimismus abzuschütteln und seine Anstrengungen im Curtis-Colt-Fall zu verstärken.

Er legte den Kopf in den Nacken, leerte den letzten Tropfen Cola und versuchte dann, den Rest des zerstoßenen Eises zu essen. Aber das Eis klebte hartnäckig am Becherboden und verspottete ihn. So ging es Nudger immer im Leben.

Er zerknüllte den Pappbecher und lobbte ihn mitsamt dem Eis in den Papierkorb.

4. Kapitel

Am nächsten Morgen war Police Lieutenant Jack Hammersmith in seinem Büro im Third District; fett und geschniegelt, sah hinter seinem breiten Metallschreibtisch frisch aus. Seine Leibesfülle besaß eine behagliche Anmut, wie die einer Robbe unter Wasser. Zwar war er Pfunde und Jahre von dem gutaussehenden Polizisten entfernt, der vor einer Dekade in einem Zwei-Mann-Streifenwagen Nudgers Partner gewesen war, doch Nudger konnte immer noch Spuren einer Feschheit in dem fettgepolsterten Hammersmith sehen, auch wenn er sich fragte, ob er das vielleicht nur tat, weil er ihn schon vor zehn Jahren gekannt hatte.

»Setz dich, Nudge«, forderte ihn Hammersmith auf. Sein Mund lächelte, aber die graublauen Polizistenaugen waren ausdruckslos. Wenn die Augen die Fenster zur Seele waren, hatte er immer die Jalousien heruntergelassen.

Nudger setzte sich auf einen der Stühle vor Hammersmiths Schreibtisch. Der Schreibtisch war aufgeräumt: ein Telefon, braune Ein- und Ausgangskörbe, zwei Papierstapel, ein paar Aktendeckel, ein angestoßener Glasaschenbecher, alles symmetrisch angeordnet. Hammersmith war immer sehr beschäftigt, immer gut organisiert, immer – na ja, manchmal – bereit, seinem alten verirrten Partner – behilflich zu sein.

»Ich brauche Hilfe«, sagte Nudger.

»Natürlich«, sagte Hammersmith. »Du kommst ja nie vorbei, um Rezepte auszutauschen oder dazusitzen und ein Schwätzchen zu halten.« Hammersmith hatte ein Faible für Ironie; es war eine gute Eigenschaft in seiner Branche. Nudger dachte, es könnte das sein, was ihn bei Verstand bleiben ließ.

»Ich muß mehr über Curtis Colt wissen«, sagte Nudger.

Hammersmith nahm eine seiner abscheulichen grünlichen Zigarren aus der Hemdtasche und starrte sie durchdringend an, als könnte ihm ihre Bauchbinde ein Geheimnis von Leben und Tod enthüllen. »Colt, hä? Der Mann, der auf dem Blitz reiten wird?«

»Das ist das zweite Mal in den letzten paar Tagen, daß ich diesen Ausdruck höre. Das erste Mal habe ich ihn von Colts Verlobter gehört. Sie glaubt, daß er unschuldig ist.«

»Verlobte glauben nun mal so etwas. Ist das deine Klientin, diese Frau, die sich schon einmal einen Verlierer ausgesucht hat?«

Nudger nickte, nannte aber nicht Candy Anns Namen.

»Leichtgläubigkeit regiert die Welt«, sagte Hammersmith. »Ich habe in diesem Fall die Ermittlungen geleitet. Es besteht nicht die geringste Chance, daß Colt unschuldig ist, Nudge.«

»Die Identifizierungen von vier Augenzeugen sind zwingende Beweise«, gab Nudger zu.

»Erdrückende Beweise«, sagte Hammersmith.

»Was ist mit dem Fahrer des Fluchtwagens? Nach der Beschreibung sieht er Colt sehr ähnlich. Vielleicht hat er geschossen, und Colt war der Fahrer.«

»Colts Anwalt ist auch schon auf diese Idee gekommen. Die Geschworenen haben es ihm nicht abgekauft. Und ich auch nicht. Der Mann ist schuldig, Nudge.«

»Du weißt doch selbst, wie unzuverlässig Zeugenaussagen sind.« Nudger ließ nicht locker.

Das schien Hammersmith auf die Palme zu bringen. Er zündete sich die Zigarre an. Das Büro wurde sofort eingenebelt. Sogar wenn man ihre gewaltige Größe in Betracht zog, erzeugten Hammersmiths Zigarren im Verhältnis zu ihrer Größe eine ungeheure Menge an Qualm. Und sie brannten beinahe wie Zündschnüre; manchmal verursachte der grobgeschnittene Tabak sogar ein leises Knistern. Dennoch schienen sie nie auf Stummelgröße herabzubrennen, so daß sie barmherzig ausgedrückt werden konnten.

Nudger bemühte sich um einen freundlicheren Ton. »Hast du etwas dagegen, wenn ich mir die Colt-Akte ansehe?«

Hammersmith betrachtete Nudger nachdenklich durch einen dichten grünlichen Qualm. Er inhalierte, atmete aus: der Qualm wurde zu einer Wolke. »Wie kommt es, daß diese Verlobte nicht beim Prozeß erschienen ist, um zu Colts Gunsten auszusagen? Sie hätte wenigstens lügen können und behaupten können, er hätte sie in jener Nacht in einem heißen Akt umschlungen. Das ist doch schon klassisch.«

Der Rauch schlug Nudger gewaltig auf den Magen; ihm war, als müßte er sich verschlucken, aber er gab dem Bedürfnis nicht nach. Es erschwerte das Reden. »Colt wollte offensichtlich nicht, daß sie in den Zeugenstand tritt«, preßte er hervor.

»Wie edel«, sagte Hammersmith. »Und warum glaubt die Verlobte, ihr Märchenprinz sei unschuldig?«

»Sie weiß, daß er woanders war, als auf die Ladenbesitzer geschossen wurde.«

»Aber nicht bei ihr?«

»Nee.«

»Das ist mal erfrischend.«

Vielleicht war es erfrischend genug, daß Hammersmith zu einem Entschluß kam. Er nahm den Hörer ab und forderte Colts Akte an. Nudger konnte kaum verstehen, was er um die dicke Zigarre sagte, aber anscheinend war jeder im Third District an Hammersmith gewohnt und konnte Zigarrenkauderwelsch verstehen. Nudger gestattete sich endlich zu schlucken. Igitt. Die Sommerluft draußen vor dem dunstigen Bürofenster sah klar und lieblich und flirrend aus, lockte mit strahlendem Sonnenschein. St. Louis, die schwüle Stadt, hatte auch ihre anziehenden Momente.

Die Akte, die hauptsächlich aus einem Durcheinander von zusammengehefteten Computerausdrucken bestand, enthielt nur wenig, was Nudger noch nicht wußte. Dieselbe Schilderung des Tathergangs wie in den Zeitungen. Dieselben Zeugenaussagen, beinahe wortwörtlich. Zwanzig Minuten nach der Schießerei im Spirituosengeschäft war Colt von den beiden Polizisten Wayne Callister und Elvis Jefferson in einer Tankstelle in der Hanley Road bei, Zigarettenziehen überrascht worden. Ein Wagen, der am anderen Ende des schwach beleuchteten Parkplatzes geparkt hatte, war davongebraust, bevor sie das Büro der Tankstelle betreten hatten. Callister und Jefferson hatten beide nur einen flüchtigen Blick auf einen schwarzen oder dunkelgrünen Ford erhaschen können, das Kennzeichen konnten sie nicht sehen, aber Callister meinte, es habe mit einem L begonnen.

Colt hatte sich widerstandslos festnehmen lassen, und noch am selben Abend hatten ihn im Third District die vier Augenzeugen bei einer Gegenüberstellung identifiziert. Ihre Beschreibung des Fluchtwagens paßte auf den Wagen, den die Polizisten von der Tankstelle wegrasen gesehen hatten. Die Beute aus dem Überfall auf das Spirituosengeschäft und aus diversen Tankstellenüberfällen, die früher an diesem Abend begangen worden waren, wurde nicht bei Colt gefunden, doch sie war wahrscheinlich im Wagen. Ein Parrafintest wies an Colts Hand Nitratspuren nach, die darauf schließen ließen, daß er kurz zuvor eine Waffe abgefeuert hatte.

»Colts Unschuld springt einem aus der Akte sofort ins Auge, was, Nudge?« sagte Hammersmith. Er grinste breit um die dicke Zigarre.

»Parrafintests sind nicht narrensicher«, wandte Nudger ein. Aber er wußte, daß sie so gut wie immer zu dem richtigen Ergebnis kamen; Colt hatte eine Waffe abgefeuert.

»Sie sind vor Gericht nicht einmal zugelassen«, sagte

Hammersmith. »Aber die Beweise gegen Colt waren so stark, daß das keine Rolle gespielt hat.«

»Was ist mit der Mordwaffe?«

»Als wir Colt geschnappt haben, war er unbewaffnet.«

»Scheint mir seltsam.«

»Eigentlich nicht«, sagte Hammersmith. »Er hatte die Absicht, die Zigaretten zu bezahlen. Und vielleicht war ihm die Waffe noch zu heiß, und er hat sie deshalb im Auto gelassen. Vielleicht ist sie immer noch zu heiß; sie ist in jener Nacht viel benutzt worden.«

Nudger klappte den Aktendeckel zu, legte ihn auf eine Ecke des Schreibtischs und stand auf. Erleichtert stellte er fest, daß die Luft in der oberen Hälfte des Zimmers besser zu atmen war. »Danke, Jack. Ich halte dich auf dem laufenden, wenn ich etwas Interessantes erfahre.«

Hammersmith fuchtelte anmutig mit der Zigarre, beinahe als dirigiere er ein stummes Orchester. »Die Mühe kannst du dir sparen, Nudge. Es ist vorbei. Ich sehe nicht, wie sogar eine Verlobte an Colts Schuld zweifeln kann.«

Nudger zuckte mit der Schulter, bemüht, in dem verqualmten Büro nicht zu tief einzuatmen. »Vielleicht ist das eine gefühlsmäßige Geschichte. Weil Gedanken klitzekleine Stromstöße sind, glaubt sie, daß Colt Zeitsprünge und alle möglichen grotesken Gedanken haben wird, wenn der Starkstrom durch ihn gejagt wird. Sie glaubt, daß er eines langen und schrecklichen Todes sterben wird. Sie hat böse Träume.«

»Sicher hat sie die«, sagte Hammersmith. »Und ich bin sicher, daß auch Colt böse Träume hat. Bloß, daß er seine verdient hat.«

»Gibt es irgendeinen Zweifel, daß auf den Schalter gedrückt wird?« fragte Nudger.

Hammersmith biß auf seine Zigarre und schüttelte den Kopf. »Nicht den geringsten. Das hier ist Gouverneur Scallas persönliches Anliegen. Sobald Colt zu einem verurteilten Verbrecher wurde und aufgehört hat, ein Wähler zu sein, war er rettungslos verloren.«

Obwohl er von der Notwendigkeit der Todesstrafe überzeugt war, war Hammersmith beileibe kein Anhänger von Gouverneur Scott Scalla. Hammersmith war ein guter Mensch und ein guter Polizist; ihm mißfielen die Methoden, die Scalla benutzt hatte, um Menschen hinter Gitter zu bringen, als der Gouverneur noch Justizminister gewesen war.

Am Anfang seiner Karriere hatte Scalla dafür gesorgt, daß alle Jugendlichen zu Höchststrafen verurteilt wurden; er hatte das oftmals erreicht, indem er mit ihren Komplizen einen Kuhhandel abschloß und ihnen im Austausch gegen ihre Kooperation und eine sichere Verurteilung ein leichteres Strafmaß versprochen hatte. Solange dieses Strafmaß die Jugendlichen im Gefängnis hielt, bis sie einundzwanzig waren, war Scalla alles recht. So konnte er damit prahlen, daß die Jugendkriminalitätsrate unter seiner besonderen Aufmerksamkeit abnahm, ohne zu erwähnen, daß diese Jugendlichen häufig wieder draußen waren und zur Erwachsenenkriminalitätsrate beitrugen. Das Verbrechen lohnte sich für Scalla; es hatte ihm geholfen, zum Gouverneur gewählt zu werden – trotz der oft zutreffenden Beschuldigungen, die sein Gegenkandidat gegen ihn erhoben hatte, daß er sein Amt als Justizminister hauptsächlich dazu benutzt habe, um seine politische Karriere voranzutreiben, und daß er sich von diversen Interessengruppen habe kaufen lassen, von denen er nun kontrolliert werde.

Scalla stritt unbekümmert alle Beschuldigungen ab, während er lauthals die Übel des Verbrechens verteufelte und sich für das biblische Credo von Auge-um-Auge-und-Zahn-um-Zahn einsetzte. Er gehörte einer rigiden Glaubensgemeinschaft an, die sich *Friends of God* nannte, spielte gelegentlich Klavier und sang Gospels, lächelte jungenhaft und oft und hatte eine Frau, die nie Lippenstift benutzt. Wie konnte man so jemandem nicht glauben?

»Vielleicht hat die Verlobte recht«, sagte Hammersmith.

»Womit?«

»Damit, daß der Starkstrom Gedanken und Zeit verzerrt. Wer kann das schon sagen?«

»Nicht Curtis Colt«, sagte Nudger. »Nicht, nachdem sie auf den Schalter gedrückt haben.«

»Trotzdem ist es eine hübsche Theorie«, sagte Hammersmith. »Ich werde sie mir merken. Sie könnte vielleicht die Familie des Mordopfers trösten.«

»Manchmal«, sagte Nudger, »denkst du genau wie ein Polizist, der zuviel gesehen hat.«

»Alles davon ist zuviel, Nudge«, sagte Hammersmith überraschend melancholisch. Er ließ noch mehr grünlichen Qualm aus Nasenlöchern und Mundwinkeln strömen; hinter dem Schreibtisch glich er einem steinernen Buddha; einem, in dem Weihrauch brannte.

Nudger hustete und verabschiedete sich. Noch zwanzig Minuten später brannten und tränten ihm die Augen.

5. Kapitel

Nachdem er Hammersmith verlassen hatte, rief Nudger Gantners Saufkumpan Roy Sanders an, der in einer Reifenerneuerungsfirma draußen in Westport arbeitete. Sanders machte Überstunden, wie Gantner gestern. Fleißig, fleißig. Das Geschäft blühte. Sanders erklärte sich bereit, in der Mittagspause mit Nudger zu reden, in etwa einer Viertelstunde.

Binnen zwanzig Minuten war Nudger in Westport, einem Geschäfts- und Lagerhauskomplex in West Country, und traf Sanders im Aufenthaltsraum der Angestellten von Roll-On-Recap-City an einem Tisch mit vier anderen Männern.

Der Aufenthaltsraum war lang, schmal, grün gestrichen und besaß farbenfreudige Automaten, die von Sandwiches zu Verhütungsmittel alles zu verkaufen schienen. Zahlreiche Topfpflanzen hingen vor dem Fenster an der anderen Seite des Raumes, und von der Decke herab ergoß sich üppiges Efeu fast bis auf den Boden hinunter. Auf der Fensterbank standen angebrochene Schachteln mit Pflanzennahrung und ein Zerstäuber.

Sanders, ein großer, an Lincoln erinnernder Mann mit dunklen Schmutzflecken auf den bloßen Armen, legte sorgsam sein Käsesandwich auf eine weiße Serviette und gab Nudger die Hand. Alle am Tisch trugen Arbeitshemden und Jeans mit dunklen Flecken und einen ähnlich schmutzigen blauen Schurz. Sanders nahm Kaffee und Sandwich in die Hand und führte Nudger zu einem Tisch am anderen Ende des langen Raumes, wo sie ungestört miteinander reden konnten.

»Möchten Sie einen Kaffee?« fragte er, bevor sie sich an den grauen Resopaltisch setzten.

Nudger lehnte dankend ab, und sie nahmen Platz. Keiner sagt etwas, während eine große, rothaarige Frau in einem Geschäftskostüm in den Aufenthaltsraum hereinstolziert kam, Münzen in einen Suppenautomaten in der Nähe des Tisches warf und dann heftige Verwünschungen ausstieß, weil der Automat das gefangene Suppendöschen nicht aus seiner Glaszelle freigegeben, das angebotene Lösegeld jedoch behalten hatte. Die Frau versetzte dem Automaten mit der Spitze eines hochhackigen Schuhs einen sanften, aber präzisen Fußtritt, als zielte sie auf seine Lenden, bevor sie zu einer anderen Reihe von Automaten ging, die sich vielleicht liebenswürdiger erweisen mochten.

(Z W I S C H E N D U R C H :)

Nudger beobachtet die rothaarige Frau bei ihren vergeblichen Versuchen, an ihre Zwischenmahlzeit zu gelangen: Natürlich ist sie wütend. Wer eine solche Situation einmal erlebt hat, weiß, wie sehr man sich über die Tücken des Lebens ärgern kann …

Nur gut, daß es auch ein paar Dinge gibt, die völlig unkompliziert funktionieren. Wenn uns die Lust auf eine kleine Zwischenmahlzeit überkommt, brauchen wir nur heißes Wasser, einen Löffel und natürlich die …

Nudger wiederholte dieselbe Prozedur, die er schon bei Gantner durchgezogen hatte. Auch die Antworten waren dieselben. Sanders und Gantner waren hinten im Laden gewesen, hatten die Schüsse gehört, den alten Mann auf dem Boden liegen sehen, die alte Frau mit einer Schußverletzung im Kopf herumtaumeln sehen. Hatten sie fallen gesehen und Colt mit der Waffe in der Hand aus dem Laden rennen und in ein dunkelgrünes Auto steigen sehen, das mit quietschenden Reifen davongezischt war. Sanders hatte nur einen flüchtigen Blick auf den Wagen erhascht, als er am Schaufenster vorbeigebraust war, und er sagte, er habe den Schuß, den Colt angeblich aus dem fahrenden Auto abgegeben hatte, nicht gehört.

»Haben Sie Colts Gesicht gut sehen können?« fragte Nudger, der wohl wußte, daß Sanders eben dies vor Gericht ausgesagt hatte.

Sanders nahm einen großen Bissen von seinem Käsesandwich, kaute mit offenem Mund. Ein nachdenklicher Ausdruck trat in die melancholischen Augen. »Ziemlich gut.« Einen Moment lang dachte Nudger, er rede von dem Sandwich, begriff dann jedoch, daß Sanders auf seine Frage geantwortet hatte. »Man braucht ziemlich lange, um es zu erzählen, aber es hat sich ganz schnell abgespielt, innerhalb von ein paar Sekunden. Ich hab' ihn so gut gesehen, wie es in der kurzen Zeit nur möglich war.«

Nudger schob das Seeufer-Foto über den Tisch, damit auch Sanders es sich betrachtete, das, auf dem Colt die Bierdose zu einem trotzigen Trinkspruch hochhielt. »Sind Sie sicher, daß das der Mann ist?«

Sanders schüttete den Kaffee hinunter und wischte sich den Mund, als er auf das Foto hinuntersah. »Das kann ich nach diesem Foto nicht sagen. Wenn Sie mir sagen, daß das Colt ist, dann glaube ich Ihnen das. Ich *bin* sicher, daß der Mann, den ich bei der Gegenüberstellung bei der Polizei gesehen habe, der Mann, den ich vor Gericht gesehen habe, derjenige war, der mit der Waffe im Spirituosengeschäft war und den Alten und seine Frau abgeknallt hat.«

»Aber das ist derselbe Mann.«

Sanders zuckte die Achseln. »Mensch, Sie wissen doch, wie das mit Fotos ist. Ich zum Beispiel sehe auf Fotos immer hübsch aus.«

Nudger bezweifelte das, nickte jedoch und steckte den Schnappschuß wieder in die Hemdtasche. »Haben Sie den Fahrer des Fluchtwagens gesehen?«

»Bloß ganz kurz. Ein Mann mit langem dunklen Haar, übers Lenkrad gekauert, als ob er versucht hat, dem Wagen mehr Geschwindigkeit zu entlocken.«

»Colt hat dunkles Haar, lockig und fast schulterlang.«

Sanders lächelte. »Ich weiß, worauf Sie hinauswollen, Nudger. Colts Anwalt hat das schon im Prozeß versucht. Ein ausgekochtes Kerlchen, das muß ich ihm lassen. Hatte mehr Verzerrungen und Verdrehungen drauf als ein gummigelenkiger Breakdancer. Aber mich konnte er nicht ins Wanken bringen. Es war Colt, den ich im Spirituosengeschäft gesehen habe. Da gibt es überhaupt keinen Zweifel. Curtis Colt.«

»Wie stehen Sie zur Todesstrafe, Mr. Sanders?«

»Ich glaube an sie. Ein Menschenleben ist das Kostbarste, was es gibt auf der Welt. Wer einem Menschen das Leben nimmt, sollte dafür sterben müssen. Und Colt hat jemandem das Leben genommen.«

»Aber Sie haben ihn auf dem Foto nicht hundertprozentig sicher wiedererkannt.«

»Er war nicht auf einem Foto, als er im Schnapsladen war.«

Das war ein guter Einwand, gab Nudger zu; er betrachtete Sanders und dachte dabei, daß er mit einer Warze auf der Wange wirklich genau wie Lincoln aussähe.

Sanders warf einen Blick auf die Uhr. »Ich muß jetzt wieder zurück und ein paar Reifen sortieren, sonst werd' ich noch gefeuert; wir sind hier die reinsten Sklaven.«

»Ich nehme an, eines Tages werden Sie etwas dagegen unternehmen«, sagte Nudger.

Sanders sah sich verstohlen um und senkte die Stimme: »Reden Sie von der Gewerkschaft?«

»Genau.« Nudger bedankte sich bei ihm, daß er ihm einen Teil seiner Mittagspause geopfert hatte und ging hinaus.

Als er aus dem Roll-On-Recap-City-Parkplatz wegfuhr und auf die Dorsett Road abbog, erkannte Nudger, daß ihn der Anblick des vielen eingeglasten Essens hungrig gemacht hatte.

Claudia Bettencourt würde heute bis um ein Uhr auf einer Lehrerkonferenz sein. Nudger rief sie in der Stowe High School an und fragte sie, ob sie mit ihm zu Mittag essen wolle. Sie sagte, sicher, in ihrer Wohnung. Braves Mädchen.

Obwohl er in West County war, war er dennoch näher an Claudias Wohnung in South St. Louis als sie, deshalb kam er vor ihr an und sperrte mit seinem Schlüssel auf.

Es war eine alte, geräumige Wohnung in der Wilmington Avenue, mit hohen Räumen und einer Dampfheizung. Es gab keine zentrale Klimaanlage. In der Wohnung war es stickig, ein leichter Brenngasgeruch vermischte sich mit der aufgestauten Sommerhitze. Nudger ging zu der Klimaanlage im Wohnzimmerfenster und stellte sie an. Er blieb einen Moment in ihrer brummenden, glukkernden Kühle stehen und drehte sich so, daß der kühle Luftzug sein Hemd trocknete, das ihm am Rücken klebte. Die Vorhänge des gegenüberliegenden Fensters wurden durch die Brise bewegt und wiegten sich in einem langsamen Rhythmus wie ein verträumtes Tanzpaar.

Claudia wohnte schon lange genug in dieser Wohnung, um sich gemütlich darin einzurichten. Die Möbel, einige davon neu und durch ihren Lehrerinnenjob an der Stowe-School finanziert, hatten sich ihrer Umgebung angepaßt und schienen mit dem abgelaufenen blauen Teppichboden verwachsen zu sein. In einem Aschenbecher aus klarem Glas auf dem Couchtisch lag eine zusammengedrückte, krumme Zigarettenkippe, und Zeitungen stapelten sich neben der Couch auf dem Boden. Claudia rauchte nicht; Nudger fragte sich, wer die Zigarette wohl dort ausgedrückt hatte.

Er ging in die Küche. Hier war es immer noch heiß. Er nahm eine Dose Budweiser aus dem Kühlschrank, ging dann ins kühlere Wohnzimmer zurück, bevor er die Lasche abzog. Ein Glas war überflüssig. Er setzte sich in eine Sofaecke, wo er den kühlen Luftzug spüren konnte, fand die *Post* von diesem Morgen oben auf dem Zeitungsstapel und überflog die Titelseite.

Da gab es ein Foto eines lächelnden Scott Scalla, der vor einer neuen Fabrik in St. Charles ein Band durchschnitt. Da gab es einen Artikel über einen Polizisten, der unter der Belastung seines Jobs zusammengebrochen war und zuerst seine Frau und dann sich erschossen hatte, und daneben war ein dreispaltiger Artikel, der den Menschen Tips gab, wie sie in den erdrückenden Klauen der momentanen Hitzewelle einen kühlen Kopf bewahren konnten. Nichts über Curtis Colt. Er war Schnee von gestern und würde es bis wenige Tage vor seiner Hinrichtung bleiben, wenn sich die Medien dafür zu interessieren begännen, ob er in letzter Minute ein Geständnis ablegte und als Henkersmahlzeit Erdbeeren und Mixed Pickles bestellte. Mörder waren keinesfalls wie wir anderen; es war amüsant und mehr als nur ein wenig unheimlich, einen Blick in ihr Inneres zu werfen.

Nudger seufzte, trank einen Schluck Bier und wandte

sich der Sportseite zu, um über den vierten Sieg in Serie der Cardinals zu lesen. Sie hatten gestern abend in der Verlängerung gewonnen. Da war ein Foto von Thommy Herr, wie er am zweiten Mal sein muskulöses Ballett vollführte und eine anmutige Pirouette drehte. Nudger dachte, Herr könnte sogar noch geschmeidiger sein als Scott Scalla.

Claudia öffnete die Tür, drehte ebenfalls eine saubere Pirouette und legte einen Armvoll Bücher und Mappen auf den Tisch in der Diele.

»Hausaufgaben.« Sie lächelte Nudger an. »Es ist eine wenig bekannte Tatsache, daß Lehrer mehr Hausaufgaben haben als ihre Schüler. Das ganze Zeug muß korrigiert werden.« In diesem Jahr unterrichtete sie die Ferienkurse, ein anstrengender Stundenplan.

Sie sah fantastisch aus, trug ein schlichtes marineblaues Kleid, das ihr langes dunkles Haar und die braunen Augen zur Geltung brachte. Ihre Taille wirkte in dem gerafften Kleid besonders schmal; ihr schmal geschnittenes Gesicht war vollkommen bis auf eine dünne Nase, die manchen zu lang sein mochte, aber von der Nudger glaubte, daß sie ihr ein adliges Aussehen verlieh und eine subtile, aber impulsive Sinnlichkeit ausstrahlte. Schönheit lag im Auge des Betrachters, und Nudger betrachtete gerne, bevor er bei ihr lag.

Wie eine geduldige Kobra wartete er, bis sie nahe genug herangekommen war, dann zog er sie auf seinen Schoß und küßte sie. Sie war schwerer, als sie aussah, massiv und kräftig. Sie erwiderte den Kuß und benutzte dabei die Zunge.

»Es gibt verschiedene Arten von Hausaufgaben«, machte Nudger sie aufmerksam. »Manche Fächer sind interessanter als das Englisch, das du unterrichtest.«

Sie stieg von seinem Schoß hinunter und rückte sich sittsam das Kleid zurecht. »Es ist hellichter Nachmittag.«

Er sah auf den Sonnenschein, der durch das Fenster hereinströmte und nickte. Es war wirklich Nachmittag. Ein Geschlechtsakt könnte das ändern, könnte alle Zeitzonen durcheinanderwirbeln.

»Ich habe tiefgefrorene Spaghetti«, sagte sie und stellte die Klimaanlage im Eßzimmer an, damit kühle Luft in die Küche blies.

Nudger wußte, daß er aufgeben mußte. Vorläufig. »Dieses Zeugs in den kleinen Plastikbeuteln, die man in kochendes Wasser wirft?«

Sie gab keine Antwort. Er hörte sie in der Küche rumoren. Besteck fiel zu Boden, dotzte; Wasser lief.

Als er das Bier ausgetrunken hatte und den Bericht über das Baseballspiel gelesen hatte, standen zwei Teller Spaghetti, ein paar Brötchen, Parmesan und zwei Gläser Rotwein auf dem Eßzimmertisch. Nudger war froh zu sehen, daß es kein Knoblauchbrot gab.

Er setzte sich ihr gegenüber an den Tisch. »Hast du am Wochenende die Mädchen gesehen?« Die Mädchen waren Nora und Joan, die beiden Töchter aus ihrer Ehe mit dem verabscheuungswürdigen Ralph Ferris.

Claudia nickte und hieb mit der Gabel bösartig auf die Spaghetti ein. Der Ralph-Effekt. Nudger war nicht überrascht, als sie sagte: »Ich habe habe auch Ralph gesehen.«

»Wie war er?«

»Wie immer. Ein hinterhältiges Schwein.«

Nudger freute sich, daß sie so über Ralph redete. Früher hatte sie nur selten abfällig über ihn gesprochen. Sie hatte geglaubt, alles, was mit ihrer Ehe und ihren Kindern schiefgelaufen war, wäre ihre Schuld gewesen. Ralph hatte ihr geholfen, so zu denken, hatte ihr auf dem Weg in die Hölle geholfen. Deshalb war Ralph in der Tat ein hinterhältiges Schwein.

Nudger nippte an seinem Wein und lächelte. Ralph war außerdem ein Idiot. Claudia war eine Frau, mit der man reden konnte, aber eine, die nicht auf Antworten oder Erklärungen bestand. Und Nudger forschte nur selten in ihrem Leben, wenn sie ihm zu verstehen gab, daß es ihn ihrer Meinung nach nichts anging. So viel Achtung und Vertrauen gab es selten in einer Beziehung, in der es auch mit der Sexualität stimmte.

»Was hältst du von Curtis Colt?« fragte Nudger.

Claudia schluckte einen Mundvoll Spaghetti hinunter, spülte mit Gallo-Wein nach. »Der Mann, der bei einem Überfall auf einen Supermarkt ein altes Ehepaar erschossen hat?«

»Spirituosengeschäft«, berichtigte Nudger. »Ich soll jetzt seine Unschuld beweisen.«

»Ich dachte, sein Rechtsbeistand hätte das schon vor Gericht versucht und Colt sei schuldig gesprochen und zum Tode verurteilt worden.«

»So ist es leider auch. Seine Verlobte hat mich beauftragt, mit den Zeugen zu reden, die gegen ihn ausgesagt haben, genug Zweifel aufzustöbern, um die Hinrichtung auf dem elektrischen Stuhl abzusetzen.«

»Und die Hinrichtung ist?«

»Am Samstag.«

»Scheint, als kämpfst du gegen eine Windmühle. Eine von denen, die Elektrizität erzeugen.«

»Ein grausamer Vergleich, Frau Lehrerin.«

Sie lächelte ihm zu und bestrich ein Brötchen mit Butter. »Hast du etwa Ermutigung erwartet?«

»Nee. Objektivität.«

»Und die hast du auch bekommen«, sagte sie. »Tut mir leid.«

Als sie zu Ende gegessen hatten, trug er das Geschirr in die Küche, und sie räumte es in die Spülmaschine. Claudia war ausgesprochen tüchtig in der Küche. Sein Blick fiel auf die ausgeweideten Plastikkochbeutel im Abfalleimer.

»Ich muß noch mit ein paar anderen Augenzeugen reden, wenn sie von der Arbeit nach Hause kommen.«

»Hmm«, machte sie.

»Das heißt, daß ich heute abend keine Zeit habe.«

»Ah.« Sie tat so, als hätte sie erst jetzt verstanden, worauf er hinauswollte.

Sie stellte den Schnelldurchgang der Spülmaschine an und ging mit ihm ins Schlafzimmer. Die Klimaanlage lief bereits auf Hochtouren; Claudia mußte sie vorhin eingeschaltet haben, als sie das Mittagessen gekocht hatte. Die Durchtriebenheit der Frauen. Die Flexibilität von Nachmittagen.

Das Bett war ungemacht, und die Tür des Kleiderschranks stand halb offen. Nudger hatte bei Claudia Kleidung zum Wechseln deponiert, und er sah zwei seiner Krawatten – eine blau gestreift und eine braun – an einem Haken innen an der Tür hängen. Nur hingen dort jetzt drei Krawatten an dem Haken; seine beiden hatten von einer uni-roten Krawatte Gesellschaft bekommen. Er erinnerte sich an die Zigarettenkippe im Aschenbecher im Wohnzimmer.

»Wessen Krawatte ist das?« fragte er beiläufig. »Ein Geschenk für mich?«

»Krawatte?« Claudia hatte ihr Kleid aufgeknöpft und zog es aus. »Oh, die gehört Biff. Er hat sie vergessen, und ich hab' sie dort hingehängt.«

»Biff?«

»Biff Archway. Er unterrichtet draußen in der Stowe School Sport. Er war gestern abend hier.«

»Und hat seine Krawatte abgelegt? Was hat er sonst noch abgelegt?« Nudger ging auf, daß er nur halb im Scherz sprach; er hatte in einem Ton gesprochen, der ihn überraschte.

Claudia hakte gerade ihren BH auf; sie hatte den Oberkörper weit vorgebeugt und die Ellbogen nach hinten streckt. Sie sah aus wie ein anmutiger Vogel, der gerade im Schlafzimmer gelandet war, als sie innehielt und Nudger ansah. »Nudger...« In ihrem Blick lag eine finstere Warnung.

Schweigend zog er sich aus und wartete darauf, daß es im Schlafzimmer kühler wurde. Die Fensterklimaanlage schien außergewöhnlich leistungsfähig zu sein.

Na ja, vielleicht hatte Claudia recht, ihn zu warnen. Er gestand sich ein, daß er wegen einer Lappalie eine übertriebene Eifersucht an den Tag gelegt hatte. Sich nicht zum ersten Male lächerlich gemacht hatte. Okay, er hatte es vermurkst; die Hitze und der Wein könnten etwas damit zu tun gehabt haben.

Trotzdem, diese rote Krawatte, so düsterrot über seine geschlungen...

Als er sich neben Claudia ins Bett legte, lag sie nackt auf der Decke. Sie war blaß und so schlank, daß die Hüftknochen hervorstanden. Sie hatte teetassengroße, spitze Brüste und schmale, aber wohlgeformte Tänzerinnenbeine, obwohl sie nie getanzt hatte. Nudger spürte die zunehmende Enge in seiner Kehle, spürte die warme Erregung in seinem tiefsten Innern. Er streichelte ihre Schulter und fragte: »Biff Archway?«

Claudia seufzte laut. Eigentlich eher ein Zischen. »Biff war gerade in der Nähe und hat bei mir vorbeigeschaut.«

»Und seine Krawatte abgenommen.«

»Nudger, wir sind nicht miteinander verheiratet. Wir sind nicht einmal verlobt. Ich trage nicht deinen Klassenring, wie die Mädchen in der Stowe School den Ring eines Jungen tragen, mit Klebeband umwickelt, damit er paßt. Das ist jetzt ausgesprochen besitzergreifend von dir.«

»Besitzergreifend? Natürlich. Ich habe gedacht, wir hätten eine Vereinbarung. Eine Bindung.«

Sie lächelte ihn an, stützte sich dann auf den Ellbogen und gab ihm einen Kuß. Er spürte den leichten Druck ihres Busens an seinem Arm. Ihr langes dunkles Haar streifte ihn am Hals und kitzelte ihn. »Wir haben eine Vereinbarung«, versicherte sie ihm.

»Hat dieser Archway dir Avancen gemacht?«

»Avancen?« Sie ließ den Kopf auf das Kissen fallen und starrte an die Decke.

»Du weißt schon. Avancen...«

»Himmel, Nudger! Manchmal glaube ich wirklich, du lebst im neunzehnten Jahrhundert. Nein, er hat keine Avancen gemacht. Er ist rückwärts hereingekommen und dann hat er sich wieder davongeschlichen.«

»Das ist keine Antwort.«

Sie wandte den Kopf und sah ihn an; ein wenig traurig, dachte er. »Ich werde dir keine Antwort geben. Du hättest nicht fragen dürfen.«

Nudger schickte sich an, aus dem Bett zu steigen. Als er sich aufsetzte, spürte er ihre Hände auf der Schulter, die Finger krallten sich in seine Haut und zogen ihn zurück. Er blieb lange auf der Bettkante sitzen, spürte, wie sich ihr Griff allmählich lockerte.

Vielleicht bauschte er das alles nur auf. Vielleicht war dieser Archway-Typ wirklich gerade zufällig in der Nähe gewesen und hatte vorbeigeschaut, und weil es heiß war, hatte er die Krawatte abgenommen und sie hatte irgendwie ihren Weg in Claudias Schlafzimmer gefunden. Auf Nudgers Krawatten. Vielleicht. Nudger überlegte, ob er in der Schublade nachsehen sollte, in der seine Unterwäsche lag.

Amüsiert über seine eigene Unvernunft legte er sich wieder aufs Bett. Nudger, der eifersüchtige Idiot.

Claudia schlang die Arme um ihn, als er ihren schlanken Körper der Länge nach an sich zog. In dem kühlen Zimmer fühlte sich ihre nackte Hitze gut an. Sie küßten sich, und er fuhr mit den Fingerspitzen ganz zart über ihre erigierten Brustwarzen. Sie warf den Kopf zurück und kuschelte sich noch enger an ihn.

Alles war wieder gut.

Besser als gut.

»Ich bin eben ein eifersüchtiger älterer Mann«, sagte Nudger ungefähr zehn Minuten später. »So sind wir eben, wenn wir die Finsternis am Ende des Tunnels sehen.«

Sie lachte leise, und er küßte sie auf die Stirn und änderte seine Position, so daß er über ihr balancierte. Das Bett quietschte und war dann still, als warte es auf etwas.

»Was unterrichtet dieser Archway denn an der Schule?« fragte Nudger.

»Physio-soziale Analyse und Adaption.«

»Und was ist das?«

»Sexualkunde.«

Nudger wälzte sich schwerfällig zur Seite und sagte: »*Mist!*«

6. Kapitel

Edna Fine wohnte in den Hallmont Apartments, unmittelbar gegenüber von Olson's Liquor Emporium. Ihre Zweizimmerwohnung lag zur Straße, und am Tag des Mordes hatte sie Schüsse gehört, war zum Fenster gelaufen und hatte einen Mann aus dem Geschäft laufen sehen, der in einen dunkelgrünen Wagen stieg, der am Randstein auf ihn gewartet hatte, und aus dem flüchtenden Wagen einen Schuß abgegeben hatte. Sie hatte das bei der Polizei ausgesagt, den Täter identifiziert, der Staatsanwaltschaft eine eidesstattliche Erklärung gegeben und betrachtete die Angelegenheit damit als erledigt.

Doch hier war Nudger, saß ihr in ihrem Wohnzimmer gegenüber und stellte Fragen. Lästiger Nudger.

Er lächelte Edna Fine an und dachte bei sich, daß er

noch nie einer Frau begegnet war, die so dem Klischee einer alten Jungfer entsprochen hatte. Edna Fine ward groß und unattraktiv knochig und besaß ein kleines verkniffenes Gesicht, grau werdende Haare und eine herbe Ausstrahlung, die Abstinenz, nur alle Schaltjahre Sex und einen in allen Dingen strengen Sittenkodex ahnen ließ. Sie trug eine randlose runde Brille und ein schwarzes Kleid, schicklich für Beerdigungen. Geschwore mochten spüren, daß sie sich in ihrem Bestreben, das Böse zu schlagen, übergroße Mühe gäbe, und könnten ihre Aussage mit Skepsis anhören. Der Staatsanwalt hatte gewußt, was er tat, als er ihre eidesstattliche Erklärung aufgenommen und sie für das Prozeßprotokoll vorlesen ließ, damit sie nicht vor Gericht erscheinen mußte. Colts Anwalt, ein gewisser Siberling, hatte sie nicht ins Kreuzverhör genommen. Nudger würde mit Siberling reden müssen.

Die Einrichtung der kleinen, antiseptischen Wohnung paßte zu Edna Fines Erscheinung; sie war langweilig, steif und schmucklos. Nudger rutschte auf dem Holzsofa mit der geraden Rückenlehne unbehaglich hin und her und fragte: »Haben Sie das Gesicht des Verdächtigen deutlich sehen können, Mrs. Fine?«

»Meinen Sie Curtis Colt?«

Nudger nickte.

Edna Fine lächelte.

Hoopla. Es veränderte ihr ganzes Aussehen, verlieh ihr erstaunliche Herzlichkeit. Das verkniffene Gesicht wurde breiter, und Krähenfüße ließen die dicht beieinander liegenden blauen Augen gütiger wirken. Nudger war sie nun viel sympathischer. Sie könnte auch den Geschworenen sympathisch gewesen sein; vielleicht hatte der Staatsanwalt grundlos auf sie verzichtet. Und vielleicht hatte Siberling vor dem Prozeß doch ein paar Recherchen angestellt und hatte gut daran getan, sie nicht in den Zeugenstand gerufen zu haben.

Sie sagte: »Denken Sie ja nicht, daß ich mir meiner Identifizierung so sicher bin, daß Sie mir nach dem Mund reden müssen, als wäre ich eine verbohrte alte Schreckschraube.«

Nudger war immer wieder verblüfft, wie Erscheinungen doch täuschen können. Die Welt war voller Zerrspiegel; alles war das Gegenteil von dem, was es zu sein schien. »Dann sind Sie sich also *nicht* sicher?«

»Ich bin mir so sicher, wie ich es in meiner eidesstattlichen Erklärung gesagt habe. Als ich die Schüsse gehört habe, bin ich zum Fenster gegangen, habe hinausgeschaut und diesen dürren kleinen Mann gesehen, der mit einer Waffe in der Hand aus dem Laden kam und in ein Auto gestiegen ist, das mit ihm wegfuhr.«

»Wie viele Schüsse haben Sie gehört?«

»Vier, und dann noch einen, als das Auto zur Ecke gerast ist. Ich habe sofort gewußt, daß es Schüsse sein mußten; ich habe drei Jahre als Krankenschwester in Südostasien gearbeitet, und weiß, wie sich Schüsse anhören.«

»Und haben Sie das Gesicht des Mannes gesehen?«

Sie setzte sich mit einer übertriebenen, unpassenden Zimperlichkeit in einen zierlichen Sessel gegenüber dem Sofa und nickte. »Ganz kurz. Vor allem habe ich seinen Kopf von oben gesehen. Eine Unmenge von lockigen dunkelbraunen oder schwarzen Haar. Mittelscheitel, glaube ich. Er war schlank und klein, aber doch irgendwie drahtig, sah kräftig aus. Sie müssen jedoch bedenken, daß ich nur etwa vier Sekunden Zeit hatte, um alles zu sehen.«

»Aber Sie haben Curtis Colt bei einer Gegenüberstellung der Polizei wiedererkannt.«

Sie zuckte die Achseln. »Als ich ihn da stehen sah, ging mir blitzartig auf, daß das der Mann war. Darf ich Ihnen etwas zu trinken anbieten, Mr. Nudger?«

»Nein, danke.« Eine magere gelbe Katze kam in das Zimmer stolziert und rieb sich an Nudgers Bein. Nudger war ein wenig überrascht; die Wohnung roch überhaupt nicht nach Katze; genau genommen roch sie ganz leicht nach Flieder.

Edna Fine rief die Katze mit einem Zungenschnalzen und schlug sich mit der Hand auf den knochigen Schenkel. Die Katze machte zwei elegante Sätze und rollte sich auf ihrem Schoß zusammen. »Matilda hat Hunger«, sagte sie.

Nudger war nicht überrascht, daß die Katze Matilda hieß. Es war haargenau die Art von Name, den eine einsame alte Jungfer für ihr Haustier aussuchen würde. Wenigstens das stimmte mit seinem ersten Eindruck von Edna Fine überein, mit der Miene und den Manierismen, die sie zur Schau gestellt hatte, als sie ihm die Tür geöffnet hatte. »Was haben Sie gesehen, als der Wagen wegfuhr?« fragte er.

»Kurz bevor er um die Ecke bog, hat Colt den Arm aus dem Fenster gestreckt und einen Schuß nach hinten abgegeben.« Sie drehte sich unbeholfen nach links, um es vorzuspielen. Dann streichelte sie geistesabwesend Matilda. »Danach habe ich eine Frau auf dem Bürgersteig wenige Häuser von dem Spirituosengeschäft gesehen. Sie hat eine häßliche kleine braune Töle an der Leine geführt. Ich habe später erfahren, daß sie Langeneckert heißt – die Frau, nicht die Hündin. Dann kamen zwei Männer aus dem Laden und haben in die Richtung geschaut, in die der Wagen verschwunden war, und einer von ihnen rannte wieder in das Geschäft zurück. Da habe ich mich vom Fenster abgewandt und neun-eins-eins für die Polizei gewählt.«

»Hat irgend jemand etwas gesagt oder gerufen?«

»Ich glaube, als der Wagen wegfuhr, hat Mrs. Langeneckert etwas geschrien, aber ich bin mir nicht sicher. Die Wohnung ist beinahe schallisoliert. Sie hat eine Klimaanlage, und die Fenster zur Straßenseite lassen sich nicht öffnen.«

Eine zweite Katze, ein großer schwarzweißer Kater mit einem spitzen Gesicht, schlenderte in das Zimmer, rieb sich an Edna Fines Knöchel und streckte sich dann zu ihren Füßen aus.

»Das ist Artemas«, sagte sie. »Er ist ein Abessiniermischling.«

»Haben Sie noch mehr Katzen?« Nudger fragte sich, ob Artemas nicht nur ein griechischer, sondern auch ein abessinischer Name war.

»Bloß Artemas und Matilda.« Sie sprach von ihren Haustieren als wären sie ihre Kinder – das Charakteristikum der fehlgeleiteten mütterlichen Zuneigung alter Jungfern. Aber vielleicht war sie auch einfach nur tierlieb.

»Sind Sie nach unten gegangen, nachdem Sie die Polizei angerufen haben?« fragte Nudger.

»Nein. Ich bin wieder ans Fenster gegangen und habe von dort aus alles beobachtet. Bis dahin hatte sich eine Menschenmenge gebildet. Innerhalb weniger Minuten war die Polizei und ein Rettungswagen da.«

Nudger stand auf und ging über den weichen Teppichboden zum Wohnzimmerfenster, das auf die Gravois Avenue sah. Es erlaubte einen ungehinderten Blick auf das Spirituosengeschäft.

Olson's Liquor Emporium hatte eine schmale Stirnseite mit zwei kleinen Schaufenstern, aber das Haus war lang, mit mehreren Gitterfenstern auf jener Seite, die Nudger sehen konnte. In den Schaufenstern klebten ein paar rote Werbeplakate, und ein GESCHLOSSEN-Schild hing schief im Fenster der Tür. Ein Mann in einem hellen Anzug ging an dem Geschäft vorbei, stieg in ein geparktes Auto und fuhr davon. Nudger hatte sein Gesicht kaum sehen können.

Die Straße war hier vierspurig, so daß der Blickwinkel nicht allzu schlecht war, aber die Entfernung war größer, als Nudger angenommen hatte. Edna Fine war von allen

Augenzeugen am weitesten entfernt gewesen, und doch schien sie diejenige zu sein, die am ehesten einen genauen Bericht geben konnte.

Nudger wandte sich von der in der Abenddämmerung dunkler werdenden Straße ab. »Besteht für Sie auch nur irgendein Zweifel, daß es Colt war, den Sie gesehen haben?«

»Kaum, Mr. Nudger.«

»Also doch ein gewisser Zweifel.«

»Ich habe bei allem immer einen geringen Zweifel. Aber ich glaube, ich würde heute wieder dieselbe eidesstattliche Erklärung abgeben. Juristen haben so eine Art, Fragen zu stellen.«

»Die haben sie wirklich«, stimmte Nudger zu. »Deshalb werden manchmal Unschuldige verurteilt.«

»Manchmal, Mr. Nudger, aber nicht diesmal. Ich bin keine Anhängerin der Todesstrafe; ich habe gesehen, daß jedes Töten gewöhnlich nur noch mehr Töten nach sich zieht. Aber ich glaube, daß Curtis Colt schuldig ist. Und Gesetz ist nun...«

»Mal Gesetz«, führte Nudger ihren Satz zu Ende.

Sie nickte streng, und wie durch Zauberei verschwand die Verständigkeit, die sie so sympathisch gemacht hatte. Sie wurde zu einer selbstgerechten, verbrauchten Frau, die einen jungen Mann auf einen Ritt auf den Blitz schickte. Was für eine Jekyll-und-Hyde-Zeugin hätte sie im Zeugenstand abgegeben. »Ganz recht, Mr. Nudger. Und man muß dem Gesetz geben, was ihm gebührt.« Sie ließ Matilda auf den Boden plumpsen und erhob sich, eine hochgewachsene weise Richterin in einem schwarzen Kleid. So verschieden von ihrem anderen Ich. Ihrem wahren Ich?

Matilda schlich sich niedergeschlagen aus dem Zimmer, dann räkelte sich Artemas, zuckte mit dem Schwanz und folgte ihr.

Nudger wußte, daß es auch für ihn an der Zeit war, sich zu schleichen.

Er fuhr in die Watson Road hinaus, wo Candy Ann Adams als Kellnerin im *Right Steer Steakhouse* arbeitete.

Nachdem er sich durch die Plastikschwingtüren gezwängt hatte, die den Türen in einem Western-Saloon ähnlich sehen sollten, ging er durch eine moderne Glastür und dann an einem schmalen, mit einem Geländer abgeteilten Bereich vorbei, durch den die Gäste an den Desserts, den Getränken und der Kassiererin vorbeigetrieben wurden, bevor sie an der Salatbar in der Mitte der Old-West-Einrichtung weiden durften.

Der Geschäftsführer, ein junger Mann mit einem billigen, hohen, breitrandigen Cowboyhut aus Stroh und einem Cowboyhemd, auf dessen Hemdtasche ›Viehtriebboß‹ eingestickt war, sagte Nudger, daß Candy Ann vor gerade einer Viertelstunde nach Hause gegangen sei, weil sie sich nicht wohl gefühlt habe. Nudger bedankte sich freundlich bei ihm und wünschte, er trüge auch einen hohen, breitrandigen Cowboyhut, an den er zum Abschied tippen könnte.

Er verließ die Wärme und den leicht übelkeiterregenden Geruch nach angebranntem Fleisch des Right Steer und fuhr zum Placid Grove Trailer Park.

In Candy Anns Wohnwagen brannte Licht. Nudger fuhr den VW dicht an die Metallwand neben der Tür und stellte den stotternden Motor ab. In einem der Fenster öffnete sich ein Spitzenvorhang.

Sie hielt schon die Wohnwagentür auf, als er mühsam aus dem Auto kletterte.

»Kommen Sie herein, Mr. Nudger. Haben Sie etwas erfahren?«

»Nichts, was Sie hören wollen«, sagte er.

Das Licht aus dem Wohnwageninneren schien durch

ihren dünnen Sonderangebotsrock und ließ die Umrisse ihrer schlanken Beine sehen. Offenbar hatte sie sich gerade die Haare gewaschen; ein blaues Handtuch war wie ein Turban um den Kopf gewickelt. Das unförmige Handtuch ließ sie noch dünner und in ihrer Unbeholfenheit irgendwie sinnlich aussehen.

Sie trat einen Schritt zur Seite, als Nudger in den Wohnwagen stieg und sich an ihr vorbeischob. Sie roch nach parfümiertem, seifigen Shampoo. Es erinnerte ihn daran, wie seine Ex-Frau Eileen immer unmittelbar nach einer Dusche gerochen hatte. Trotzdem mochte er diesen Duft.

Nudger setzte sich wieder in den Vinylsessel, und sie machte es sich in einer Ecke des zu klein geratenen Sofas gemütlich, wie am ersten Abend, an dem er hier gewesen war; diese Dinge entwickelten ihre eigenen Gewohnheitsregeln. Auf dem Tischchen neben dem Sofa stand ein Marmeladenglas, halbvoll mit einer farblosen Flüssigkeit. Nudger nahm jetzt noch einen anderen Geruch wahr. Alkohol. Hochprozentiger Gin.

»Ich habe getrunken, Mr. Nudger«, gestand Candy Ann. »Nicht viel. Nur genug, um meine Kopfschmerzen und meine Sorgen um Curtis zu lindern.«

»Ich kann Ihnen nicht viel Trost anbieten«, sagte Nudger. »Ich habe mit den Zeugen geredet, und alle halten an ihrer Aussage fest.« Er erzählte ihr die Einzelheiten der Gespräche.

Während sie zuhörte, wickelte sie das Handtuch auf und rubbelte sich die unglaublich verhedderten nassen blonden Haare trocken, daß glitzernde klare Wassertropfen stoben. Ihr Kleinmädchengesicht trug einen so schmerzlichen und nachdenklichen Ausdruck, daß es Nudger trieb, väterlich den Arm um sie zu legen, ihr die Schulter zu tätscheln und ihr zu versichern, daß alles schließlich wieder ins reine kommen werde; lügen und lügen und lügen.

Statt dessen sagte er: »Für eine Verurteilung braucht man nur zwei Zeugen, Candy Ann. In diesem Fall gibt es vier. Und alle sind sie sich sicher. Keiner von ihnen hat den geringsten Zweifel an ihrer oder seiner Identifizierung von Curtis Colt als Mörder.«

Candy Ann rubbelte sich immer noch heftig mit dem rauhen Handtuch die Kopfhaut, als beabsichtigte sie, sich das Haar vom Kopf zu reißen. Oder sich die Sorgen aus dem Kopf zu schlagen.

Nudger beugte sich vor, stützte die Ellbogen auf die Knie und schaute ihr direkt ins Gesicht. »Ich will ehrlich mit Ihnen sein; es ist an der Zeit, daß Sie der Tatsache ins Gesicht sehen, daß Colt schuldig ist und Sie Ihr Geld an meine Dienste verschwenden.«

Sie hielt mit dem Rubbeln inne, sah ihn unter den Falten des feuchten Handtuchs hervor aus hellblauen Augen an. »Alle Zeugen wissen, was mit Curtis passieren wird«, sagte sie. »Die wollen auf keinen Fall mit dem Gedanken leben, daß sie sich getäuscht haben könnten und einen Unschuldigen getötet haben, also haben sie sich eingeredet, daß sie sicher sind, daß es Curtis war, den sie in dem Spirituosengeschäft gesehen haben. Sie müssen sich sicher sein, wenn sie nachts ruhig schlafen wollen.«

»Ihre Bemerkung über die menschliche Psychologie klingt plausibel«, erwiderte Nudger, »aber ich glaube nicht, daß sie uns helfen wird. Die Zeugen waren sich schon beim Prozeß sicher. Ich habe mir die Zeit genommen, das Prozeßprotokoll zu lesen; den Geschworenen blieb nichts anderes übrig, als Colt schuldig zu sprechen, und die Beweislage hat sich seither nicht verändert. Nichts hat sich geändert, Candy Ann...«

»Dieser Randy Gantner, ich glaube, der würde Curtis am liebsten tot sehen, weil er weiß, daß Curtis sogar aus dem Knast dafür sorgen könnte, daß er aufhört, mich zu belästigen.«

»Gantner belästigt Sie?« Nudger lehnte sich zurück und spürte, wie ihm warmes Vinyl das Hemd an den schwitzenden Rücken klebte. »Woher sollte er wissen, wo Sie wohnen? Woher könnte er auch nur wissen, daß es Sie gibt?«

Candy Ann schlug die Augen nieder. »Ich habe es ihm leider gesagt. Das war, bevor ich Sie beauftragt habe; ich habe mir gedacht, vielleicht könnte ich selber mit den Zeugen reden, sie dazu bringen, daß sie Curtis' Unschuld sehen, seine Güte. Gantner ist der einzige, mit dem ich gesprochen habe. Danach hab', ich gewußt, wie aussichtslos es für mich ist, und daß ich die Hilfe eines Fachmannes brauche.« Sie sah auf und lächelte. »Dann habe ich Sie angerufen, Mr. Nudger.«

»Also hat Gantner herausgefunden, wo Sie wohnen.«

»Ich bin mir nicht sicher, ob er weiß, wo ich wohne, aber er war ein paarmal im Right Steer. Er... hat mir Avancen gemacht.«

»Das klingt wie etwas aus dem neunzehnten Jahrhundert«, sagte Nudger.

»Häh?«

»Nicht so wichtig. Was für Annährungsversuche hat er denn gemacht?«

»Unsittliche.«

»Oh, davon bin ich überzeugt. Aber hat er durchblicken lassen, daß er seine Aussage über Curtis ändert, wenn Sie mit ihm schlafen?«

»Nein, er ist nie so recht mit der Sprache herausgerückt und hat das direkt gesagt.« Sie rieb sich mit der Handfläche den Nasenrücken, so wie es ein Kind tut, und sah nachdenklich drein. »Um die Wahrheit zu sagen, Mr. Nudger, obwohl ich so etwas nicht sagen sollte – wenn es Curtis wirklich das Leben retten könnte, würde ich sogar mit diesem Gantner schlafen. Auf der Stelle.«

»Ich glaube nicht, daß das viel ändern würde«, sagte

Nudger. »Und ich glaube nicht, daß es Curtis gefallen würde.«

»Mit beidem haben Sie wahrscheinlich recht.«

Nudger schüttelte langsam den Kopf. »Es tut mir leid, aber die Beweislage sieht noch genauso aus wie zur Zeit des Prozesses.«

Candy Ann zog die Beine an und umschlang die Knie fest mit beiden Armen, als wäre sie ganz wild auf ihre Beine. Es war beinahe eine Geste unbewußter, unentwickelter Sexualität, wie man sie bei einer Zehnjährigen sehen konnte. Die Kleinmädchenpose paßte zu ihrem Kleinmädchenglauben an die Unschuld ihres Geliebten. Sie glaubte, jeden Moment müßte der strahlende Ritter auftauchen und den hübschen Curtis den elektrischen Klauen des Todes entreißen. Sie glaubte fest, diese Kindfrau. Nudger konnte beinahe die Rüstung scheppern hören.

Sie wollte, daß er ebenso fest glaubte. »Ich sehe, daß Sie erst von Curtis' Unschuld überzeugt werden müssen«, sagte sie wehmütig. Zweifellos hat er sie mit seinem mangelnden Glauben an seinem entmutigenden Bericht über die unerschütterlichen Zeugen in irgendeine Enge gedrängt. »Wenn Sie um Mitternacht wiederkommen, Mr. Nudger, werde ich sie überzeugen.«

»Geht es nicht eher?« fragte Nudger. »Meine alte Karre verschwindet um Mitternacht in einer Flasche.«

Sie lächelte schüchtern, die leicht hervorstehenden Zähne teilten die Lippen. »Ich habe Autos gesehen, die im Eimer waren, Mr. Nudger, aber noch nie welche in Flaschen.«

»Wie wollen Sie Colts Unschuld beweisen?«

»Das kann ich jetzt nicht sagen. Um Mitternacht werden Sie es verstehen.«

»Aber warum müssen wir bis Mitternacht warten?«

»Oh, das sehen Sie dann schon.«

Nudger betrachtete das unbehauste Geschöpf, das sich in die Sofaecke gekuschelt hatte. Ihm war, als spielte er ein Ratespiel aus seiner Kindheit, während Curtis Colt darauf wartete, daß er auf dem elektrischen Stuhl an die Reihe kam. Nudger hatte noch nie eine Hinrichtung gesehen; er hatte gehört, daß es länger dauerte, als gemeinhin angenommen, bis der Verurteilte tot war. Da gab es Krämpfe, Rauchfäden, den Geruch von verkohltem Fleisch.

Sein Magen zuckte. Wie hatte es ihn nur in diesen Fall verschlagen? Wie hatte es ihn nur in diesen seltsamen Beruf verschlagen? Doch er wußte, wie. Es hatte etwas mit unbezahlten Rechnungen zu tun. Und mit anderen Arten von Verpflichtungen. Damit, daß er sich nicht einfach heraushalten konnte wie ein vernünftiger Mensch. Er würde um Mitternacht hier sein.

»Können wir das nicht jetzt mit ›Dreimal darfst du raten‹ erledigen?« Noch einmal versuchte er, an diesem Tag früh ins Bett zu kommen.

Candy Ann schüttelte den Kopf. Noch mehr Wassertropfen stoben und glitzerten im Licht der Lampe. Für einen Moment war Magie im Wohnwagen. »Nein, Mr. Nudger. Tut mir leid.«

Nudger stand seufzend auf; obwohl er kaum einen Meter achtzig groß war, hatte er das Gefühl, er werde sich an der niedrigen Decke gleich den Kopf anschlagen. »Na schön, Candy Ann, wir machen es so, wie Sie es wollen.«

Sie lächelte wieder, als wollte sie sich bei ihm bedanken, als hätte er eine Wahl gehabt.

»Sehen Sie zu, daß Sie heute abend pünktlich sind, Mr. Nudger«, rief sie ihm nach. »Es ist wichtig.«

Nudger schaute über die verschiedenen Welten, in denen die Menschen lebten, während die wirkliche Welt mit ihnen machte, was sie wollte.

Er sah nicht das Auto, das ihm folgte, als er den VW aus dem Trailer Park lenkte.

7. Kapitel

Nudger fuhr in sein Büro, um auf Mitternacht zu warten. Wieder hörte er den Anrufbeantworter ab. Wieder ein Anruf von Eileen, die in ihrem sachlichsten Ton verlangte, er möge sie sobald wie möglich zurückrufen. Er griff nach dem Telefon, hob beinahe den Hörer ab, zog dann langsam die Hand wieder zurück und setzte sich auf den Drehstuhl, der ein leises Quietschen von sich gab, als versicherte er ihm, daß er klug daran getan hatte, nicht anzurufen. Ihm war momentan nicht danach, mit Eileen zu reden. Eigentlich war ihm nie danach.

In dem gelblichen Schein der Schreibtischlampe blätterte er noch einmal seine Curtis-Colt-Akte durch, in der Hoffnung, auf etwas zu stoßen, das er übersehen hatte. Aber da gab es nichts, was auf Colts eventuelle Unschuld hindeutete. Wahrscheinlich, weil Colt schuldig war.

Nach einer halben Stunde klappte Nudger den Aktendeckel zu und schob ihn abrupt von sich auf den Schreibtisch. In der Geste lag Frustration und stille Verzweiflung. Er wünschte Danny's Donuts unten hätte geöffnet; er hätte gern mit jemandem geredet. Die Cardinals spielten immer noch fabelhaften Baseball und hatten nun fünf Spiele hintereinander gewonnen; Danny war ein begeisterter Fan und würde sich mit Wonne die nächsten paar Stunden über Baseball unterhalten.

Aber es könnte auch nichts schaden, mit Danny über Curtis Colt zu sprechen. Danny war ein guter Zuhörer und verschaffte ihm manchmal verblüffende Einsichten. Zwar neigte er dazu, in Stereotypen zu denken, doch wenn er einmal jemanden wie Colt als ein Individuum betrachtete, ging sein weiches Herz mit ihm durch. Danny war unbedingt für die Todesstrafe, aber wenn

Jack the Ripper einer seiner Bekannten gewesen wäre, hätte Danny angenommen, daß diese Mädchen irgend etwas getan hätten, um ihn zu provozieren.

Curtis Colt war kein wahnsinniger Mörder, kein außergewöhnlicher Krimineller; er war ein ganz gewöhnlicher Überfalltäter, der, als die Sache schieflief, in Panik geraten war und den Abzug durchgezogen hatte. Aber war er wirklich nur das? Da waren ein beunruhigender Nachhall um die Schüsse, die er abgegeben hatte. Nudger kam zu dem Schluß, er sollte besser mehr über Colt in Erfahrung bringen.

Das Klingeln des Telefons ließ Nudger aufschrecken. Der Drehstuhl quietschte, als er sich gerade aufsetzte. Eileen? Seine Hand zögerte einen Moment, dann nahm er den Hörer ab und hielt ihn sich dicht ans Ohr, als wäre da jemand in dem stillen Büro, der das Gespräch nicht mithören sollte.

Es war nicht Eileen; es war Harold Benedict von der Anwaltskanzlei Bendict & Schill, für die Nudger gelegentlich arbeitete. Benedict sagte, er habe schon den ganzen Tag versucht, Nudger zu erreichen.

»Warum haben Sie denn keine Nachricht hinterlassen, Harold?« fragte Nudger.

»Sie reagieren ja nie auf Nachrichten, Nudger. Ich weiß gar nicht, warum Sie überhaupt einen Anrufbeantworter haben.«

»Ich höre ihn manchmal ab, ich rufe bloß nie zurück. Leute, die um Rückruf bitten, bedeuten gewöhnlich Ärger. Außerdem lasse ich mir nur ungern von Apparaten etwas sagen. Aber Sie hätte ich zurückgerufen, weil Sie mir manchmal Geld zahlen.«

»Sie sind ein Atavismus aus den urzeitlichen Tagen, als es noch keine Mikrochips gab.«

Nudger wußte darauf nichts zu erwidern. Leugnen war zwecklos. Anwälte.

Benedict sagte ihm, ein Cal Smith habe wegen einer Rückenverletzung, die er sich in seinem Lageristenjob zugezogen hatte, bei seiner Versicherung einen Antrag auf Erwerbsunfähigkeit gestellt. Die Versicherungsgesellschaft war eine Mandantin von Benedict & Schill, und Benedict glaubte nicht, daß Smith sich wirklich den Rücken verletzt hatte und daß seine Mandantin die Forderung zahlen sollte. Benedict war gefühllos. Und hinterhältig. Er wollte, daß Nudger ein bißchen fotografierte.

Nudger hatte schon früher so etwas für Benedict & Schill getan. Er notierte sich Smiths Adresse und legte dann den Hörer auf.

Smith, dachte er, als er sich auf dem Stuhl zurücklehnte. Vielleicht der häufigste Name überhaupt, die Zielscheibe zahlloser Treppenwitze. Kein Vergleich mit dem unwahrscheinlichen Biff Archway. Nudger schluckte einen bitteren Geschmack auf der Zunge herunter. Sein Magen rührte sich wie ein aufgeschrecktes, gereiztes Tier. Konnte jemand tatsächlich Biff Archway heißen?

Doch er stellte fest, daß man so heißen konnte und daß der Träger dieses Namens Krawatten trug, die ihren Weg in Claudias Schlafzimmer gefunden hatten.

Nudger fragte sich, auf welchen Namen wohl jemand getauft war, der Biff gerufen wurde. Er müßte Claudia fragen. Und wie sähe ein Biff wohl aus? Nudger hatte eine klare Vorstellung: ein mittelgroßer Mann mit einem breiten Brustkasten, einem entschlossenen Kinn, einem offenen Blick und dem Charme des typischen Amerikaners. Genau so war ein Biff. Ein echter Kerl, den John Wayne auf Anhieb gemocht hätte.

Wut – nein, nicht Wut, Eifersucht flackerte für einen Moment auf, doch dann schob er sie in die hinterste Schublade seines Gedächtnisses, wo sie ungehindert an ihm fressen konnte, während er seiner Arbeit nachging. Er wußte, daß Claudia recht hatte. Sie beiden waren weder verheiratet noch verlobt, also war so etwas vielleicht zu erwarten gewesen. Als er sie kennengelernt hatte, war sie ein Vogel mit gebrochenem Flügel gewesen. Er hatte geholfen, den Flügel zu heilen, und nun konnte sie wieder fliegen. Und vielleicht wollte sie eine Zeitlang in großer Höhe schweben. Vielleicht war es schlichtweg nur das: die Stimme des Blutes. Oder der Hormone.

Nudger schälte das Silberpapier von einer Rolle Antacidtabletten und schob sich zwei der kreidigen weißen Scheiben auf die Zunge. Er zermalmte sie sofort, schmatzte in dem ruhigen, schwach beleuchteten Büro. Nur das gelegentliche Rauschen des Verkehrs auf der Straße unter ihm erinnerte an eine Außenwelt.

Es kam Nudger in den Sinn, daß vielleicht Dr. Oliver, der Analytiker, der ihr über die Narben aus der Ehe mit Ralph hinweggeholfen hatte, ihr geraten hatte, sich mit anderen Männern zu verabreden. Teil ihrer Therapie. Wenn Oliver glaubte, es könnte Claudia helfen, würde er so etwas tun, und sollte Nudger doch der Teufel holen.

Vielleicht war aber dieser Biff Archway wirklich nur ein Lehrerkollege, der gerade in der Nähe gewesen war und geglaubt hatte, bei einer Kollegin vorbeischauen zu müssen. Vielleicht war er nur ein dürrer Schwächling, der nur seine Mutter liebte. Ein aknenarbiger Zwerg mit einem Ödipuskomplex. Könnte sein. Was soll's, verpaß ihm auch noch schiefe Zähne und Mundgeruch.

Nudger wurde bewußt, daß er die Schreibtischkante so fest drückte, daß ihm die Hände weh taten. Die Nägel waren vorne an den Fingerspitzen ganz weiß.

Er lockerte den Griff und lachte sich selbst laut aus. Es war zu laut und klang nicht gerade gekünstelt, aber er redete sich ein, es sollte besser ungekünstelt sein. Er führte sich ja auf wie ein paranoider pubertierender Jüngling, der am Abend des Abschlußballes den Laufpaß erhalten hatte.

Zum Teufel damit, dachte er. Er würde Claudia anrufen, sich für seinen pubertären Eifersuchtsanfall entschuldigen. Sie würden eine Weile miteinander reden, zu einer Einigung gelangen, und er würde sich besser fühlen.

Er nahm wieder den Hörer ab und tippte ihre Nummer.

Er ließ es zehnmal bei ihr klingeln. Sie war nicht zu Hause.

Nudger legte den Hörer wieder auf. »Mist!« sagte er so laut, daß er sich selbst erschreckte. Er schluckte die gezackten Bröckchen der Antacidtabletten herunter. Sie taten ihm in der Kehle weh.

»Man tut nicht fluchen.«

Der vierschrötige, häßliche Wicht, der ein paar Schritte ins Büro gekommen war, machte keine Witze. Schlichte Lauterkeit ging von ihm aus. Er mußte sich übernatürlich leise bewegt haben; Nudger schaute genau hin, um sicherzugehen, daß sein Besucher einen Schatten warf. Er schien einfach aus dem Nichts aufgetaucht zu sein wie ein Geist aus einer zu kleinen Lampe, die ihn jahrhundertelang eingezwängt und gequetscht hatte.

Er hatte ein eingedrücktes, freundliches Gesicht, das für seinen Kopf zu groß, aber für den kurzen, dicken Hals nicht groß genug wr. Das rote Strohs-Beer-T-Shirt spannte sich über den hervortretenden Muskeln und der dicken Wampe. Wäre er größer gewesen, hätte er einem dieser muskulösen, verfetteten Proficatcher ähnlich gesehen, aber er war bloß ungefähr einen Meter sechzig groß und wirkte nur dicklich und begrenzt gefährtlich: ein Mehlsack, der Gewichte stemmte.

Nudger drehte den Schirm der Schreibtischlampe so, daß er den Mann besser sehen konnte. Irgend etwas an dem dunklen Haar, den dunklen Augen und dem zuversichtlich und trotzig vorgerecktem Kinn schien ihm vage vertraut. Und etwas in dem aufgeschwemmten Gesicht schien beunruhigend leer und geistlos.

»Ich bin Lester Colt«, sagte der Mann in dem undeutlichen näselnden Akzent, den man im südöstlichen Missouri sprach. »Curtis Colt ist mein kleiner Bruder.«

8. Kapitel

»Wie haben Sie herausgefunden, daß ich den Fall Ihres Bruders untersuche?« fragte Nudger. »Und woher haben Sie gewußt, daß ich noch so spät im Büro sein würde?«

Lester Colt trat näher herein, lächelte und hakte die Daumen in den breiten Gürtel der abgewetzten Levi's. Auf dem Gürtel prankte eine untertassengroße Schnalle, auf der ein Sattelschlepper eingraviert war. Die Schnalle sah billig, aber handgearbeitet aus, ein wunderschönes Exemplar von vergeudeter Kunstfertigkeit. »Ich kannte Ihren Beruf gar nich', bis ich das Türschild gesehen habe. Und ich wußte, daß Sie hier sind, weil ich Ihnen von Candy Anns Wohnwagen gefolgt bin. Hab' mich an Sie gehängt wie eine Klette.« Er schien ungeheuer stolz auf sich zu sein.

»Ich habe Sie nicht die Treppe heraufkommen hören«, sagte Nudger. Die Treppe und die Dielen auf dem Treppenabsatz vor der Tür knarzten laut. Nudger war das sehr recht.

Lester zuckte die Achseln, lächelte immer noch. »Ich hab' mich raufgeschlichen.«

»Warum?«

»Wollte erst sehen, wo ich hier bin, bevor ich mich sehen lasse. Ich habe nich' ahnen können, daß Ihr Besuch bei Candy Ann geschäftlich war, Nudger. Jetzt weiß ich, daß ich mich in Ihnen getäuscht habe – und auch in ihr. Sie ist gar nicht so übel, wie ich immer gedacht hab'.«

»Sie halten nichts von Candy Ann?«

»Weiß nich'. Spielt sowieso keine große Rolle mehr. Wenigstens nich' nach dem nächsten Samstag. Ich mein' allerdings, sie sollte warten, bis Curtis ruhig in seinem Grab liegt, bevor sie sich mit einem anderen einläßt. Denn der Curtis hat sich, trotzdem er der jüngste war, immer um mich gekümmert, als wir Kinder waren. Und auch noch später. Ich nehme an, ich bin es ihm schuldig, aufzupassen, daß sein Mädchen ihn mit dem Respekt behandelt, den er verdient hat, auch wenn er im Gefängnis is'.«

»Ich kann Ihnen versichern, daß sie Curtis immer noch liebt«, sagte Nudger. »Was haben Sie draußen im Placid Grove Trailer Park gemacht?« Aber als er den schüchternen, verhaltenen Ausdruck auf Lesters breitem Gesicht sah, kannte Nudger die Antwort. Lester mochte nicht viel von Candy Ann Adams halten, aber sie hatte etwas, das ihn interessierte.

»Ich hab' bloß vorbeigeschaut«, sagte Lester. »Ich hab' mir gedacht, ich schau' mal vorbei und red' mit Candy Ann. Dann hab' ich Ihr Auto hinter ihrem Wohnwagen stehen sehen, und weil ich herausfinden wollte, wer Sie sind, hab' ich gewartet, bis Sie wieder herauskommen, und bin den ganzen Weg durch die Stadt hinter Ihnen hergefahren.« Wieder das zufriedene Lächeln, die Einfalt, die Seligkeit war. »Ich wette, Sie haben nicht mal gemerkt, daß ich hinter Ihnen war.«

Wie wahr; Nudger hatte kaum einen Blick in den Rückspiegel geworfen, war einfach nur gefahren und hatte dabei an andere Digne gedacht, selig einfältig auf seine Art.

Er betrachtete Lester genauer, dachte an selbstgebrannten Ozarkwhisky, küssende Verwandte, die es nicht beim Küssen beließen, und Inzucht, die mitunter Menschen wie Lester Colt hervorbrachte. Nudger glaubte, daß Lester die geistigen Fähigkeiten eines gerissenen Zwölfjährigen besaß. »Sind Sie LKW-Fahrer von Beruf?« Nudger deutete auf die Gürtelschnalle.

Lester schüttelte den Kopf. »Nö, ich hab' die Führerscheinprüfung noch nicht bestanden. Aber das werd' ich eines Tages. Jetzt belade ich bloß Trucks.« Er streckte unbeholfen ein Bein aus, als versuche er in luftiger Höhe gegen den Wind das Gleichgewicht zu bewahren, und beugte sich zu Nudger vor, legte den Kopf schief und schaute ihn mißtrauisch und verwirrt an. »Glauben Sie, daß Sie Curtis helfen können?«

Nudger verwünschte im stillen Candy Ann, weil sie falsche Hoffnungen geweckt hatte. »Ich bezweifle, daß ich Ihrem Bruder helfen kann, Lester. Ich untersuche den Fall bloß noch einmal wegen der entfernten Möglichkeit, daß jemand etwas übersehen hat, das etwas ändern könnte.«

Lester nickte langsam. »Ich nehme an, das sollte für Curtis getan werden. Hat Candy Sie beauftragt?«

Nudger nickte.

Lester lächelte wieder, seine Möchtegernschwägerin stieg beachtlich in seiner Achtung. »Sagen Sie mir doch Bescheid, wenn Sie etwas Neues über Curtis erfahren«, bat er.

»Aber gern. Wo kann ich Sie erreichen?«

»Ich hab' kein Telefon, aber ich bin fast jeden Tag im Lager der Commerce Freightlines unten in der Hall Street. Auf dem Verladedock.«

Nudger notierte sich das ostentativ auf seinem Block. »Okay, Lester.«

Lester wollte sich bei Nudger bedanken, aber die Worte schienen für seinen Kehlkopf zu groß zu sein. Er nickte nur sein langsames und beinahe schüchternes Nicken und ging überraschend leichtfüßig zur Tür. Dort drehte er sich um. »Waren Sie schon bei Welborne?«

»Wer ist das?«

»Welborne ist mein anderer kleiner Bruder. Er ist zwischen mir und Curtis. Vielleicht sollten Sie mal mit ihm reden.« Lester rümpfte die Nase und sah verärgert drein.

»Das heißt, wenn er überhaupt mit Ihnen über Curtis redet.«

»Kommt er mit Curtis nicht gut aus?«

»Welborne kommt mit niemandem in der Familie gut aus; er läßt sich bei keinem sehen. Curtis hat seine Familie auch nie besucht, aber bei ihm war das was anderes. Ich geb' zu, daß er wild ist, aber er ist ein guter Mensch, der beste von uns allen. Welborne will seine Familie einfach nicht sehen. Er und diese eingebildete Zicke, mit der er verheiratet ist.« Anscheinend konnte Lester sich nicht mit dem Gedanken anfreunden, daß seine Brüder weibliche Gesellschaft gefunden hatten.

»Wo kann ich Welborne finden?«

»Er ist ein großkotziger Anwalt, irgendwo in Clayton. Ich hab' nich' mal seine Telefonnummer; er will sie mir nicht geben.« Wut überschattete Lesters vierschrötiges Gesicht. »Welborne hätte versuchen können, Curtis zu helfen, hat er aber nich'. Dieser Siberling hat den Fall übernehmen müssen.«

»Waren Sie beim Prozeß?« fragte Nudger.

»Klar war ich das. Jeden Tag. Hab' sogar auf der Arbeit gefehlt. Es waren die Zeugen, die Curtis erledigt haben.«

»Glauben Sie, daß sie die Wahrheit gesagt haben?«

Lester runzelte die Stirn. »Man kann überzeugt sein, die Wahrheit zu sagen, und trotzdem lügen.«

Damit hatte Lester recht, dachte Nudger. Genau das verursachte viele Probleme im Leben. »Ich werde Welborne finden und mit ihm reden«, sagte er.

»Wenn er mit Ihnen redet«, wiederholte Lester und verschwand in der Tür.

Nudger hörte ihn nicht die Treppe hinunterschleichen, aber die Haustür wurde geöffnet und fiel klappernd ins Schloß. Ein Luftzug strich Nudger um die Knöchel.

Im Telefonbuch stand kein Welborne Colt. Nudger zog seine Kartei zu sich heran, schlug Harold Benedicts Privatnummer auf und tippte sie mit einem Bleistift. Benedicts Büro lag in Clayton, wie so viele Anwaltskanzleien. Wenn Welborne Colt in einer Kanzlei in Clayton arbeitete, kannte Benedict ihn vielleicht. Anwälte steckten schließlich alle unter einer Decke.

Benedict war zu Hause, und er kannte Welborne Colt dem Namen nach. Er versprach, Nudger bis zum nächsten Morgen eine Adresse und Telefonnummer zu besorgen.

Nudger bedankte sich bei ihm und legte den Hörer auf die Gabel.

Er befühlte seine Stirn; sie war feucht. Das Büro schien immer heißer zu werden, immer kleiner. Sein Magen machte sich mit einem Knurren bemerkbar und erinnerte ihn, daß er früh zu Abend gegessen hatte. Ihm war eher flau, als daß er Hunger hatte, aber er wußte, er sollte der alten Maschine etwas Nahrung geben. Für ihn könnte die Nacht, vibrierend mit düsteren Aussichten, gerade erst beginnen.

Er sperrte das Büro hinter sich ab und genehmigte sich dann zwei White Castle Hamburger und ein Glas Milch, bevor Candy Ann Adams die Karten auf den Tisch legen würde.

Es war halb zwölf, als er die ansteigende Beschleunigungsspur hinter sich ließ und schnell mit offenen Fenstern den Interstate Highway zum Placid Grove Trailer Park hinausfuhr. Atmosphärische Störungen und leiser Blues kamen aus dem Radio und wirbelten im Fahrtwind, und er hatte immer noch den Geschmack der Hamburger im Mund. Verdammte Zwiebeln. Nudger rülpste. Im Rückspiegel versank die erleuchtete Innenstadt wie ein strahlender Traum und zog die entschwindenden roten Heckleuchten der Autos, die ihm auf der Gegenspur entgegenkamen, mit sich hinunter. Die Heckleuchten sahen aus wie Lichtstreifen von Leuchtspurmunition, die sich anmutig der Schwerkraft ergaben.

Er schaute auf die Uhr. Er würde etwas zu früh da sein, aber das war okay. Irgend etwas an einer Verabredung um Mitternacht mahnte zur Pünktlichkeit.

9. Kapitel

Fünf Minuten vor Mitternacht saß Nudger an dem Tischchen in Candy Anns Kochnische. Ihm gegenüber saß ein dünner, nervöser Mann, der vielleicht in den Zwanzigern war und trotz der Hitze ein langärmeliges Hemd trug. Außerdem hatte er sich eine Sonnenbrille mit silbernen Spiegelgläsern aufgesetzt. Nudger nahm nicht an, daß die Brille die Augen vor dem matten Licht der Neondeckenleuchte schützen sollte.

Candy Ann stellte den Mann vor als »Tom, aber das ist nicht sein richtiger Name«, und sagte, er sei Curtis Colts Komplize und Fahrer des Fluchtwagens. Er habe mit seinem Kommen bis Mitternacht warten müssen, um sicherzugehen, daß er nicht gesehen wurde.

Das genügte, daß Nudger die Ohren spitzte. Er saß schweigend am Tisch und schaute in die reflektierenden Gläser. Draußen hörte er tausend Grillen wie gepeinigte Seelen schreien, drinnen Candy Anns gleichmäßiges Atmen. Dann entfernte sie sich von dem Platz dicht hinter seiner rechten Schulter, und er konnte sein eigenes Atmen hören, als er darauf wartete, was Tom zu sagen hatte.

Es war keine Überraschung. »Ich und Curtis waren überhaupt nich' in der Nähe von dem Schnapsladen, als auf die Leutchen geschossen wurde!« sagte Tom eindringlich, so heftig, daß ein feiner Spuckeregen über den Tisch flog und kühl auf Nudgers Unterarm spritzte.

Offensichtlich trug Tom die Sonnenbrille, damit Nudger ihn nicht identifizieren konnte, wenn es zu einem Showdown vor Gericht kam. Tom hatte glattes, dunkelbraunes Haar, das ihm bis über die Schulter fiel, und als er eine Handbewegung machte, erhaschte Nudger einen Blick auf etwas Blaurotes, wie ein üble, verblaßte Narbe, auf dem kurz entblößten Handgelenk. Aber es war keine Wunde; es war eine Tätowierung. Das erklärte, weshalb Tom in der Sommerschwüle ein langärmeliges Hemd trug.

»Sie verstehen jetzt, weshalb Tom sich nicht melden und beim Prozeß für Curtis aussagen konnte«, sagte Candy Ann.

Nudger sagte, er verstehe das. Tom hätte sich selbst belasten müssen. Und Tom war kein Idiot.

»Wir waren oben auf der Parker Road, ganz auf der anderen Seite der Stadt«, sagte Tom, »und haben da eine Tankstelle ausbaldowert, als dieser Mord da über die Bühne ging. Und überhaupt haben wir nie was anderes überfallen als Tankstellen. Darauf war'n wir spezialisiert.«

Nudger mußte zugeben, daß das wahr war. Colt hatte bereits für bewaffnete Raubüberfälle auf Tankstellen im Gefängnis gesessen. Und all die anderen Überfälle, die man ihm dieses Mal hatte nachweisen können, waren ebenfalls auf Tankstellen verübt worden. Das Spirituosengeschäft war zweifellos ein Abweichen von seinem Modus operandi, eines, das in der Hast, Colt zu verurteilen, beim Prozeß nicht bemerkt worden war.

»Ich sehe Ihr Haar«, sagte Nudger.

»Häh? Was is' mit meinem Haar?« Tom lehnte sich vom Tisch zurück.

»Es spricht zu Ihren Gunsten. Ihre Haare können in der kurzen Zeit, die seit dem Mord vergangen ist, nicht so lang gewachsen sein. Die Zeugen, die den Fahrer des

Fluchtwagens beschrieben haben, haben ausgesagt, er habe kurzes, lockiges Haar gehabt, wie Colt, und einen Schnurrbart.«

»Um ehrlich zu sein«, sagte Tom zerknirscht, »ich und Colt sind ungefähr derselbe Typ. Um die Zeugen zu verwirren, für den Fall, daß wir geschnappt werden, hab' ich mein langes Haar hochgesteckt und eine Perücke getragen, die wie Curtis' Haar aussah. 'ne Menge Leute haben uns so gesehen. Als Colt verhaftet worden is', hab' ich die Perücke verbrannt. Mein Schnurrbart war echt, wie Colts. Ich hab' ihn mir vor einem Monat abrasiert. Auf den ersten Blick sehen wir uns sehr ähnlich; fast wie Brüder. Also spricht mein langes Haar überhaupt nicht zu meinen Gunsten.«

Nudger kaufte ihm diese Erklärung ab; Tricks, um Zeugen und Polizei zu verwirren, waren bei einem Raubüberfallteam nicht ungewöhnlich. Zu viele Anwälte waren mittlerweile an dem Spiel beteiligt. Die Räuber – und die Gendarmen –, hörten auf den Rat ihrer Anwälte und dachten sogar schon an einen eventuellen Prozeß, bevor das Verbrechen begangen wurde. Nudger fragte sich, ob in dieser pragmatischen Gesellschaft das Verbrechen wegen der vielen Arbeitsstellen, die es schuf, eines Tages ein geachteter Beruf werden könnte.

Nudger sah Tom an. »Können Sie irgendwie beweisen, daß Sie zur Mordzeit auf der anderen Seite der Stadt waren?« fragte er und starrte die beiden Miniaturnudgers an, die aus den Spiegelgläsern den Blick erwiderten.

»Nur mein Wort«, sagte Tom ziemlich arrogant.

Nudger machte sich nicht die Mühe, ihm zu sagen, was das wert war, wenn es darum ging, den Schwung der Mühlen der Justiz zu bremsen; warum ihn gegen sich aufbringen?

»Sie müssen einfach glauben, daß Curtis unschuldig

ist«, flehte Tom verzweifelt. »Denn das ist er! Und ich auch!«

Und Nudger verstand, weshalb Tom hier war, das Risiko auf sich genommen hatte. Wenn Colt des Mordes schuldig war, war Tom der Beihilfe zum Mord schuldig. Sobald Curtis Colt auf dem Blitz geritten war, drohte Tom eine beinahe sichere lebenslange Freiheitsstrafe und vielleicht sogar sein eigener Ritt, falls er je geschnappt werden würde. Man mußte nicht tatsächlich den Abzug durchgezogen haben, um wegen Mordes verurteilt zu werden.

»Ich bin darauf angewiesen, daß Sie sich besonders hart reinhängen, um Curtis' Unschuld zu beweisen«, sagte Tom. »Ich bitte Sie, geben Sie diesen Fall nicht auf.« Seine schmalen Lippen zuckten, als jage bereits der Strom durch sie hindurch. Er war den Tränen nahe; er hatte geglaubt, er sei ein großer Junge, aber nun hatte er Angst. Er mochte hinter diesen maskierenden Brillengläsern in den Zwanzigern sein, doch im Grunde war er nur ein verängstigtes Kind, gefangen in der Zeit und den Umständen. Nudger hatte Mitleid mit ihm; er hätte eher Mitleid mit dem alten Mann und der Frau haben sollen, auf die geschossen worden war, aber Tom war hier, vor ihm und schaute in den schwarzen Abgrund. Jedes Verbrechen schuf eine Vielzahl von Opfern.

»Geben Sie Candy Ann das Geld, um mich zu bezahlen?« fragte Nudger.

»Einen Teil davon«, Tom schniefte und fuhr sich mit dem knochigen Handgelenk über die Nase, schob einen Finger unter die Brillengläser, als müsse er sich kratzen. »Aus dem, was Curtis und ich erbeutet haben. Und ich hab' Candy Ann auch Curtis' Anteil gegeben. Wir machen halbe-halbe bei Ihrer Rechnung.«

Schmutziges Geld, dachte Nudger. Ein schmutziger Job. Wahrscheinlich ein hoffnungsloser Job. Dennoch, wenn Curtis Colt unschuldig sein sollte, war der Versuch, im Wettlauf mit der Zeit seine Unschuld zu beweisen, ein Job, der getan werden mußte. Es würde ein besonders schwieriger Job sein, wenn man das politische Klima in Betracht zog; die zuständigen Stellen brannten darauf, jemanden via Starkstrom über den Jordan zu schicken, und Curtis Colt war beinahe schon auf den Stuhl geschnallt für den letzten Ritt.

»Okay«, sagte Nudger. »Ich bleib' an dem Fall.«

»Danke«, sagte Tom. Seine schmale Hand kroch impulsiv über den Tisch und drückte dankbar Nudgers Arm, wie die zaghafte Hand eines Liebenden. Tom hatte das fahle Aussehen eines Süchtigen; Nudger fragte sich, ob das langärmelige Hemd neben der Tätowierung auch Nadelstiche verbergen sollte.

Tom schob den Stuhl vom Tisch zurück und stand auf, Draufgängertum in den ostentativen Gesten. Das Drama, in dem er die Hauptrolle spielte, hatte zumindest noch einen weiteren Akt; er war wieder der Desperado, der Mann der Tat. Diese Typen waren doch alle gleich. Er stand so gelassen wie ein Macho-Filmheld, der sich in einem Spätfilm gleich in den Kampf stürzen wird, ein junger Burt Lancaster, aber ohne dessen Muskeln und bei schlechter Gesundheit.

»Bleiben Sie noch zehn Minuten hier bei Candy Ann, während ich mich rar mache«, sagte er. Kein schlechter Spruch. Wo war Denise Darcel? »Ich muß sicher sein, daß mir keiner folgt. Sie verstehen, es is nicht, daß ich Ihnen nich vertraue; in meiner Lage muß man nur sichergehen.«

»Ich verstehe. Gehen Sie ruhig.«

Tom schenkte ihm ein gespenstisches Lächeln, wie ein argwöhnisches Tier, das aus einer Falle befreit worden ist, und schlüpfte zur Tür hinaus. Nudger hörte ihn draußen über den Kies rennen. Nudger war dreiundvierzig Jahre alt und hatte zehn Pfund Übergewicht; der hagere und schnelle Tom hatte einen zehnminütigen Vorsprung ebenso nötig wie Sinatra Gesangsstunden.

Ein paar Minuten später begannen die Grillen draußen wieder zu schreien, eine schrille Äußerung der Verzweiflung aller. Tom war unbehelligt abgehauen, doch er würde niemals wirklich frei sein.

»Nimmt Tom Drogen?« fragte Nudger.

»Manchmal. Aber mein Curtis hat nie keine Drogen angerührt.«

»Sie wissen sicher, daß ich die Polizei über dieses Gespräch informieren muß?«

Candy Ann nickte. »Deshalb haben wir das ja so arrangiert. Die sind nicht näher dran an Curtis als vorher.«

»Vielleicht wollen sie mit Ihnen reden, Candy Ann.«

Sie zuckte mit den schmalen Schultern. »Das is mir egal. Ich weiß weder, wo Tom ist, noch, wie er heißt, oder wie ich mich mit ihm in Verbindung setzen kann. Und er hat keinen Grund, sich mit mir in Verbindung zu setzen. Was er über Curtis wissen muß, kann er in der Zeitung lesen.«

»Wissen Sie, daß Lester Colt mir gefolgt ist, als ich heute abend hier weggefahren bin?«

»Lester? Curtis' Bruder?«

»Genau der Lester.«

»Er ist harmlos, aber nicht ganz richtig im Kopf. Soll er schon bei der Geburt nicht gewesen sein. Er ist Curtis' großer Bruder, aber er war immer eher wie ein kleiner Bruder. Was hat er denn hier zu suchen gehabt?«

»Ich hatte den Eindruck, er sei in Sie vernarrt und wolle Sie sehen.«

»Mich? Lester soll in mich verknallt sein?« Sie riß die Augen so weit auf, daß rund um die blaue Iris das Weiße zu sehen war. Sie schien verblüfft zu sein.

»Und er ist ausgesprochen loyal zu Curtis. Er meint, Sie sollten sich nicht mit anderen Männern verabreden, solange Curtis noch am Leben ist, oder bis eine angemessene Zeit verstrichen ist, sollte Curtis hingerichtet werden.«

»Curtis hat sich sehr um Lester gekümmert, als sie beide klein waren«, sagte Candy Ann. »Hat auf ihn aufgepaßt. Lester is' nicht gerade helle, aber er is' hell genug, um das nich' zu vergessen. In seinem tiefsten Innern ist Curtis ein anständiger Mensch, Mr. Nudger. Der anständigste Mensch, den ich je kennengelernt habe.«

Nudger stand auf. »Ich habe mir gedacht, Sie sollten über Lesters Gefühle Bescheid wissen und über die Tatsache, daß die Polizei vielleicht Ihre Zeit in Anspruch nehmen wird.«

»Ich kann mit beiden Problemen alleine fertig werden, Mr. Nudger.« Verhaltene Zuversicht lag in ihrem Kleinmädchenlächeln. Zweifellos war sie es gewesen, die die Einzelheiten seines Gesprächs mit Tom so ausgearbeitet hatte, daß die Polizei Tom nichts anhaben konnte. Und ihre Methode war effektiv; es gab keine Möglichkeit, Toms Aufenthaltsort aus ihr herauszupressen oder auch nur nachzuweisen, daß das mitternächtliche Gespräch überhaupt stattgefunden hatte.

»Sie sind erstaunlich hinterhältig«, meinte Nudger, »wenn man bedenkt, daß Sie wie Barbie-Puppes kleine Cousine vom Lande aussehen.«

Candy Anns Lächeln wurde breiter; sie war überrascht und erfreut. Wenn er sie ansah, mußte Nudger an nebelverhangene Weiden und Buttermilchbrötchen und strahlende Sonnenblumenfelder denken. Und sogar damit gelang es ihr, die nackte fleischliche Begierde zu wecken. Sie war eine jener seltenen Frauen mit einem direkten Draht zur männlichen Libido. Vielleicht spielte es kaum eine Rolle, wie sie aussah; etwas in ihr sandte erregende Schwingungen aus.

»Finden Sie mich attraktiv, Mr. Nudger?« Sie fragte, als kenne sie die Antwort wirklich nicht.

»Ja. Und so jung, daß es weh tut.«

Für einen kurzen Augenblick hielt Nudger Curtis Colt beinahe für einen glücklichen Menschen. Dann schaute er auf die Uhr, sah, daß seine zehn Minuten gleich vorbei waren und verabschiedete sich. Er fühlte sich alt, so alt.

Wenn die Barbie-Puppe eine junge Cousine hatte, hatte wahrscheinlich auch die Ken-Puppe irgendwo einen jungen Cousin. Und Zeit konnte man nicht verleugnen. Da mußte man nur Curtis Colt fragen.

10. Kapitel

Nudger war am Tag darauf früh aufgestanden und saß im VW im Page Boulevard mit seinem Fotoapparat, einem Becher lauwarmen Kaffee und seinem Frühstück. Der Fotoapparat war eine 35-Millimeter Minolta mit einem 80-200-Millimeter Teleobjektiv. Das Frühstück war ein Egg McMuffin.

Von seinem Parkplatz konnte er die vergammelten Häuser an der nächsten Ecke sehen, die Rück- und Seitenansicht von Calvin Smiths kleinem weißen Fertighaus. Smith war der Lagerist, von dem Benedict überzeugt war, daß er einen Versicherungsbetrug beging. Ein paar Gartenstühle und ein schwarzer Grill standen auf einer provisorischen Fliesenterrasse, und ein verrosteter '68er Buick war im Garten aufgebockt. Auf dem Einstellplatz stand Smiths zehn Jahre alter Chevy. Der Mann schien beinahe so abgebrannt zu sein wie Nudger; einen Moment lang dachte Nudger daran, wegzufahren und ihn die Versicherungssumme für seine Rückenverletzung kassieren zu lassen. Auch wenn er keine Rückenverletzung hatte.

Nudger aß den Egg McMuffin auf, wischte sich Butter und Krümel von den Fingern und trank langsam den Kaffee. Autofahrer starrten ihn neugierig an, als sie im Stoßverkehr auf dem Weg zur Arbeit an ihm vorbeifuhren. Es war nur eine Frage der Zeit, bis ein Polizist vorbeikäme, anhielte und wissen wollte, was Nudger hier zu parken hatte. Lange, mit Vorbehalt akzeptierte Erklärungen würden folgen, eventuell ein Telefonanruf bei Benedict & Schill. Es könnte den Großteil des Vormittags dauern, die Situation zu klären.

Trotz des Verkehrslärms, und obwohl er so weit entfernt parkte, hörte Nudger die Tür im Haus an der nächsten Ecke zuknallen wie einen Pistolenschuß zu Beginn eines Wettkampfs. Die Familie Smith war aufgestanden und auf den Beinen; das Spiel hatte begonnen. Er stellte den Kaffee hin, verschüttete das meiste davon auf die Gummimatte und nahm den Fotoapparat zur Hand.

Genau wie Benedict vorhergesagt hatte, machte sich Calvin Smiths Frau auf den Weg zu ihrer Arbeit bei einer Verkaufsautomatenfirma. Calvin, ein großer, schwerer Mann mit zerzaustem Haar in Arbeitshosen und einem weißen T-Shirt, auf dessen Brust irgend jemandes Bild prangte – es sah aus wie Bruce Springsteen –, walzte hinter ihr zu dem Einstellplatz und beugte sich hinunter, um ihr einen Abschiedskuß zu geben.

Die Seitentür wurde wieder zugeknallt, und ein fünf- oder sechsjähriger Junge kam wie ein freudiger junger Hund, der sich auf Platz zum Tollen freut, aus dem Haus gestürzt. Die Frau, eine grobknochige Frau in weißen Hosen, die sie besser nicht hätte tragen sollen, stieg in den Wagen und ließ den Motor an.

Für einen Mann mit einem kaputten Rücken schien sich Calvin recht gut zu bewegen; er ging um das Auto herum, beugte sich zu dem Fenster hinunter und unterhielt sich mit seiner Frau. Nudger fotografierte das, drehte am Objektiv und holte die Szene näher heran.

Calvin trat von dem Wagen zurück, und seine Frau

wandte den Kopf und begann, den Wagen aus der Einfahrt zurückzustoßen.

Just in dem Augenblick preschte das Kind los, um hinter dem fahrenden Wagen ins Haus zurückzulaufen. Calvin Smith machte ein paar katzenartige Schritte, bückte sich tief und riß den Jungen aus wirklicher oder eingebildeter Gefahr. Der Fotoapparat klickte und der Aufwinder surrte dreimal, hielt die verblüffende Beweglichkeit und Anmut des schweren Mannes in einem Standbild fest und dokumentierte das Sterben eines Versicherungsanspruchs; Armut in Bewegung.

Nach einem abrupten Stopp und einigem Kopfschütteln setzte Mrs. Smith den Wagen die restliche Einfahrt auf die Straße zurück und fuhr davon. Calvin hielt den Jungen ohne Anstrengung unter einem Arm, ging zu der Terrasse und warf eine Klarsichtplane über den Grill, schob ein paar Aluminiumgartenstühle an das Haus und ging dann hinein. Die Kamera folgte ihm die ganze Zeit, torpedierte seinen Versicherungsanspruch und brachte ihm vielleicht sogar ein paar juristische Probleme ein, wenn Benedict & Schill ekelhaft werden wollten. Und die konnten ekelhaft werden.

Am Nachmittag wäre der Film entwickelt und die Abzüge lägen bei Harold Benedict. Eine gut getane Arbeit; zur Abwechslung einmal leicht verdientes Geld. Aber Nudger hatte ein schlechtes Gefühl, als er davonfuhr.

Nachdem er den Film zum Entwickeln gegeben hatte, fuhr er über die Shrewsbury Street zum Highway 44 und nach Osten, Richtung Innenstadt und der Third District Station. Es war Zeit, Hammersmith auf dem laufenden zu halten.

»Das überzeugt mich nicht.« Hammersmith saß hinter dem Schreibtisch und zog wütend an seiner Zigarre. Wütend, weil es ihn doch ein wenig überzeugte; ihm mißfiel die wie weit auch immer entfernte Möglichkeit, einen Unschuldigen in den Tod zu schicken. Das war der Alptraum eines jeden guten Polizisten im Morddezernat, das, was den Jäger dem Gejagten nicht so unähnlich machte. »Dieser Tom-Typ will doch bloß auf gar keinen Fall wegen Mordes angeklagt werden.«

»So könnte man es interpretieren«, gab Nudger zu.

»Man könnte Analphabet sein und müßte es so interpretieren«, sagte Hammersmith. »Egal in welcher Sprache.«

Nudger dachte, daß für einen Analphabeten die Sprache keinen Unterschied machte, hielt jedoch den Mund.

»Es würde helfen, wenn du uns eine bessere Beschreibung von Tom geben könntest«, grummelte Hammersmith, als wäre Nudger schuld, daß Curtis Colts Komplize immer noch auf freiem Fuß war.

»Ich habe dir gegeben, was ich konnte«, sagte Nudger. »Tom hat nicht viel hergegeben. Er ist ausgekocht und verängstigt und weiß, was auf dem Spiel steht.«

Hammersmith nickte, sein Unmutsanfall war vorbei. Aber das Glitzern müder Frustration lag noch immer in seinem Blick. Er zog tief an der Zigarre und stieß eine schädliche grünliche Rauchwolke aus. Die personifizierte Umweltverschmutzung.

»Wirst du Candy Ann vernehmen?« fragte Nudger.

»Klar, aber es wird nichts nutzen. Wahrscheinlich hat sie dir die Wahrheit gesagt. Tom hat sich denken können, daß wir mit ihr reden würden; er hat ihr bestimmt nicht gesagt, wo er zu finden ist. Und sie wollte bestimmt auch gar nicht wissen, wo er ist. Wenn sie Curtis Colts Mädchen ist, kennt sie die Spielregeln und würde einen Lügendetektortechniker zum Wahnsinn treiben mit nichts als der unbrauchbaren Wahrheit.«

»Du könntest ihren Wohnwagen observieren lassen.«

»Hältst du Candy Ann und diesen Tom etwa für ein Liebespaar?«

»Nein.«

Hammersmith schaute auf die glimmende Zigarre hinunter und schüttelte den Kopf. »Dann sehen die beiden sich wahrscheinlich nie wieder. Und falls doch, dann könnte es Monate dauern, wenn nicht Jahre. Ihren Wohnwagen zu observieren wäre pure Verschwendung von Arbeitskräften, und die sind ein Gut, mit dem die Steuerzahler mich knapp halten.«

Nudger wußte, daß Hammersmith recht hatte. Die Polizei von St. Louis hatte, wie die Polizei der meisten Großstädte, eine Überversorgung an Verbrechen und eine Unterversorgung an Personal. »Was kannst du mir über Colts Anwalt sagen?« fragte er.

»Charles Siberling. Ein junger Pflichtverteidiger. Aber komm jetzt bloß nicht auf die Idee, Colt sei gelinkt worden, weil er einen unfähigen Rechtsbeistand hatte. Dieser Siberling ist zwar jung, aber er ist gewieft und ein Arbeitstier und macht sich gerade einen Ruf in der Stadt. Ein ziemlich großspuriges, kleines Arschloch; er soll sogar seinen Partnern ein Licht aufgesteckt haben, die auch nicht gerade Idioten sind.«

»Er arbeitet in einer großen Kanzlei?«

»Ja. Bei Elbert & Stein, drüben im Pennwright Building im anwaltüberschwemmten Clayton. Pflichtverteidigungen macht er nur nebenbei; Elbert möchte, daß er Prozeßerfahrung sammelt, bevor er etwas wirklich Wichtiges tut wie die Steuerabschreibungen irgendeines Großkopferten zu verteidigen.«

»Du scheinst ja eine Menge über Siberling zu wissen«, sagte Nudger.

Hammersmith blies absichtlich den Rauch in Nudgers Richtung; Nudger meinte, einen Moskito abstürzen zu sehen. »Er ist die Art von Anwalt, der einem lange Zeit auf den Wecker fallen wird. Im Moment ist Shaw der beste Strafverteidiger der Stadt; Siberling ist der nächste auf der

Liste. Das kann ich trotz seiner Jugend und seiner mangelnden Erfahrung getrost vorhersagen. Er besitzt Starqualität und einen Instinkt, um Schwächen aufzuspüren.«

»Curtis Colt hat er nicht gerade sehr geholfen.«

»Das sollte dir zu denken geben, Nudge.«

Der Qualm war einfach nicht länger auszuhalten. Nudger wußte, sein Sportsakko würde danach stinken, bis die chemische Reinigung in der Nähe seines Büros wieder Gutscheine ausgab. Er stand auf, um zu gehen.

»Was wirst du jetzt tun?« fragte Hammersmith.

»Ich werde noch einmal mit den Zeugen reden. Ich werde Siberling aufsuchen. Ich werde noch einmal das Prozeßprotokoll lesen. Und ich möchte gern mit Curtis Colt sprechen.«

»In der Regel sind in den Todeszellen keine Besucher erlaubt, Nudge, nur kurzzeitige Pensionsgäste.«

»Dieser Fall ist eine Ausnahme«, sagte Nudger. »Versuchst du bitte, das zu arrangieren?«

»Du solltest dich besser an Siberling wenden; er ist immer noch Colts Anwalt.«

»Du hast die Ermittlungen geleitet, und du hast Beziehungen, von denen ein junger Anwalt noch nie gehört hat. Ich werde Siberling bitten, aber mir wäre es lieb, wenn ich ihm sagen könnte, daß auch du dich darum bemühst.«

Hammersmith kaute nachdenklich auf der Zigarre, verwandelte das Ende des Dinges in eine matschige, grünliche Schweinerei. Da er die Ermittlungen geleitet hatte, war er es gewesen, der Curtis Colt geschnappt hatte. Das brachte eine Verpflichtung mit sich, eine Verantwortung. Für einen Polizisten wie Hammersmith konnte diese Verantwortung zu einem Kreuz werden, das ihn für den Rest seiner Karriere niederdrücken könnte, unter dem er schließlich vielleicht sogar zusammenbräche.

Vor Jahren hatten Hammersmith und Nudger einen Lieutenant Billy Abraham gekannt, der eine Unschuldige ins Gefängnis gebracht hatte. Eine Woche, bevor jemand ihr Verbrechen gestand, hatte sich die Frau erhängt. Sie hatte Abraham in einem verschlossenen Umschlag einen Brief hinterlassen, den nur er gelesen hatte. Zwei Jahre später hatte Abraham an seinem Revolver gekaut – so nannte man es im Polizeijargon, wenn sich jemand den Lauf der Dienstwaffe in den Mund steckte und sich die Schädeldecke wegpustete. Eine ebenso schmutzige wie plötzliche Methode, um Frieden zu finden.

Nudger und Hammersmith sahen sich an und dachten beide an Abraham.

»Sag Siberling nichts von mir«, bat Hammersmith. »Aber ich werde sehen, was ich tun kann. Für dich, Nudge, nicht für diesen Siberling-Arsch.«

»Für Curtis Colt.«

»Nein«, sagte Hammersmith. »Colt ist schuldig. Er steht bereits mit einem Fuß im Jenseits; und der Starkstrom wird seinen restlichen Körper schleunigst dorthin befördern.«

Nudger widerspach Hammersmith nicht; der Lieutenant hatte wahrscheinlich recht. Mußte mit Colts Schuld recht haben.

»Ich rufe dich bald an«, sagte Hammersmith. »Und sag' dir Bescheid.«

Nudger bedankte sich bei Hammersmith, ging aus dem Büro und den Flur hinunter in die klare, atembare Luft der Vorhalle. Ellis, der diensthabende Sergeant, erlaubte ihm, das Wandtelefon zu benutzen, das gewöhnlich Verdächtigen vorbehalten war.

Nudger stand erschöpft vor der schmutzigen Wand, die beschmiert war mit den verzweifelt gekritzelten Telefonnummern von Anwälten, Angehörigen und berufsmäßigen Kautionsstellern, den Graffiti der Angst.

Er schlug im eselsohrigen Telefonbuch die Nummer nach, wählte und ließ sich einen Termin bei Charles Siberling geben.

11. Kapitel

Mr. Siberling habe am Vormittag einen wichtigen Gerichtstermin, sagte eine Sekretärin bei Elbert & Stein. Sie hatte Nudger für einen Nachmittagstermin eingetragen, aber sie sagte, sie könne nichts versprechen; Mr. Siberling sei terminplanmäßig knapp dran. Sie sagte tatsächlich »terminplanmäßig«. Nudger sagte ihr, es gehe um viel Geld, von dem politischen Schicksal berühmter Leute gar nicht zu reden. Sie sagte, sie könne ihm versprechensmäßig keinen Termin garantieren, aber es sei beinahe gewiß, daß Siberling oder einer der anderen Partner Zeit für ihn habe. Nudger beharrte darauf, daß nur Siberling in Frage käme, und sie seufzte und sagte, okay, befahl ihm knapp, noch einen schönen Tag zu haben, und legte den Hörer auf. Er hatte den Eindruck, sie mache sich vielleicht über ihn lustig.

Nachdem er die Third District Station verlassen hatte, fuhr Nudger auf der Chouteau Street nach Westen, blieb auf ihr, als sie zur Manchester Avenue wurde und bohrte sich durch die flirrende Hitze des Beinahevorortes Maplewood. Er stellte den VW auf der anderen Straßenseite an eine kaputte Parkuhr, paßte eine Verkehrslücke ab, trabte über die sonnenerhitzte Straße auf sein Büro zu und ignorierte dabei ein paar plärrende Hupen und einige fantasievolle Verwünschungen.

Sogar diese leichte Anstrengung ließ seinen Atem schneller gehen, erinnerte ihn daran, daß er schon im mittleren Alter war und in einer Branche sein sollte, die wenig andere Anstrengung erfordern sollte, als sich ab und an aufzusetzen, um Geld zu zählen.

Er wollte gerade in der Haustür verschwinden, um die Treppen zu seinem Büro im ersten Stock hinaufzugehen, als Danny nur ein paar Schritte entfernt an das Schaufenster des Doughnut-Shops klopfte. Als er sicher war, daß Nudger ihn bemerkt hatte, beugte sich Danny über die Auslage, damit er besser durch die fettverschmierte Scheibe sehen konnte, und bedeutete dann Nudger mit einem eindringlichen Ausdruck auf seinem Bassetgesicht, hereinzukommen.

Nudger stand in der halbgeöffneten Tür des Doughnut-Shops. Wie gewöhnlich, waren keine Kunden im Laden. Gebäck verriet nichts; Danny konnte offen reden.

»Oben wartet ein Kerl auf dich«, sagte er in einem gedämpften Ton und lehnte sich zurück, so daß er halb auf einem der roten Vinylhocker an der Theke saß. Er schaute einen Augenblick nach oben: wenn auch die Wände keine Ohren hatten, mußte das nicht unbedingt ebenso für die Decke gelten. Danny wischte sich nervös die Finger an dem ewig grauen Tuch ab. »Ein kräftiger Mann in Jeans und einem ärmellosen T-Shirt. Sieht aus wie ein Typ, der Ärger macht.«

»Wie lange ist er schon oben?« fragte Nudger.

»Das is' es ja eben; vor einer Stunde habe ich ihn hereingehen sehen und gehört, wie er die Treppe hinaufgegangen ist, und er ist immer noch nicht heruntergekommen.«

Nudger versuchte sich daran zu erinnern, ob er gestern abend die Bürotür abgesperrt hatte. Er konnte sich das Bild nicht genau genug vor Augen rufen, um sicher zu sein, daß er das Sicherheitsschloß abgeschlossen hatte.

»Der Mann sah aus, als sei er an schwere Arbeit gewöhnt oder als hebe er vielleicht Gewichte«, sagte Danny.

»Hatte er eine Wampe?«

»Ja, ich glaub' schon.«

Nudger entspannte sich. T-Shirt und Jeans, muskulös und eine Wampe. Wahrscheinlich saß Lester Colt auf dem Treppenabsatz vor der Bürotür und wartete mit schlichter, unermüdlicher Geduld auf Nudger. »Das ist okay, Danny«, sagte Nudger. »Ich weiß schon, wer das ist.«

»Wenn das so ist«, sagte Danny, »mach' ich die Tür zu; du läßt ja die kalte Luft hinaus.«

Das enge Treppenhaus war dämmrig nach der strahlenden Spätvormittagssonne. Die nackte schwache Glühbirne, die vierundzwanzig Stunden am Tag an der hohen Decke über dem Absatz brannte, schimmerte wie ein ferner Stern, der nur geringfügig Licht in diese Galaxis ausstrahlte. Der Absatz selbst lag im tiefen Schatten. Nudger wartete ein paar Sekunden, bis sich seine Augen an die Dämmerung gewöhnt hatten, bevor er die Treppe hinaufging. Ein abgestandener Parfumgeruch, wie von einem billigen Deodorant, wehte zu ihm herunter.

Lester wartete nicht auf dem Treppenabsatz, der im Schatten lag; anscheinend hatte Nudger es verabsäumt, die Bürotür abzuschließen. Er vergaß oft, die Bürotür abzuschließen. Auf diese Weise war er schon zu einigen interessanten Klienten gekommen.

Als er die Tür öffnete, fiel ihm die Lockerheit des Knaufs auf. Aber er stand schon einen Schritt im Büro, ehe er begriff, was das bedeutete: das Schloß war aufgebrochen worden. Er drehte sich um und sah, daß der Türpfosten in Augenhöhe abgesplittert war und das Sicherheitsschloß über dem Schnappschloß mit einem Messer gelockert worden war.

Die Tür wurde in seiner Hand lebendig und sprang zu.

Der Mann, der hinter ihr gestanden hatte, war kräftig und muskulös, aber man konnte ihm keine Wampe nachsagen; er sah aus, als ernähre er sich ausschließlich von Yoghurt und rohem Fleisch. Er war mindestens einen Meter neunzig groß, und die Muskeln eines Footballverteidigers dehnten das Gewebe des roten T-Shirts. Seine Arme waren ebenso lang wie die Beine. Er hatte schmale Hüften und breite Schultern und eingefallene Wangen und war nicht Lester Colt. Eine völlig andere Spezies.

Am schlimmsten war sein Lächeln. Es war die Art von Lächeln, die man mitunter sah, wenn der zotigste aller zotigen Witze gerissen worden war. Wie ein Spalt in den Vorhängen eines Raumes, in dem sich etwas Ursprüngliches und Obszönes abspielte.

Nudger wollte einen Schritt zurückweichen, aber eine riesige Hand schoß seltsam träge hervor, packte ihn seitlich am Hals und schob ihn weiter ins Büro hinein. Er rutschte aus, fing sich wieder, und etwas wie eine Bowlingkugel mit einem Schlagring knallte ihm an den Brustkorb. Die Luft entwich aus seinen Lungen, und er spürte, wie ihm Speichel über das Kinn tropfte. Er fühlte noch zwei harte Schläge in die Rippen und sank langsam auf die Knie, wie ein Pferd, das in den Kopf geschossen wird. Er schien ein seltsam distanzierter Beobachter des Geschehens zu sein; es gab keinen Schmerz, nur Gefühllosigkeit. Er versuchte aufzustehen, aber die Beine wollten ihm nicht gehorchen, und er ruderte nur mit den Armen und sah albern aus, wie etwas, das für das Land gemacht war, aber zu fliegen versucht.

Dumpf spürte er noch zwei Schläge, dieses Mal an den Kopf. Der letzte streifte ihn nur am Ohr und brachte einen heftigen Schmerz mit sich. Bei jedem Schlag stöhnte der große Mann laut auf; es war eher ein Stöhnen animalischen Wohlbehagens denn der Anstrengung. Das Ohr brannte Nudger immer noch, und irgendwie gelang es ihm, die Arme um den Kopf zu legen, und er setzte dazu an, sich zu einer schützenden Kugel zusammenzurollen.

Aber der Stöhner besaß Füße und verstand sie auch zu benutzen. Er war ein Fred Astaire der Vernichtung. Nudger verspürte dieselbe gnädige Gefühllosigkeit, doch er war sich sicher, daß er eine Rippe knacksen hörte, als ihn die Spitze eines schweren Lederstiefels dort traf, wo es am meisten weh tat.

Dann wurde er auf die Füße gezerrt. Der Fotoapparat, den er am Vormittag benutzt hatte, hing ihm immer noch um den Hals. Sein Angreifer packte ihn und lachte laut, amüsierte sich königlich. Er wickelte den Tragriemen um Nudgers Hals, begann dann, ihn wie einen Eimer an einem Seil herumzuschleudern. Nudger hörte sich nach Luft schnappen, als er in einem Kreis stolperte und sich verzweifelt bemühte, nicht das Gleichgewicht zu verlieren. Das rotierende Büro versank allmählich in eine tiefe und schwindelerregende Finsternis mit wunderschönen, winzigen, lautlosen Explosionen von Rot, wie Hunderte von Rosen, die immerfort aufblühten.

Der Riemen, oder eine der Klammern, an denen der Fotoapparat befestigt war, zerriß. Nudger flog wie etwas Ausrangiertes in eine Ecke, plumpste auf den Boden und rang röchelnd nach Sauerstoff. Verschwommen und verzerrt sah er den großen Mann den Fotoapparat auf den Schreibtisch schleudern, ihn wieder hochnehmen und wieder hinunterschlagen, und hörte sein Stöhnen, als er die Stücke zerbrach, die auf den Boden gefallen waren. Der Mann machte offensichtlich gerne etwas kaputt.

Er kam auf Nudger zu, beugte sich tief hinunter und packte Nudger an der Hemdbrust, knüllte sie, daß sich das Gewebe spannte und Nudgers Kopf nach hinten rollte. »Können Sie mich hören?« fragte er überraschend leise. Die Worte schienen wie von fern zu kommen.

Irgendwie brachte Nudger ein groteskes Nicken zustande.

»Eine Botschaft von Western Union«, grinste der Mann. Er war nicht nur muskulös, sondern auch noch witzig. Sein Atem roch ebenso schlecht wie sein Deodorant, bloß anders. »Halten Sie sich aus diesem Fall raus,

Sie Arschloch. Verstanden? Lassen Sie die Finger davon.«

Er richtete sich auf, schien zu schweben, und Nudger spürte trotz jener seltsamen Gefühllosigkeit, wie sein Hinterkopf auf den Boden fiel und dotzte.

»Verstanden?« fragte eine Stimme irgendwo von der Decke.

»Die Finder«, stotterte Nudger und fragte sich, ob diese heisere, gehorsame Stimme tatsächlich ihm gehörte.

»Nein, die Finger davon lassen.« Er bemühte sich, geduldig zu sein.

»Die... Finger... davon.«

»Lassen wir das. Sie haben die Botschaft begriffen.«

Eine Stiefelspitze bohrte sich in Nudgers Oberschenkel; da war wieder ein leises Stöhnen.

Etwas später hörte Nudger, wie das hintere Fenster mit einem quietschenden Scharren geöffnet wurde. Der große Mann hatte sich vorher alles genau überlegt; er hatte an der Rückseite geparkt und von Anfang an gewußt, daß er für seinen Abgang die Feuerleiter benutzen würde.

Nudger horchte auf das leise schallende Getrappel der Lederabsätze auf der stählernen Feuerleiter und auf den gedämpften metallenen Schrei der einziehbaren Leiter, als sie auf die Gasse hinuntergelassen wurde. Dann hörte er nichts mehr als ein hohes Summen in seinem Kopf, und er sank an einen kalten und finsteren Ort, der ihm angst machte.

»Ich habe gedacht, da oben spielt einer Squash«, sagte Danny. Nudger saß mit geschlossenen Augen neben ihm und konzentrierte sich darauf, sich nicht vor Schmerz zu übergeben. Er saß auf einem weichen Sitz, der vibrierte und schaukelte; da war ein leises Brummen. Ein Motor. Langsam öffnete er die Augen.

Er saß zusammengesackt auf dem Beifahrersitz von

Dannys altem blauen Plymouth. So niedrig saß er, daß er kaum etwas durch die Windschutzscheibe sehen konnte, außer den vorbeiflitzenden Baumkronen und Telefonmasten.

Danny schaute kurz zu ihm herüber, sah ihm in die Augen und lächelte sein trauriges Hundelächeln. Doch in dem Blick aus den wäßrigen braunen Augen lag Besorgnis. Und noch etwas anderes. Zorn.

»Der Kerl war schon nach hinten raus abgehauen, Nudger«, sagte Danny. »Ich habe nicht die Polizei gerufen; ich habe mir gedacht, ich sollte dich vorher fragen. Ich könnte ihn sowieso nicht identifizieren, habe nicht einmal sein Auto gesehen. Und ich hab' ihn vorher nur flüchtig gesehen, als er zu deinem Büro rauf ist. Er muß weggefahren sein, während ich die Treppe heraufgelaufen bin, um zu sehen, was da oben so bumst und bollert.«

»Das war ich«, sagte Nudger. Er hob den Kopf, um sich umzuschauen. Wie ein spitzer Eiszapfen durchlief der Schmerz seine rechte Seite und ließ ihn scharf einatmen.

Dannys blasse rechte Hand tätschelte ihm sanft das Knie. »Bist du okay, Nudge?«

»Ich glaube nicht.« Sein Kopf begann langsam zu dröhnen, als schlüge ihm jemand lange Nägel in die Schläfen. »Wo sind wir?« *Dröhn! Dröhn! Dröhn!*

»Auf dem Inner Belt. Ich bringe dich in die Notaufnahme des County Hospitals. Du mußt geröntgt werden. Und man wird dir ein paar Schmerztabletten geben.« Dr. Danny. »Der Kerl hat deinen Fotoapparat kaputtgemacht, Nudge. Ich habe die Stücke aufgesammelt.«

Nudger schwieg. Er ließ sich tief in die abgeschabten Polster des Plymouths sinken, machte wieder die Augen zu und versuchte so wenig wie möglich an seinen hämmernden Kopf zu denken, an den verspielten heimtückischen Schmerz, der in seinem Körper umherschlich und mal hier und mal da zustach.

Die Botschaft, die ihm der menschliche Berg überbracht hatte, war nur bis zu einem gewissen Punkt eindeutig. Hatte der Mann Nudgers Kamera kaputtgeschlagen, um den Film dem Licht auszusetzen? Oder hatte er einfach, nachdem der Riemen gerissen war, den Fotoapparat in seiner Hand gefunden und ihn in seiner Zerstörungsorgie auf den Schreibtisch geknallt? Er wußte vielleicht nicht, daß Nudger die Smithfotos bereits zum Entwickeln gegeben hatte, daß Nudger immer sofort einen neuen Film einlegte, wenn er den alten herausnahm, daß der Film im Apparat eine neue, unbenutzte Rolle war.

Nudger mußte die eindringliche Warnung des Mannes in Betracht ziehen. ›Held‹ war ein Titel, auf den er verzichten konnte. Nur zu oft ging dem ein ›toter‹ voraus. Aber selbst wenn er sich lieber aus dem Fall zurückzöge, als sich einer weiteren Tracht Prügel auszusetzen, konnte er es nicht tun.

Das Problem war nur, daß er nicht wußte, welchem Fall die Warnung des großen Mannes gegolten hatte.

Wenn es der Fall Smith war, war der Besuch des Mannes zu spät gekommen. Die Fotos von Calvin Smith, wie er seinen Sohn hochriß und ihn mit sich herumschleppte, waren jetzt wahrscheinlich bereits entwickelt, und die Abzüge wären bald in Harry Benedicts geschickten Händen. Sobald Smith das erfuhr, wäre es, außer aus purer Lust an der Rache, sinnlos, Nudger noch einmal zusammenschlagen zu lassen. Und ein Profi wie der Knochenbrecher, der sein Handwerk an Nudger ausgeübt hatte, kam nicht billig.

Nudger hoffte, der fragliche Fall wäre die Smith-Sache; nicht nur würde er dann seinen gewalttätigen Besucher nie mehr wiedersehen, sondern Benedict & Schill würden auch den Anteil der Krankenhausrechnung übernehmen, der nicht von Nudgers Versicherung getragen wurde.

Wenn die Warnung jedoch dem Fall Colt galt, dann war

Nudger wahrscheinlich noch immer in Gefahr. Denn aus diesem Fall würde er sich nicht zurückziehen.

Er schluckte, kämpfte gegen die Übelkeit an, die ihn in Wellen überfiel. Ausdauer war alles, was ihm auf dieser verwirrenden Welt geblieben zu sein schien; sie war das einzig Beständige, seine Religion. Auf sie kam es in seinem bescheuerten Beruf an, und irgendwie war sie zu dem geworden, worauf es *ihm* ankam. Die Wahnsinnigen und die Schurken konnten ihn unterkriegen und zermürben, bis ihm nichts mehr bliebe, außer der Fähigkeit zu atmen. Er könnte verängstigt sein, und sein Magen könnte sich wie ein Drehseil um sich selbst drehen und dennoch würde er nicht aufgeben. Denn das eine wußte er über sich: wenn es ihm nicht gelang, zu seinem Wort zu stehen, war er ein Nichts. Alles andere war ihm genommen worden. Seine Arbeit war die Last an seinem Hals, die ihn aufrechthielt.

Er würde an dem Fall Colt wenigstens bis zum Samstag arbeiten, wenn es keinen Colt mehr gäbe.

Der Wagen fuhr langsamer, hielt dann mit einem Ruck an. Nudger machte die Augen auf und sah einen sonnenbeschienene Backsteinmauer mit einem halben Dutzend Efeuranken an einer Reihe breiter, grüngetönter Glastüren, zu denen sanft ansteigenden Rampen führten. Ein leuchtender Monarch-Schmetterling ließ sich für eine Sekunde auf dem Efeu nieder, überlegte es sich dann anders und flatterte wieder davon.

»Wir sind da, Nudge«, sagte Danny. »Ich komme auf deine Seite und helf' dir beim Aussteigen.«

Doch Nudger hatte bereits die Beifahrertür aufgestoßen und war rittlings auf die gelbe Linie auf dem Parkplatz geplumpst.

12. Kapitel

Ein philippinischer Arzt und eine stämmige blonde Krankenschwester stritten sich über Nudgers Röntgenaufnahmen. Nudger und ein anderer Notfallpatient, ein gelassener Mann mit einem Angelhaken im Arm, sahen zu, wie die Krankenschwester beharrlich mit dem Finger auf die Röntgenaufnahmen zu tippen versuchte, während der Arzt mit ihnen herumfuchtelte. Schließlich einigten sie sich darauf, daß eine von Nudgers Rippen angebrochen sein könnte. Außerdem meinten sie, er könnte eine Gehirnerschütterung erlitten haben.

Der Mann, der ihn zusammengeschlagen hatte, war ausgesprochen routiniert gewesen. Er hätte Nudger sehr viel schwerer verletzen können. Nudgers Gesicht wies keine Spuren auf, außer einem langen roten Kratzer, wahrscheinlich von einem Daumennagel, der sich bis zu dem malträtierten und geschwollenen rechten Ohr zog. Nudger hatte von den Tritten riesige Blutergüsse in den Seiten und auf dem rechten Bein. Er war schillernd.

Das County Hospital beschloß, ihn über Nacht zur Beobachtung dazubehalten. Man fragte ihn, ob er irgend jemanden benachrichtigen wollte, aber er sagte nein. Claudia brauchte davon nichts zu wissen. Eine fröhliche Krankenschwester weckte ihn dreimal in der Nacht, wahrscheinlich, um ihm zu versichern, daß er auch wirklich beobachtet wurde.

Als er am Morgen entlassen wurde, wartete Danny auf ihn, um seinem steifen Körper in den alten Plymouth zu helfen. Dann fuhren sie zu Nudgers Wohnung in der Sutton Street.

»Kann ich sonst noch etwas für dich tun, Nudge?« fragte Danny, nachdem er ihm die Treppen hinaufgeholfen und die Tür geöffnet hatte. Es war ein langer Aufstieg gewesen; beide waren außer Atem und schwitzten.

»Ich schaffe das schon alleine, Danny. Danke für deine Mühe.«

Besorgt und verlegen nuschelte Danny etwas von wozu Freunde schließlich da seien und wandte sich ab, um zu gehen.

»Wie wäre es mit einer Tasse Kaffee?« Nudger lehnte sich an den Türpfosten, um das schmerzende Bein zu entlasten. »Du kannst auch Frühstück haben, wenn du willst, aber ich kann jetzt nichts essen.«

»Danke«, sagte Danny, »aber ich muß gehen. Dunker Delite-Sonderangebot. Ich hab' heute einen Gutschein in der Zeitung. Wer einen kauft, bekommt einen umsonst.«

Nudger nickte und sah ihm zu, wie er die Treppe zur Eingangshalle hinunterging und sich dann in die Vormittagshitze hinausschob, um zu seinem Wagen zu gehen, der vor dem Haus im Parkverbot stand. Er fragte sich, ob Danny wußte, daß die meisten Kunden nicht im Traum daran dächten, einen zweiten Dunker Delite zu essen. Wahrscheinlich nicht, und Nudger wäre der letzte, der es ihm verraten würde.

Auch in der Wohnung war es heiß. Und die Luft war abgestanden. Nudger humpelte zum Thermostat und stellte es so ein, daß die Klimaanlage ansprang, dann ging er in die Küche und warf die Kaffeemaschine an. Die Dinge kamen in Bewegung. Die Schmerzen in der Seite drohten ihn zu übermannen, als er in das Badezimmer torkelte.

Unter höllischen Schmerzen zog er sich langsam aus, dann stellte er sich vor den Spiegel und nahm behutsam die Rippenbandagen ab. Vorsichtig, wie ein Mensch aus Glas, beugte er sich über die Wanne und drehte die Dusche auf. Als das Wasser sehr heiß war, stützte er sich mit einer Hand auf den Handtuchhalter aus Porzellan, manövrierte sich in die Badewanne und setzte sich dem heißen Wasserstrahl und dem aufsteigenden Dampf aus.

Nachdem er eine Position gefunden hatte, in der die

Nadelstrahlen des Wassers nicht auf seine verletzte Rippe prasselten, entspannte er sich allmählich.

Er blieb fast eine halbe Stunde unter der Dusche, bis das Wasser allmählich kälter wurde. Dann stieg er aus der Wanne, stellte den Badlüfter an, um den Dampf zu vertreiben und wickelte sorgsam wieder die Bandagen um seinen Oberkörper. Am liebsten hätte er sich für den Rest des Tages hingelegt, und er wußte, daß er es wahrscheinlich auch tun sollte, aber er konnte vor Samstag nicht ruhen. Danach konnten er und Curtis Colt lange Zeit ungestört ruhen.

Nudger saß in einem weißen Frotteebademantel barfuß in der Küche und aß Toast mit Erdbeermarmelade und trank drei Tassen starken schwarzen Kaffee. Eine Weile hörte er sich ein bißchen Jazz im Radio an, dann stellte er den KMOX-Sender ein, um die stündlichen Nachrichten mitzubekommen. Die Cardinals hatten schon wieder ein Spiel gewonnen. Davon abgesehen, sah alles düster aus. Es munterte Nudger perverserweise auf, als ihm klar wurde, daß Millionen Menschen auf der Welt schlechter dran waren als er. Er fühlte sich besser und ging weniger steif, wenn auch immer noch langsam, ins Wohnzimmer, um zu telefonieren.

Siberlings Sekretärin war wütend. Nudger hatte seinen Termin verpaßt, hatte tatsächlich die renommierte Kanzlei Elbert & Stein versetzt. Es mußte wie ein Schlag ins Gesicht gewesen sein. Nein, Mr. Siberling werde heute nicht mehr ins Haus kommen. Nudger versuchte es mit Ehrlichkeit und erklärte ihr, daß er mit Siberling über Curtis Colt reden wollte, und ihm die Zeit davonlief. Sie war nicht im geringsten beeindruckt, versprach jedoch, Mr. Siberling eine Nachricht zu hinterlassen. Nudger hatte den Eindruck, daß er, wie Curtis Colt, jemanden umbringen müßte, um mit Siberling sprechen zu können. Er hatte schon ein Opfer im Sinn.

Nachdem er aufgelegt hatte, blieb er ein paar Minuten lang sitzen und hob dann wieder den Hörer ab.

Wenn es mit einem Anwalt nicht klappte, dan würde er es eben mit einem anderen versuchen.

Welborne Colt war leichter zu sprechen als Charles Siberling. Er war allein in seinem Büro im Belmonte Building in der South Central Street in Clayton. Seine Partner, ›Edmunsen‹ und ›Keane‹, die über dem ›Colt‹ auf der Milchglastür standen, seien zu Tisch, erklärte Colt. Genau wie die Sekretärin und die Rechtsanwaltsgehilfin, die gewöhnlich an dem halbrunden Schreibtisch im Empfangsraum saß. Das Haus wimmelte von Anwaltskanzleien; zuerst dachte Colt, Nudger sei aus Versehen hereinspaziert, sei jemand anderes Mandant. Als Nudger Curtis Namen erwähnte, verdüsterte sich Colts hageres, scharfgeschnittenes Gesicht, und sein Körper versteifte sich, doch er lächelte.

»Wer hat Sie engagiert, den Fall meines Bruders noch einmal aufzuwärmen?« fragte er.

»Eine Frau, der er viel bedeutet«, antwortete Nudger. Man mußte bei diesen Juristen immer die Karten auf den Tisch legen.

»Ich verstehe. Was ist mit Ihrem Ohr passiert, Mr. Nudger?«

»Ein Unfall. Ich habe Tina Turner gehört, und da ist der Kopfhörer an meinem Walkman explodiert.«

Colt brummte und nickte. Er wußte, wann man besser nicht nachbohrte. Er ging über den langflorigen Teppichboden des Empfangsraumes zum Fenster und betrachtete dann etwas unten auf der Straße. Er war groß, aber drahtig gebaut wie sein Bruder Curtis. In seinem Gang lag eine muskulöse Spannkraft. Er hatte auch Haar wie Curtis, dunkel und lockig, bloß war seines kürzer geschnitten, in einem modischen Fassonschnitt, der ihm das schneidige

Aussehen eines Leinwandhelden verlieh und dabei beinahe einer Karikatur gleichkam.

»Ich habe mich gefragt, weshalb Sie sich nicht an der Verteidigung Ihres Bruders beteiligt haben«, sagte Nudger nicht gerade taktvoll, aber zur Sache.

Colt wandte sich um und maß ihn mit einem Blick, den er wahrscheinlich bereits als Jurastudent vor dem Spiegel eingeübt hatte. Fantastische Augenbrauenarbeit. »Wir sind Wirtschaftsanwälte, Mr. Nudger, keine Strafverteidiger.« Er sprach mit einer Spur des näselnden Ozarkdialektes.

»Man könnte einwenden, daß das eine oftmals das andere mit einschließt.«

»Manchmal tut es das«, sagte Colt.

»Haben Sie sich mit Charles Siberling in Verbindung gesetzt?«

»Curtis' Anwalt? Nein, hab' ich nicht.« Er schien sich unbehaglich zu fühlen, lehnte sich dann weit auf die Hacken zurück und schob die Fingerspitzen beider Hände in die Westentaschen der dreiteiligen, Nadelstreifen-Juristen-Uniform. Es war die Pose eines wohlbeleibten alten Mannes, die nicht zu einem hageren jungen Mann paßte. »Curtis...« sagte er nachdenklich. »Dieser verrückte Spinner hat nie ein geregeltes Leben geführt. Er konnte es einfach nicht.«

»Warum nicht?«

Welborne Colt stellte sich gerade hin und nahm die Fingerspitzen aus den Taschen, als sei diese Haltung eine Pose, die er nicht lange nachahmen könne. Er zuckte die Achseln. Es war eines der elegantesten Achselzucken, das Nudger je gesehen hatte; Welborne war wieder jung und gelenkig in seiner Haut. »Wer kann das schon sagen? Wir stammen nicht aus einer wohlhabenden Familie, Mr. Nudger. Mein Vater hat Opfer gebracht, um mich auf die staatliche Universität zu schicken, und das läßt er mich nie vergessen. Er nich un mei Mamma auch nich.«

Der abrupte Wechsel in den Dialekt verblüffte Nudger. Er paßte zu Colt wie eine schwarze Kakerlake auf einen weißen Teppich.

»Sie waren der älteste Bruder«, sagte Nudger. Er sagte nichts von Lester. »Deshalb hatte Curtis nicht dieselben Möglichkeiten. So geht das eben in manchen Familien.«

Welborne lächelte und schüttelte den Kopf. »Das Arschloch hatte Möglichkeiten. Hatte glatte Einsen in der High School, wenn er nicht gerade mit Schrottautos durch die Gegend gezockelt ist und sich in der Drogenszene herumgetrieben hat. In der Nähe von Branson, Missouri, Mr. Nudger, gibt es ein College, The School of the Ozarks. Es ist autark; die Studenten betreiben Landwirtschaft, bauen Getreide an und kümmern sich um das Vieh, während sie Agrarwissenschaft studieren. Es ist eine verdammt gute Hochschule. Curtis hatte dort ein Stipendium, aber er hat es gar nicht erst wahrgenommen. Er hat sich nicht einmal die Mühe gemacht, die High School abzuschließen.«

»Vielleicht wollte er weder Viehzucht treiben noch Getreide anbauen.«

»Alles, was er wollte, war einen Höllenspektakel zu machen. Und das hat er auch getan. Besonders, nachdem er in die Stadt gezogen war.«

»Haben Sie ihn seit dem Prozeß gesehen?«

»Nein, ich will ihn nicht sehen, und ich glaube auch nicht, daß er mich sehen will. Zwischen uns herrscht böses Blut.«

»Er ist Ihr Bruder«, sagte Nudger. »Man wird ihn hinrichten. So etwas ist für immer.«

»Das hat er sich selbst zuzuschreiben, Mr. Nudger. Wenn eine Billarkugel erst einmal in eine bestimmte Richtung gestoßen wurde, dann trifft sie eine andere Kugel und stößt sie gegen eine andere und wieder eine andere, die dann eingelocht wird. Curtis hat seine Richtung und sein Schicksal schon früh festgelegt; was mit ihm geschieht, war so vorherbestimmt, wie es einer Billardkugel vorherbestimmt ist, daß sie eingelocht wird.«

Nudger war froh, daß Colt ihn nicht vor Gericht verteidigte. »Das Leben ist keine Billardkugel, Welborne.«

Colt lächelte hübsch und wehmütig. »Nein?«

»Glauben Sie, daß Curtis des Mordes schuldig ist?«

»Wenn die Geschworenen ihn schuldig gesprochen haben, hat er die alte Frau auch umgebracht.«

»Geschworene haben sich schon manchmal geirrt.«

»In Curtis' Fall irren sie sich nicht. Und wenn sie ihn freigesprochen hätten, wäre das Unvermeidliche nur hinausgeschoben worden.«

Schon wieder die Billardkugel. »Kennen Sie Candy Ann Adams?«

»Nein. Und wenn sie eine Freundin von Colt ist, kann ich sie auch gar nicht kennen. Wir hatten kaum noch etwas miteinander zu schaffen, seitdem ich dem südwestlichen Missouri entkommen bin.«

»Schämen Sie sich Ihrer Hinterwäldlerherkunft, Mr. Colt?«

Welborne funkelte Nudger wütend an. »Sie sind aber ganz schön direkt.« Er drehte sein Handgelenk und warf einen Blick auf die goldene Rolex, die unter der weißen Manschette hervorlugte. »Vielleicht können Sie noch etwas direkter sein. Warum genau sind Sie hier?« Keine Spur mehr von dem näselnden Ozarkdialekt; er hatte ihn im Griff und sprach jetzt beinahe mit dem Akzent der britischen Oberschicht.

»Ich wollte mehr über Curtis erfahren, indem ich herausfinde, was Sie über ihn denken.«

»Warum?«

»Ich muß den Mann kennen, dem ich das Leben zu retten versuche.«

»Sie kommen Jahre zu spät, um Curtis zu retten, Mr. Nudger.«

»Wahrscheinlich«, gab Nudger zu. Nun, da er Welborne kennengelernt hatte, mißfiel es ihm noch mehr, das zuzugeben.

Die Empfangssekretärin, eine große Brünette in einem maßgeschneiderten braunen Kostüm, die wie ein Mannequin aussah, kam schwungvoll ins Büro, lächelte mit blendender Weiße und setzte sich an ihren Schreibtisch. Sie hielt den Rücken gerade und hatte den offenen, wachsamen Blick der ausgesprochen Tüchtigen. Sie sah aus, als wäre sie von IBM hergestellt und mit Spitzen ausstaffiert worden.

Nudger nickte ihr zu und ging auf die Tür zu. »Danke, daß Sie sich Zeit genommen haben«, sagte er zu Welborne.

Colt sah ihn eigenartig gequält an. »Ich bedaure, daß ich Ihnen kaum helfen konnte.« Sein Blick huschte zu der Empfangssekretärin, dann wieder zurück zu Nudger. »Die fragliche Partei und ich haben kaum Kontakt miteinander.«

»Sie haben geholfen«, versicherte ihm Nudger. »Verwandtschaft läßt sich nicht leugnen. Wie ein Ei dem anderen und so.«

Im Hinausgehen hörte er Welborne in seinem geschäftsmäßigen pseudobritischen Akzent der Empfangssekretärin knappe Anweisungen erteilen, diesen oder jenen Schriftsatz aus den Akten herauszusuchen. Ein rasches und wütendes Juristenkauderwelsch.

Nudger war sicher, daß sich die Empfangssekretärin an diesem Tag auf einiges gefaßt machen konnte.

13. Kapitel

Nudger hatte das aufgebrochene Schloß an seiner Bürotür ganz vergessen. Sobald er das Büro betrat, wußte er, daß er nicht allein war; man merkte es einem Raum immer an, ob jemand drinnen war. Vielleicht lag es an einem leichten Temperaturanstieg oder an Geräuschen, die man nicht bewußt hörte, die aber unbewußt wahrgenommen werden. Aber sobald Nudger nach links schaute, erwiesen sich all diese atavistischen Sensorien als unnötig.

Ein dicklicher kleiner Mann in Bundfaltenhosen und einem blauen Polohemd hatte einen Arm auf den Aktenschrank gestützt. Neben ihm stand eine dieser ungeheuer mageren, aber wohlproportionierten älteren Frauen, die man gewöhnlich in Diätkost-Werbespots sieht. Sie hatte kurzgeschorene, fransige blonde Haare, trug ein übergroßes Sweatshirt mit einem ›Nike‹-Aufdruck, pinkfarbene Shorts und Joggingschuhe und hielt krampfhaft eine kleine, zerknitterte Gucci-Handtasche fest. Sie roch nach Schweiß und teurem Parfum. *Nouveau* sportlich.

»Der Mann im Doughnut Shop hat uns gesagt, wir dürften hier warten«, sagte der Mann. »Ich bin Charles Siberling. Das ist meine Freundin Kelly Cole.« Er hielt inne, um ihr einen Kuß auf die Wange zu geben, als mache er sie immer so mit anderen bekannt. »Wir haben etwas vor, aber ich dachte, ich schaue vorbei, um mit Ihnen zu reden.«

Nudger stellte sich vor, gab beiden Parteien die Hand und setzte sich an den Schreibtisch. Der Drehstuhl begrüßte ihn mit einem Quietschen. Nudger seufzte überlaut, als täte es gut, von den Füßen zu kommen. Die blonde Kelly betrachtete ihn genau und musterte dann sorgfältig seine bescheidene Umgebung. Sie wandte ihre Aufmerksamkeit wieder Nudger zu.

»Sie haben sich im Gesicht verletzt«, sagte sie. Irgendwie gelang es ihr, es wie eine Beleidigung klingen zu lassen, als wäre alles Häßliche von Dauer, selbstverschuldet und schlösse einen von den besseren Dingen im Leben aus.

Siberling ignorierte Nudgers Gesicht. »Doreen hat mir gesagt, Sie wollten mit mir reden.«

»Doreen?« fragte Nudger.

»Die Empfangssekretärin von Elbert & Stein. Sie ist ein Hohlkopf; Sie dürfen nicht von Doreen auf die Kanzlei schließen.« Er ging hinüber und stellte sich in den gesprenkelten Helligkeitsstreifen, der durch das verdreckte Fenster kam.

Nudger war überrascht, wie jung er aussah. Sein Gesicht war sechzehn, die Augen ungefähr fünfzig. Wenn man den Mittelwert errechnete, kam man wahrscheinlich auf sein wirkliches Alter. Die blonde Kelly schien eine guterhaltene Fünfzigerin zu sein und legte mit jedem Satz und jeder Geste eine gewisse Art von West-End- oder Ladue-Snobbismus an den Tag. Die Krampfadern und Zellulosestreifen unter der Sonnenbräune ihrer Beine waren wie die Knitter alter Geldscheine. Diese beiden schienen nicht zueinander zu passen; es war, als hätte eine computergestützte Partnervermittlung einen Scherz machen wollen.

»Man hat mir gesagt, Sie interessieren sich für den Curtis-Colt-Fall«, sagte Siberling. Etwas flackerte in den erfahrenen Augen auf, ungeduldige Lichtpunkte, wie spitze und strahlende Objekte, die in trüben Tiefen glommen. Wie die Augen eines gefährlichen Tieres.

»Das stimmt. Ich habe mit den Zeugen geredet, ein bißchen gründlicher nachgeforscht.«

»Warum?«

»Ich bin beauftragt worden, genug Zweifel an Colts Schuld zu wecken, so daß die Hinrichtung ausgesetzt wird.«

Siberling lachte und schüttelte den Kopf. Er hatte ein

dickliches Gesicht und einen Heiligenschein aus rotblondem, lockigen Haar und sah überhaupt nicht wie ein halsabschneiderischer Anwalt aus. »Das ist verrückt. Colt hat praktisch alle Rechtsmittel erschöpft. Nichts kann ihn mehr retten.«

»Würde ihn der Staat sogar dann hinrichten, wenn unwiderlegbare Beweise für seine Unschuld vorgebracht werden?«

Siberling dachte darüber nach und lachte wieder, diesmal weniger zynisch. »Nein. Politisch wäre es unmöglich, auch wenn die Hinrichtung legalerweise wie geplant ablaufen sollte. Und der Staat will keinen Unschuldigen töten, Nudger. Und schon gar keinen, der vielleicht nicht ruhig in seinem Grab bleibt.«

Nudger legte sich auf dem quietschenden Stuhl zurück. Die Bewegung verursachte einen ruckartigen Schmerz in der Gegend um seine angeschlagene Rippe. Der Schmerz schoß den ganzen Weg bis zur Achselhöhle hinauf. »Vorsicht«, riet der Stuhl wie ein besorgter alter Freund. Nudger sagte: »Es ist möglich, daß Curtis Colt in einem anderen Teil der Stadt war, als die Schüsse fielen.«

Kelly sah gelangweilt drein, dann flüsterte sie Siberling etwas zu, laut genug, daß Nudger es hören konnte. »Wir sollten allmählich gehen, wenn wir noch einen Tennisplatz bekommen wollen.«

»Man muß das Mögliche vor Gericht *beweisen*«, sagte Siberling. »Ich habe mir bereits bei dem Versuch, das für Curtis Colt zu tun, den Arsch aufgerissen.«

Nudger fragte sich, was ein gewiefter und hitziger junger Kerl wie Siberling mit Kelly zu schaffen hatte. »Love«, murmelte er.

»Das bedeutet null zu null beim Tennis«, sagte Kelly. Vielleicht hatte sie etwas für Wortspiele übrig.

»Ich kann es nicht beweisen«, sagte Nudger.

Kelly sah verwirrt drein. »Ich warte unten auf dich«,

sagte sie. »Der Doughnut Shop hat wenigstens eine Klimaanlage.«

»Oh, Verzeihung.« Nudger langte nach hinten und stellte die Klimaanlage im Fenster hinter dem Schreibtisch an.

Aber obwohl ihr tröstendes Summen augenblicklich einsetzte, ging Kelly zur Tür und zu einem niedrigeren, kühleren Klima.

»Versuchen Sie einmal einen Dunker Delite«, riet ihr Nudger.

Siberling grinste. »Sie ist schon eine ulkige Nudel. Mit einem Richter verheiratet. Ich geb' mich nur mit ihr ab, weil sie gut blasen kann.«

»Ich nehme an, das ist Grund genug.« Nudger versuchte aus Siberling schlau zu werden, erinnerte sich daran, was ihm Hammersmith über den jungen Anwalt gesagt hatte, der solch ein Ärgernis sei, jede Schwäche ahne und Kapital daraus schlage.

»Sie halten mich für ein Arschloch, Nudger, und vielleicht haben Sie recht. Tatsächlich haben Sie recht; ich bin fies. Vielleicht bin ich gerade deshalb ein verdammt guter Anwalt; ich kämpfe für meine Mandanten. Und nicht bloß die Mandanten, die bezahlen können. Ich habe schwer für Curtis Colt gekämpft, aber ich hatte nichts, was ich bei den Geschworenen einsetzen konnte. Die Anklage hielt alle Trümpfe in der Hand, und Colt selbst war keine große Hilfe. Er saß da wie ein Ölgötze, als bestünde überhaupt keine Möglichkeit, daß er verurteilt würde. So interessiert, wie er sich gab, hätte das ganze Verfahren auf einem anderen Planeten stattfinden können.«

»Warum hat er sich wohl so verhalten?«

Siberling zuckte mit der Schulter. »Das ist nicht ungewöhnlich. Vielleicht hatte er einen leichten Schock; verhaftet und des Mordes angeklagt zu werden, ist traumatisch. Ich bin nie nahe genug an ihn herangekommen, um herauszufinden, was ihn so entsetzlich stoisch machte.« Der junge Anwalt ging langsam auf und ab und schüttelte den Kopf. »Dennoch hatte er etwas an sich. Vielleicht war es sein Stoizismus, den ich bewundert habe. Der Kerl hatte eine Art Bauerntölpel-Würde, als stünde er über allem, das um ihn herum vor Gericht vor sich ging, über den Leuten, die Kleinigkeiten entschieden, wie z. B. ob er sterben mußte. Jemanden, der dem Gesetz gelassen ins Auge spuckt, muß man einfach bewundern.«

»Ich dachte, Anwälte respektierten das Gesetz.«

»Hah! Ich respektiere Menschen, Nudger. Und danach respektiere ich harte Währung.«

»Sie haben es in der richtigen Reihenfolge genannt«, sagte Nudger.

Siberling lächelte. »Schon, aber manchmal bringe ich sie durcheinander.«

Der dumpfe Schmerz in der Seite ließ Nudgers Magen verrückt spielen. Er zog die mittlere Schreibtischschublade auf, nahm eine Rolle Antacidtabletten heraus, warf sich zwei der weißen Scheiben in den Mund und kaute.

»Kaputter Magen?« fragte Siberling.

Nudger nickte. »Anspannung läßt ihn gemein werden.« Er legte die Tabletten beiseite und schob die Schublade wieder zu. »Ich möchte mit Curtis Colt reden«, sagte er. »Sobald wie möglich.«

Siberling kratzte sich am babyspeckigen Grübchen-Kinn. »Ich weiß nicht recht –«

»Ob Sie mir eine Besuchserlaubnis besorgen können?« fiel ihm Nudger ins Wort. »Oder ob Sie es tun werden?«

»Regen Sie sich ab«, sagte Siberling. »Kauen Sie noch eine von diesen weißen Tabletten. Ich bin Colts Anwalt. Ich kann ihn immer sehen, sofern er mich sehen will. Und ich kann Sie als meinen Beauftragten schicken.«

»Und werden Sie?«

»Ich habe nicht nein gesagt. Aber ich möchte nicht, daß

Sie Colt falsche Hoffnungen machen. Er hat sich mittlerweile wahrscheinlch auf die Hinrichtung eingestellt; er könnte sich an das klammern, was Sie ihm sagen, und nach Ihrem Besuch schlechter dran sein. Diesmal ist er fällig, Nudger; er wird sterben, und Sie sollten ihm nichts anderes einreden.«

»Werde ich nicht.«

»Wer hat Sie engagiert?« fragte Siberling.

»Colts Verlobte.«

Siberling verdrehte die Augen. »Und sie hat Ihnen gesagt, Colt war in der Mordnacht in ihrem Bett und hat sie gevögelt?«

»Nein, aber sie hat mich mit jemandem reden lassen, der zur Tatzeit mit Colt zusammen war.«

»Wer war das?«

»Colts Komplize. Zur Zeit des Überfalles waren sie meilenweit entfernt in North County und haben eine Tankstelle ausbaldowert.«

»Also haben Sie das Wort der Verlobten und das Wort eines Schwerverbrechers. Und das nennen Sie vielversprechend? Und wo, zum Teufel, waren diese Leute während des Prozesses? Ich hätte sie gut gebrauchen können – nicht, daß es viel genützt hätte.«

»Der Komplize ist immer noch auf freiem Fuß«, sagte Nudger. »Ich weiß nicht, wo. Er hätte sich mit seiner Aussage selbst belasten müssen, riskieren müssen, Curtis auf dem elektrischen Stuhl Gesellschaft zu leisten. Und Curtis wollte seine Verlobte nicht aussagen lassen, wollte nicht, daß die Polizei von ihr erfuhr.«

Siberling spreizte ratlos die manikürten Hände. Ein glitzernder Goldring am kleinen Finger blinkte die Nachricht, daß er nicht billig war; die Pflichtverteidigungen waren nur vorübergehend, und Colt war von einem der Besten verteidigt worden. »Colt könnte die richtige Idee gehabt haben; die Polizei hätte ihr keine Ruhe mehr gelassen, wenn sie von ihr gewußt hätte. Und ich habe Ihnen gesagt, daß Colt der edelmütige Typ sei, genau die Art, der jede Aussage verweigert, um seine Freundin zu schützen.« Siberling ging wieder auf und ab, theatralisch, als könnten Geschworene zusehen. »Ich werde versuchen, Ihnen ein Gespräch mit Curtis zu ermöglichen«, sagte er.

Nudger bedankte sich bei ihm, und Siberling ging zur Tür und zu Kelly und seinem Tennismatch. In Anbetracht der Hitze wahrscheinlich Hallentennis.

»Ich hatte den Eindruck, daß Sie nur schwer zu erreichen sind«, sagte Nudger. »Warum haben Sie sich die Zeit genommen, hierher zu kommen?«

Der kleine Fiesling wandte sich an der Tür um und lächelte ein vollkommen engelhaftes Lächeln. »Sie wollen unbedingt, daß ich es sage?«

»Ich muß es von jemand anderem hören, außer meiner Klientin und einem Gewohnheitsverbrecher«, sagte Nudger.

»Okay«, sagte Siberling. »Ich glaube wirklich, daß Colt unschuldig ist. Fragen Sie mich nicht nach vernünftigen Gründen; wenn ich welche gehabt hätte, hätte ich sie vor Gericht angeführt. Ein guter Anwalt ahnt beinahe ebensoviel wie er beweisen kann, Nudger. Wenn es hart auf hart kommt, um Leben und Tod geht, dann ist Instinkt wichtiger als Vernunft. Und mein Instinkt sagt mir, daß Colt niemanden erschossen hat.«

Nudger schwieg.

»Sie sollten Ihre Schlösser richten lassen«, mahnte Siberling, als er aus der Tür ging.

Lange saß Nudger schweigend am Schreibtisch. Er war sich nicht sicher, ob ihm wirklich gefiel, was Siberling gerade über den Colt-Prozeß gesagt hatte. Es schoß ihm sogar durch den Kopf, daß Siberling ihn in irgendeiner Weise benutzen könnte, gewußt haben könnte, daß sein bloßes Erscheinen ein kritisches Gleichgewicht verändern könnte.

Die Verlobte dachte, Colt sei unschuldig und der Staat werde dem Falschen einen Ritt auf dem Blitz verpassen. Der kleine Räuber dachte dasselbe. Der Anwalt war derselben Ansicht.

Und jetzt war auch Nudger der gleichen Meinung.

Er fragte sich, wie sie sich alle am Samstag fühlen mochten. Und ob er einen weiteren gewalttätigen Besuch des großen Mannes zu erwarten hatte, der so gut austeilen konnte, daß er wahrscheinlich nie etwas einstecken mußte. Nudger dachte daran, wie er sich wohl fühlen mochte, wenn ihm alle Rippen gebrochen wurden. Wie es sein würde, wenn das geschah, und dann danach.

Schmerzen waren nichts für ihn. Er nahm den Hörer ab und tippte die Nummer des nächsten Schlossers.

14. Kapitel

Siberling hatte rasch gehandelt. Er rief Nudger noch am selben Abend im Büro an und teilte ihm mit, daß das Gespräch mit Colt arrangiert worden sei.

Nudger stand am nächsten Morgen früh auf und machte sich auf den Weg nach Jefferson City. Er brauchte etwas über zwei Stunden für die Fahrt dorthin, zuerst auf dem Highway 70, dann nach Süden auf dem Highway 54, durch das flache, grüne, ausgedörrte Herzland des sommerlichen Missouris.

Es war nicht die landschaftlich schönste Strecke des Staates. Meilenweit flankierten Felder den Highway, unterbrochen nur von fernen, abgeschiedenen Häusern und Nebengebäuden, Zederngatterzäunen, weidendem Vieh und manchmal gleichmäßig angeordneten Heuhaufen, wie riesige Kissen von Weizenschrot, verteilt von automatischen Mähbindern.

Als Nudger in Jefferson City ankam, machte er sich nicht die Mühe anzuhalten, um zu frühstücken oder sich frischzumachen; er fuhr direkt zu dem altertümlichen, bedrückenden Staatsgefängnis.

Man sagte dem Staatsgefängnis von Missouri nach, daß es die bundesweit schlimmsten Todeszellen enthalte, befallen von Kakerlaken und Fliegen, geplagt von unzureichenden sanitären Anlagen und unangemessener medizinischer Versorgung. Nachdem ein Insasse lange genug hier war, wurde das Warten zur Rache und Strafe und die Hinrichtung wurde zur Flucht.

Der Raum, in den Nudger geführt wurde, war lindgrün gestrichen, ein dunkleres Grün in der unteren Hälfte. Er wurde von einer Wand unterteilt, die eine Reihe von Telefonen enthielt. Vor jedem Telefon war eine dicke Drahtglasscheibe. Auf der anderen Seite der Scheibe waren ebenfalls Telefone, schwarz, ohne Wählscheiben, abgegriffen und zerkratzt und mit einer von Schweiß und langem Gebrauch verursachten stumpfen Patina.

Um diese Zeit gab es keine Besucher. Nudger war allein, als er sich vor eines der Telefone setzte und wartete. Auf dem Metalltisch unter dem Telefon sah er die üblichen Graffiti – Namen, Telefonnummern, gelegentliche Verwünschungen, obskure Symbole – in Bleistift oder Tinte. Über das Ganze hatte jemand mit Lippenstift ein perfekt geformtes Herz gemalt. In dem Herzen stand nichts geschrieben, als ob der Zeichner oder die Zeichnerin jemanden liebte, aber nicht sicher war, wen – oder vielleicht einfach auch nur jemanden lieben wollte. Nudger berührte die Spitze des Herzens mit dem Finger, rubbelte und besah sich die Fingerkuppe. Sie war nicht beschmiert; das Herz war unauslöschlich.

Durch das Glas sah er, wie sich auf der anderen Seite

des Raumes eine Tür öffnete. Ein kräftig gebauter uniformierter Wärter kam herein und trat zur Seite. Die Trennwand und das Glas waren so dick, daß Nudger nichts hören konnte. Er sah, aber hörte nicht, wie Curtis Colt den Raum betrat, gefolgt von einem weiteren bewaffneten Wärter. Es war wie ein Stummfilm.

Colt schien sogar noch schmächtiger zu sein, als Nudger ihn sich vorgestellt hatte. Er trug graue Gefängniskleidung, und er bewegte sich ungelenk, leicht desorientiert, als hätte man ihn gerade aus einem tiefen Schlaf aufgeweckt. Der dunkle Schnurrbart mit den nach unten zeigenden Enden sah genauso aus wie auf den Fotos. Das Haar war kürzer, aber ungleichmäßig geschnitten, und ließ ihn jünger aussehen. Er schien entspannt, als der andere Wärter die Tür abschloß und einen Schritt zur Seite trat, so daß er seinem Pendant auf der anderen Seite der Tür gegenüberstand, eine starre schweigende Haltung einnahm und auf das Ende des Gesprächs wartete, damit sie Colt wieder in die Zelle zurückführen konnten. Alles Routine.

Colt schaute auf die Reihe der Telefone und Fenster, sah Nudger und ging zu dem Stuhl und Telefon auf der anderen Seite des Fensters. Als er herankam, schaute er angestrengt mit zusammengekniffenen Augen durch das Glas, als präge er sich Nudgers Gesicht ein.

Nudger betrachtete Colt genau, als er sich hinsetzte. In seiner Haltung und seinem Auftreten lag nicht länger viel Trotz. Zugleich gab es aber auch keine Spur von Ergebenheit. Es war, wie Siberling gesagt hatte; Colt vermittelte den Eindruck, als wäre die materielle Welt ein vorübergehender Zustand, der ihn nichts anging. Da war etwas Wahres dran, wenn man an Colts geplante kurze Zukunft dachte.

Nudger sah außerdem die gelassene Würde, von der Siberling gesprochen hatte. Manchmal verlieh der nahe bevorstehende Tod den Menschen eine Art feierlicher Würde, die Gelassenheit und Einsicht, die aus der Akzeptierung der Sterblichkeit gewonnen wurde. Aber Colt hatte das offensichtlich schon vor seinem Todesurteil besessen.

Beide hoben im selben Moment den Hörer vor sich ab; die schwarze Muschel lag hart und kühl an Nudgers Ohr. Das Telefon verströmte den unpersönlichen chemischen Geruch von Plastik.

»Siberling hat mir nicht gesagt, was Sie von mir wollen«, sagte Colt. Seine Stimme war ruhig; sie protzte mit dem Ozarknäseln, das Bruder Welborne mit viel Mühe ausgemerzt hatte. »Er hat zwar gesagt, wer Sie sind und worum es geht, aber nicht, was Sie von mir wollen.«

»Ich gehe noch einmal Ihrem Fall nach«, sagte Nudger in das Telefon, beobachtete, wie Colt auf der anderen Seite der dicken Scheibe auf seine Worte reagierte. Es war, als wäre Colt bereits halbtot, an einer traurigen Zwischenstation, an der er immer noch unbeholfen mit den Lebenden kommunizieren konnte, aber es nicht wirklich wollte. »Ich habe mit den Augenzeugen gesprochen, habe versucht herauszubekommen, ob sie sich geirrt haben könnten, als sie sagten, daß sie Sie am Tatort des Raubüberfalls und Mordes gesehen haben.«

Colt sah Nudger durch das Fenster in die Augen. Er bewegte die Lippen, nur ein paar Schritte von Nudger entfernt, doch Nudger hörte nur die elektronische Simulation seiner Stimme im Telefon. »Warum tun Sie das?«

»Candy Ann hat mich beauftragt, Ihnen zu helfen.«

Es gab eine Pause. Dann sah Nudger, wie sich Colts Lippen wieder bewegten, schien das Wort mit einer halben Sekunde Verzögerung zu hören. »Wer?«

Colt hatte nicht verstanden. »Candy Ann Adams.«

»Ich kenne keine Candy Ann Adams.«

Nudger stockte der Atem. Er lehnte sich auf dem harten

Stuhl zurück, brauchte den Kontakt mit etwas Festem, Realem. Damit hatte er nicht gerechnet.

»Ihre Verlobte«, sagte er entgeistert.

»Ich hab' keine Verlobte nich«, sagte Colt ruhig. Viel zu ruhig.

»Ich weiß, was wirklich passiert ist«, bohrte Nudger nach. »Candy Ann hat mich mit Tom reden lassen. Er hat mir gesagt, daß Sie beide zum Zeitpunkt des Mordes in North Country waren und einen Tankstellenüberfall vorbereitet haben.«

»Und das glauben Sie?« fragte Colt ungläubig.

Nudger nickte.

»Tut mir leid«, sagte Colt. »Ich kenn' keinen Tom. Der Überfall und die Schießerei haben sich genau so abgespielt, wie es die Zeugen im Prozeß gesagt haben. Ich hab' Unrecht getan, und ich bin Manns genug, um meine Strafe auf mich zu nehmen, ganz gleich, was sie ist.«

»Ich glaube, daß Sie unschuldig sind«, beharrte Nudger. »Candy Ann glaubt das auch. Und auch Siberling.«

»Mein Anwalt wird dafür bezahlt, daß er an meine Unschuld glaubt«, wandte Colt ein. »Und Candy Ann kenne ich nicht. Wenn Sie glauben, ich sei unschuldig, Nudger, und Sie versuchen etwas zu ändern, dann pissen Sie gegen den Wind. Ich bin schuldig, Mann. Die Sache ist erledigt. Ich bin erledigt.«

»Seien Sie nicht idiotisch. Sie müssen jede Chance nutzen.«

Colt lächelte dünn genug, um Papier zu zerschneiden. »Ich habe keine Chance mehr. Bemitleiden Sie mich nicht; das Essen hier ist nicht übel, und man muß sich keine Sorgen machen, dick zu werden.« Tapferes, nur halb aufrichtiges Gerede, mit dem er die Realität von sich fernhalten wollte.

Nudger fühlte die Frustration in ihm wachsen, ihre Krallen ihm in den Magen schlagen. »Ist das alles, was Ihnen Sorgen macht? Sie wollen nicht bemitleidet werden, weil Sie fürchten, das könnte Ihrem Taffer-Kerl-Image schaden? Das hier ist weder eine Bierwerbung noch ein alter Cagney-Film. Menschenskind, Sie sitzen in der Todeszelle! Es wird höchste Zeit, jede Möglichkeit zu nutzen, ganz gleich, wie schlecht die Chancen stehen.«

Colts Gesicht rötete sich kurz vor Ärger. »Glauben Sie, ich weiß nich', daß ich in der Todeszelle sitze...« Doch er brach ab, als habe er sich noch einmal überlegt, was er gerade sagen wollte, und sich dagegen entschieden.

»Ich weiß, wo ich bin, Nudger«, war alles, was er gelassen in den Hörer sprach. Ein anderer Gesichtsausdruck huschte blitzschnell über das dunkle Gesicht. Er verblüffte Nudger; einen Augenblick dachte er, Colt könnte anfangen zu weinen. Aber er hatte seine Fassung ebenso schnell wiedergewonnen, wie sie verrutscht war und das Entsetzen dahinter hatte sehen lassen. Die Leere. In diesem Moment brauchte er jemanden. Dringend.

Er fragte leise: »Wie geht es ihr?«

»Ganz gut«, sagte Nudger. »Sie macht sich Sorgen um Sie. Deshalb hat sie mich engagiert.«

»Glück in der Liebe, Pech im Verbrechen«, sagte Colt mit einem schiefen Lächeln. »So geht es mir immer.«

»Beide Male richtig«, sagte Nudger. Er beobachtete Colt durch die Scheibe und gab ihm Zeit, an Candy Ann zu denken.

Nudgers Magen machte ihm wieder Ärger. Er knurrte und ließ ihn wissen, daß dieses Gespräch mit Colt Streß bedeutete. Geistesabwesend futterte Nudger ein paar Antacidtabletten, zermalmte sie und schluckte.

Eine Minute später sagte er: »Curtis, ich denke, Sie sollten denen Tom geben. Es würde für Sie beide Gefängnis bedeuten. Aber so bedeutet es den Tod für Sie und die Freiheit für ihn. Freiheit, bis er bei einem anderen Überfall geschnappt wird. Er ist der geborene Verlierer. Überlegen

Sie es sich. Lassen Sie sich nicht von einem bescheuerten Ehrenkodex auf den elektrischen Stuhl bringen.«

»Ich kenn' keinen Tom«, sagte Colt. »Und so etwas wie Ganovenehre gibt es nicht, und schon gar nicht unter uns Mördern. Sie brauchen bloß einen der Wärter hier zu fragen.«

»Sie kannten auch keine Candy Ann.«

Colt stand auf. Die Viertelstunde, die ihnen für das Gespräch zugestanden worden war, war noch nicht vorbei, doch er hatte nichts mehr zu sagen. »Ich kenn' keinen Tom«, wiederholte er.

Und wahrscheinlich konnte er der Polizei wirklich nicht sagen, wo sie nach ihm suchen sollte, dachte Nudger. Tom wußte, um was hier gespielt wurde, und er hatte eine Heidenangst. Er würde sich ein tiefes Loch suchen und sich bedeckt halten, sich auf keinen Fall vor Samstag finden lassen.

»Sagen Sie Candy Ann, sie soll mich vergessen«, sagte Colt mit einer Stimme so hart wie sein scharfgeschnittenes Gesicht. »Sagen Sie ihr, ich bin bereits tot und sie soll aufhören, in meiner Asche herumzustochern. Ich bin tot, und am Samstag werde ich mich hinsetzen und dann werde ich sterben, und dann wird sie wissen, was ich jetzt schon weiß, daß ich tot bin.«

Er legte den Hörer auf und sah Nudger nicht an, als er sich umwandte und zur Tür ging. Er hielt inne und blieb entspannt stehen, die Hände an den Seiten.

Einer der Wärter sperrte die Tür auf, stieß sie auf, und sie geleiteten ihn hinaus. Die Wärter sahen Nudger ebenfalls nicht an. Er war bloß ein weiterer Besucher aus der Welt auf der anderen Seite der Scheibe. Unwichtig. Gehörte nicht wirklich hier herein.

Das war Nudger recht. Er machte, daß er hinauskam.

15. Kapitel

Nudger fuhr am späten Vormittag und frühen Nachmittag nach St. Louis zurück, als die Sonne höher stand und heißer brannte. Der VW besaß keine Klimaanlage, und Nudger fuhr mit heruntergelassenen Fenstern; seine Hände auf dem Lenrad waren glitschig von Schweiß, und der Fahrtwind trommelte im Fond des Wagens.

Einmal hielt er an einer Raststätte an, um zu Mittag zu essen, einem Lokal mit sonnenverblichenen Vorhängen, Resopal und toten Fliegen auf dem Fensterbrett neben seiner Nische. Die Kellnerin sagte, sie könne nach zehn kein Omelett mehr servieren, also bestellte Nudger ein Schinkensandwich und ein Glas Milch. Sein Magen protestierte, nicht nur gegen den scharfen Schinken, sondern gegen den ganzen bedrückenden Tag, und fünf Meilen später, auf dem Highway, kaute er ununterbrochen Antacidtabletten.

Als er die Stadt erreichte, fuhr er sofort zu seiner Wohnung, und rief Danny an, um zu hören, ob jemand in seinem Büro gewesen sei. Niemand war. Dann rief er Kalas Construction an und man sagte ihm, Randy Gantner habe seit letzten Montag Urlaub und werde erst nächste Woche wieder arbeiten. Nudger sagte, er sei Gantners Bruder aus einer anderen Stadt und müsse Randy sobald wie möglich erreichen. Die Frau am Telefon sagte, sie habe Anweisung, unter gar keinen Umständen Adressen oder Telefonnummern der Angestellten weiterzugeben. Es tue ihr leid, aber es gebe keine Ausnahmen. Sie klang nicht so, als tue es ihr leid, bloß gleichgültig.

Nudger legte den Hörer wieder auf die Gabel und schlug Gantners Adresse im Telefonbuch nach. Nicht umsonst war er Detektiv.

Eine Dusche, ein kaltes Bier und eine halbe Stunde später läutete Nudger an Randy Gantners Tür.

Gantner wohnte in Bridgeton im Fox & Hounds-Apartmentkomplex, einer hauptsächlich von Singles bewohnten modernen Anlage aus gelbbraun verklinkerten Bungalows, die in Hufeisenform um einen Swimmingpool gebaut worden waren. Nudger nahm an, daß Gantner zu Hause war. Ein blauer Toyota Lieferwagen, den er an der Baustelle an der Interstate 70 gesehen hatte, stand vor Gantners Wohnung. Im Heckfenster des Lieferwagens war ein leerer Ständer für eine Schrotflinte, und mehrere leere Bierdosen und eine kaputte Schaufel lagen in dem verrosteten Metallbett.

Das Fox & Hound lag in der Nähe des Lambert International Airports in einer Flugschneise. Während Nudger darauf wartete, daß Gantner an die Tür kam, donnerte ein rotlackierter TWA-Jetline niedrig genug über ihn hinweg, daß er einen Blick auf die Passagiere hinter der Fensterreihe erhaschen konnte. Die Geräuschexplosion war so laut, daß das Wasser im Pool zu schimmern schien. Die drei Mieterinnen im Bikini, die in der Nähe des Sprungbrettes faulenzten, sahen nicht auf.

»... wollen Sie?« fragte Gantner.

Die Tür war aufgegangen, und Nudger hatte es nicht gehört. Er hatte es auch nicht gesehen, weil sich sein Blick an einer hochgewachsenen Blondine festgehakt hatte, die mit offenem Bikini auf dem Bauch sonnenbadete, so daß sie keinen blassen Streifen auf dem Rücken bekam.

»Ich muß noch einmal mit Ihnen über Curtis Colt reden«, sagte Nudger.

Gantner hatte vor kurzem geduscht, oder war vielleicht im Pool gewesen. Das rötliche Haar glänzte von Nässe und war glatt nach hinten gekämmt. Er trug weiße Hosen, perlenverzierte mexikanische Sandalen und ein gelbes kurzärmeliges Hemd, das zugeschnürt statt zugeknöpft wurde. Es war nur halb zugeschnürt, damit man das Brusthaar sehen konnte und eine Goldkette, an der ein großer, schimmernder Tierzahn baumelte. Die Halsbekleidung paßte gut zu dem goldenen Stecker im linken Ohrläppchen. Er fand sich schick, und wußte nicht, daß er aussah wie ein Pirat, den es in das falsche Jahrhundert verschlagen hatte.

Er schien verärgert, zuckte jedoch mit der Schulter und trat dann einen Schritt zurück, um Nudger hereinzulassen.

Die Wohnung war klein und scheußlich eingerichtet. Über einem Kunststoffsofa hing ein Kaufhaus-Ölgemälde eines alten Dreimastschoners, der sich in den Klauen eines wütenden Sturms auf einem glänzenden Meer mühsam vorankämpfte. Ein in einem bombastischen Maßstab nach Zahlen gemaltes Machwerk. Das Poster einer Katze, die gerade dabei war, sich selbst die Toilette hinunterzuspülen, klebte an der gegenüberliegenden Wand; darüber stand: ›Glauben Sie etwa, nur Sie hätten einen anstrengenden Tag hinter sich?‹ Unter dem Poster war ein Bücherregal, das eine Reihe teurer Stereoelemente enthielt. Auf dem riesigen Farbfernseher lief MTV: Mick Jagger stolzierte herum und zog seine Show ab, während seine Stimme aus den beiden großen Lautsprechern zu beiden Seiten des Bücherregals dröhnte. Wegen des Fluglärms hatte Nudger draußen die Musik nicht gehört.

Gantner schlenderte hinüber und stellte den Fernseher ab, ein Pubertierender im mittleren Alter in seinem Fuchsbau. Was soll's, Jagger war noch ein paar Jährchen älter als er.

»Haben Sie noch einmal über die Schießerei im Spirituosengeschäft nachgedacht?« fragte Nudger in die plötzliche, stille Abwesenheit von Jagger und den Stones hinein.

»Da gibt es nichts nachzudenken.« Gantner schob die Hände in die Hosentaschen. »Höchstens, daß in ein paar wenigen Tagen der Gerechtigkeit Genüge getan werden wird.«

»Es wird keine Gerechtigkeit sein, wenn Colt unschuldig ist.«

»Das ist ausgeschlossen, Nudger. Ich hab' in dem Gerichtssaal gesessen. Ich muß es wissen.«

Von draußen kam ein Platschen; jemand hatte das Sprungbrett benutzt. Nudger schaute aus dem Panoramafenster und sah, daß die blonde Sonnenbadende und ihre Gefährtinnen sich nicht gerührt hatten.

»Toll, was?« Gantner grinste. Er kratzte sich geistesabwesend die nackte Brust über dem Tierzahn.

»Toll«, stimmte Nudger zu.

»Das reinste Mösenparadies hier. Die Wohnung kostet eine Menge Miete, aber das ist sie wert. Eine Nummer nach der anderen.«

»Nur einmal im Monat«, sagte Nudger.

Gantner blickte so finster drein wie Errol Flynn in *Captain Blood.* »Was ist nur einmal im Monat?«

»Die Miete«, sagte Nudger hastig. »Ich habe die Miete gemeint.«

»Die Blonde ist eine Stewardess«, sagte Gantner. »Es wimmelt hier von denen. Die lassen sich beinahe automatisch aufs Kreuz legen.«

Die Gewerkschaft der Flugbegleiter wäre mit Gantner nicht einer Meinung, aber Nudger beschloß, ihm seine Fantasien zu lassen. Er stellte sich vor, wie Candy Ann hier hereinspaziert kam, um mit Gantner zu reden, die Fliege auf der Suche nach der Spinne. Die Spinne hatte ihr Glück wahrscheinlich kaum fassen können.

»Candy Ann Adams hat mir gesagt, daß Sie sie auf der Arbeit besucht haben«, sagte Nudger.

Gantner betrachtete ihn genau, schätzte ihn ab und schien ein wenig feindselig zu werden. »Na und? Haben Sie einen Anspruch auf sie?«

»Curtis Colt hat.«

Gantner lachte. Es war ein häßliches Lachen, das silberne Füllungen hinten in seinen vollkommen geraden weißen Zähnen sehen ließ. »Colt hat überhaupt keinen Anspruch auf irgend etwas, außer seiner Reservierung auf dem heißen Stuhl am Samstag. Eine Frau wie Candy Ann muß weiterleben. Ich bin genau der Mann, der ihr dabei helfen kann.«

»Sie hat Sie um Hilfe gebeten.«

»Und ich will ihr ja auch helfen. Auf meine Art.«

»Ich denke, Sie sollten wissen, daß Curtis einen Bruder hat«, sagte Nudger. »Er mag Candy Ann, hat ein schlichtes Gemüt und ist langsam im Denken und vielleicht gefährlich, wenn es um Curtis' Freundin geht.«

»Soll das mir vielleicht angst machen?«

»Das soll Sie warnen.«

»Was is', wenn Candy Ann will, daß ich zu ihr komme?« fragte Gantner mit einem lüsternen Lächeln. »Immerhin war sie diejenige, die auf mich zugekommen ist. Vielleicht ist sie noch nicht bereit, eine Nonne zu werden, und hat eigene Bedürfnisse.«

»Wenn Sie schlau sind, halten Sie sich von ihr fern«, sagte Nudger.

Gantner lachte wieder. Er schaute durch das Panoramafenster auf die sonnengebräunte weibliche Haut um den Pool. »Keine Sorge«, sagte er. »Candy Ann is' noch nicht richtig reif, und hier in der Gegend komm' ich kinderleicht zum Schuß. Der Bruder kann sie ruhig haben.«

»Sie sagen das nicht gerade, als sei das Ihr Ernst«, sagte Nudger.

Gantner wies mit einer fleischigen Hand aufs Fenster. »Schauen Sie auf den Pool und Sie werden sehen, warum es mein Ernst ist.«

Nudger sah nicht nach draußen. Er wußte, daß er seine Zeit vergeudete, aber dennoch bat er: »Denken Sie über Curtis Colt nach und rufen Sie mich an, wenn Ihnen irgend etwas Neues einfällt.«

»Natürlich, Sie können sich darauf verlassen.« Gantner sagte Nudger, was er hören wollte, aber er sagte es ausgesprochen ironisch. Höhnisches Schwein.

Nudger ging zur Tür und hielt inne. »Überanstrengen Sie sich nicht in Ihrem Urlaub«, sagte er.

»Warum nicht? Dazu ist der Urlaub schließlich da.«

»Fahren Sie irgendwohin? Disney World? Die Truman Library?«

Gantner schüttelte langsam den Kopf, den schmalen Mund beinahe zu einem Lächeln verzogen. »Nö. ich bleib' in der Stadt.« Sein Blick huschte in die Richtung, aus der ein lautes Platschen kam, und wieder zurück. »Ich entspanne mich hier auf meine Art.«

»Gut. Vielleicht können wir noch einmal miteinander reden, wenn sich etwas Neues im Fall Colt tut.«

»Das ist ziemlich unwahrscheinlich«, sagte Gantner. »Es ist ein Jammer, daß Hinrichtungen nicht im Fernsehen übertragen werden. Meinen Sie, daß man das eines Tages tun wird?«

»Wahrscheinlich bald.« Nudger öffnete die Tür und roch den scharfen Chlorgeruch des Pools. Er ging in den strahlenden, heißen Nachmittag hinaus.

Als er zu seinem Auto ging, sah er, daß die blonde Stewardess ihren Bikini wieder zugemacht und sich auf den Rücken gerollt hatte. Sie hatte eine riesengroße Sonnenbrille und einen gelangweilten Gesichtsausdruck aufgesetzt. Nudger bezweifelte, daß sie je in Gantners Wohnung gewesen war.

Auf der Fahrt ins Büro dachte Nudger daran, daß Candy Ann recht hatte; je näher der Tag der Hinrichtung heranrückte, desto fester würden die Zeugen auf ihrer Aussage beharren. Sie durften sich nicht irren, sonst wären sie selbst schuldig, einen Unschuldigen seines Lebens beraubt zu haben. Sogar mit den zwingenden neuen Beweisen, auf die Nudger hoffte, mochte es unmöglich sein, die Zeugen zu einer Änderung der Aussage zu bewegen, zuzugeben, daß sie sich geirrt haben könnten, als sie ihren Gott nachahmten und vorzeitigen Tod befahlen.

Nicht nur würde Gantner nicht noch einmal überdenken, was er in der Mordnacht gesehen hatte, sondern er ergötzte sich unverkennbar an Colts mißlicher Lage. Gantners Ergötzung hatte Untertöne, die Nudger zu denken gaben; der Gesichtsausdruck des Bauarbeiters, als er von Colts Hinrichtung sprach, erinnerte Nudger an die Gesichter von Kindern aus seiner Vergangenheit, wenn sie sich neugierig niederhockten, um zuzusehen, wie eine Ameisenkolonie langsam eine sich windende Raupe verschlang. Was sie an dem Kampf der Raupe so ergötzte, war, daß kein Zweifel über den Ausgang bestand, wahrscheinlich nicht einmal bei der Raupe.

Vielleicht war das etwas, das Colt verstand. Daß er zur Zeit des Überfalls auf der anderen Seite der Stadt gewesen war, schien für ihn keine große Rolle zu spielen. Er hegte keinen Zweifel über den Ausgang seines Lebens. Wie die meisten Gewohnheitsverbrecher hatte Colt ein verbittertes und zynisches Bild von der Gesellschaft. Daß er dieses spezielle Verbrechen nicht begangen hatte, schien keine große Rolle zu spielen, nicht, wenn er seit dem Tag seiner Geburt gegen gezinkte Karten spielen mußte. Früher oder später mußte er ausspielen und alles verlieren. Das Spiel, sein Leben, war eine abgekartete Sache. Er hockte in seiner Zelle, nun so gewiß, wie er von Anfang an gewesen war, daß er verdammt war, das Opfer der Gesellschaft zu sein. Und nun weigerte er sich starrsinnig, zu bitten und zu betteln. Er wollte seinen Gegenspielern das eine vorenthalten, das sie ihm nie nehmen konnten: seine Würde.

Nudger rief Iris Langeneckert an, und sie lehnte es ab, noch einmal mit ihm zu reden. Sie sagte, sie habe nichts hinzuzufügen und sie sei sich ihrer Aussage immer noch sicher. Dann sagte sie Nudger, sie werde für Curtis Colts Seele beten. Nudger glaubte ihr; sie war eine Zeugin, die die Folgen ihrer Aussage nicht auf die leichte Schulter nahm.

Edna Fine war mit Nudgers Besuch einverstanden. Er fuhr zu ihrer Wohnung und parkte auf der anderen Seite der Gravois Avenue, nur eine Querstraße unter dem Spirituosengeschäft, das der Tatort des Mordes gewesen war.

Es war jetzt früher Abend, und es hatte sich auf etwa siebenundzwanzig Grad abgekühlt. Im Westen sah Nudger leuchtende Explosionen über den Horizont zucken. Sogenanntes Kettenblitzen, eine elektrostatische Störung, die mit Regen nichts zu tun hatte und auch nicht von Donner begleitet wurde. An den trockenen, warmen Abenden der langen Hitzewelle im Mittelwesten war dieses Wetterleuchten oft zu sehen.

Nudger ging über die Straße zu Edna Fines Wohnung, als er den blauen Toyota-Lieferwagen sah. Er fuhr eine Querstraße weiter vom Randstein weg, direkt auf ihn zu.

Dann bremste er, wendete langsam und fuhr in die entgegengesetzte Richtung davon, nach Westen in die Blitze. Er ward nicht so nahe herangekommen, daß Nudger den Fahrer gut hätte sehen können.

Als Edna Fine auf Nudgers Klopfen die Tür öffnete, trug sie einen dunklen Morgenmantel, der sonderbar richterhaft wirkte. Aber vielleicht lag das auch bloß an Nudgers verzerrter Wahrnehmung. Ihr Haar war zerwühlt, und sie hielt einen langen Schildpattkamm in der Hand. In dem Kamm hingen mehrere Haarsträhnen.

»Ich ziehe mich gerade zum Ausgehen um«, erklärte sie. »Eine Verabredung, die ich völlig vergessen hatte. Ich bin ziemlich in Eile, Mr. Nudger.«

»Ich werde Sie nicht lange aufhalten«, versprach Nudger. »Ist Randy Gantner gerade weggegangen?«

»Wer?« Sie spitzte verwirrt die altjüngferlichen Lippen.

»Gantner. Er war auch ein Zeuge im Curtis-Colt-Prozeß.«

Sie nickte streng. »Ja, jetzt erinnere ich mich an den Namen. Nein, er ist nicht hier gewesen. Noch nie.«

»Na schön.« Nudger ließ das altbekannte reizende Lächeln aufblitzen. »Dürfte ich fünf Minuten Ihrer Zeit in Anspruch nehmen?«

»Selbstverständlich. Fünf Minuten. Die kann ich Ihnen geben. Aber ich muß Sie warnen, Mr. Nudger. Mir ist nichts Neues eingefallen, und ich kann meine Aussage über die Mordnacht wirklich nicht ändern. Nicht guten Gewissens.«

Und sie änderte ihre Aussage nicht. Sogar Edna Fine schien sich, als der Samstag näher heranrückte, an ihre Aussage zu klammern, als suchte sie Trost.

Nudger ließ sie mit den Katzen in der fliederduftenden Wohnung zurück und blieb eine Weile auf der anderen Straßenseite im VW sitzen. Er war sich ziemlich sicher, daß es Gantners Lieferwagen war, den er wenden und davonfahren gesehen hatte. Aber was hatte Gantner hier zu suchen? Er hatte keinen Grund, Edna Fines Wohnung zu observieren, und er war nicht hineingegangen. Oder doch? Vielleicht hatte Edna Fine aus irgendeinem Grund gelogen. Oder vielleicht war Gantner gekommen, um mit ihr zu reden, und hatte keine Gelegenheit gehabt, bevor Nudger vorgefahren war und gegenüber ihrer Wohnung geparkt hatte.

Noch eine andere Möglichkeit quälte ihn. Die Aussicht, daß es eine Art Absprache zwischen den Zeugen gab. Noch eine Entwicklung, wie vage auch immer, die auf Colts Unschuld hindeutete.

Nudger ballte frustriert die Fäuste. Sein Magen rumorte. Manchmal schien es, als wäre er der einzige auf der Welt, der nicht begriff, was vor sich ging. Niemand würde es ihm verraten, weil sie alle andere Interessen hatten, andere Ziele. Er schwamm als einziger gegen den Strom, machte angestrengte Züge, um ein Ziel zu erreichen, das allen anderen gleichgültig war. Manchmal, meistens, war sein Leben einsam.

Er ließ den Motor an. Dann schluckte er seine Frustration und nicht wenig Stolz herunter und fuhr zu Claudia. Manche Dinge mußte er mit jemandem teilen, sonst konnten sie ihn schließlich zerstören. Er konnte sie mit Claudia teilen.

Ihre Beziehung mochte momentan strapaziert sein, aber sie würde halten. Claudia würde Verständnis haben. Wenn Nudger reden mußte, hörte sie immer zu. Immer.

Er legte einen niedrigeren Gang ein, damit der VW eine scharfe Kurve nehmen konnte, gab dann mehr Gas und fuhr nach Osten. Hinter ihm tanzten die höhnischen Blitze wie wild in dem endlos weiten, dunkler werdenden Himmel.

16. Kapitel

Claudia war zu Hause. Nudger sah Licht in den Fenstern zur Straßenseite, als er gegenüber ihrer Wohnung auf der Wilmington Avenue parkte.

Obwohl über der Stadt die Abenddämmerung angebrochen war, war es immer noch hell genug, so daß einige Nachbarn die Rasenfleckchen vor ihren Häusern oder Apartmenthäusern mähten und rituell die Autos wienerten. So vertrieben sie sich in diesem Teil der Stadt die Zeit; hier herrschte ein tiefsitzender deutscher Sinn für Ordnung. Die Bewohner von South St. Louis hatten schon majestätische Bäume nur deshalb fällen lassen, weil sie nicht wollten, daß Blätter ihren Rasen verschandelten.

Es war einer von Nudgers härteren Tagen gewesen. Er

war müde und ging langsam die beiden Holztreppen zu Claudias Wohnung empor. Er war ein wenig überrascht, wie sehr er sich dabei anstrengen mußte. Mit jedem Jahr schienen seine Beine schwerer zu werden.

Im Treppenhaus war es immer noch heiß vom Nachmittag, und das offene Fenster unten auf dem Treppenabsatz tat nichts, um die erwärmte Luft zu zerstreuen oder die verschiedenen Essensgerüche zu mildern, die zu allen alten Apartmenthäusern zu gehören schienen.

Als er schließlich vor Claudias Wohnungstür stand und schon die Faust gehoben hatte, um anzuklopfen, schwang die Tür plötzlich auf.

Claudia war zum Ausgehen angezogen. Sie trug das schlichte marineblaue Kleid, hochhackige Schuhe und eine zweireihige Perlenkette. Dezent. Elegant. Es gefiel ihm, wenn sie so angezogen war. Sie riß eine Sekunde erschreckt die Augen auf, dann trat sie anmutig einen Schritt zurück und lächelte.

Aber zu spät. Er wußte schon Bescheid.

Sie hatte einen anderen erwartet.

Nudger ging in die Wohnung und schaute sich um. Auf dem Teppichboden waren Staubsaugerspuren, und alles stand genau an seinem Platz. Sogar die Zeitschriften auf dem Couchtisch waren so präzise gefächert wie Spielkarten in der Hand, so, wie sie am Morgen in einem Arztwartezimmer lagen, ehe die Patienten sie durcheinander brachten. Nudger hatte Claudias Wohnung nicht mehr so ordentlich gesehen, seit sie eingezogen war.

»Hattest du vor, ihn nach dem Essen hierher mitzubringen?« fragte er.

»Kein Essen«, sate sie. »Ein Konzert im Park.« Sie war jetzt trotzig, wütend. Und schürte ihre Wut auch noch. Welches Recht hatte Nudger, in ihre Wohnung zu platzen und sie einem Verhör zu unterziehen, dachte sie, und sie war nahe daran, es auch auszusprechen.

»Biff Archway?« fragte Nudger.

Sie gab keine Antwort, ließ ihn durch ihr Schweigen wissen, daß es ihn nichts zu kümmern habe, mit wem auch immer sie ausging. Das hier war ihre Wohnung, ihr Leben. Ihr eigenes.

»Ich habe gedacht, wir wären offen miteinander«, sagte Nudger. Er spürte, wie sich sein Magen zusammenknotete, sich umdrehte.

Claudia schlug die Hände leicht auf die Oberschenkel. Sie war nervös und angespannt; ihr gefiel ebensowenig wie Nudger, was hier vor sich ging. Eine häßliche Szene, die immer häßlicher wurde. Nur daß nicht sie die Auseinandersetzung erzwungen hatte; das hatte er getan.

»Du hast von Biff gewußt«, sagte sie.

Nudger schaute sie bedrückt an, nickte. Das stimmte.

Claudia schluckte und atmete dann schwer durch die Nae aus. »Schau, Nudger, ich möchte dich um etwas bitten. Es ist etwas, das dir nicht leicht fallen wird; das ist mir klar.«

Er wartete und fragte dann schließlich: »Was ist es?«

»Verständnis«, sagte Claudia nur.

Nudger reagierte mit einem gespielt gleichmütigen Achselzucken. »Ich werde mich bemühen.«

»Ich liebe dich wirklich«, sagte Claudia. »Oder glaube wenigstens, daß ich das tue. Deshalb bin ich auch ganz offen mit dir. Ich rede nicht oft über Ralph oder die Mädchen... über das, was passiert ist. Aber ich denke immer noch oft daran.«

Nudger konnte das verstehen. Nur ein wenig an Ralph zu denken, hieß zu oft an ihn zu denken.

»Du hast mir geholfen, als ich dich gebraucht habe«, sagte Claudia. »Ich bin dir dankbar, und ich müßte lügen, wenn ich sagte, daß das nicht mit ein Grund ist, weshalb ich dich gern habe.«

»Wenn du mich gern hast, warum gehst du dann mit Biff Archway aus?«

Sie kam näher auf ihn zu, der Blick aus den dunklen Augen flehte ihn an, ihren Standpunkt zu sehen. Ihre Lippen zuckten nervös, ehe sie sprach: »Auch wenn ich dich liebe, habe ich nach meiner Ehe mit Ralph doch das Gefühl, daß ich auch andere Männer sehen muß, wenn ich meine Identität, meine Ganzheit wieder völlig wiedergewinnen will. So geht es mir schon eine ganze Weile, aber ich habe nichts davon gesagt.« Sie bog die Finger mit den langen Nägeln, ballte sie schließlich zu festen, bleichen Fäusten.

Er starrte sie an. »Was soll das? Die Nudger-Entzugstherapie? Hat Doktor Oliver dich dazu angestiftet?«

»Es war meine Entscheidung.«

»So. Aber ich bin damit nicht einverstanden.«

Ein paar Sekunden verstrichen. Etwas Strahlendes in ihr schien zu verlöschen. Sie schien zu einem Entschluß über Nudger gekommen zu sein, sich in Gedanken hinter eine Mauer zurückgezogen zu haben, an dem er ihr nicht weh tun konnte. Dann zuckte sie die Achseln, als wäre ihr gleich, was er dachte. Es schien ihr ernst zu sein.

»Wir hatten das, was in Büchern und Talkshows Beziehung genannt wird«, sagte Nudger.

»Haben wir immer noch. Sie hat sich nur ein wenig verändert.«

»Wie die Atombombe Hiroshima ein wenig verändert hat.«

Sie stellte sich dicht neben ihn und legte ihm die Hand auf die Schulter. Er konnte ein Beben durch ihre Finger laufen spüren. Sie trug sein Lieblingsparfum. Auch Biffs? »Sei doch bitte nicht so!« sagte sie leise. Sie wollte von dort hervorkommen, wo sie Nudger hingedrängt hatte.

Er rückte von ihrer Hand weg und ging zur Tür.

Sie ließ den Arm schlaff herunterfallen. »Nudger!«

»Du willst sicher nicht, daß ich hier bin, wenn Biff kommt«, sagte er.

»Ich habe dich um Verständnis gebeten«, sagte sie, als sei sie von ihm enttäuscht.

»Das kann ich dir nicht geben«, sagte er. »Ich tue mir selber zu sehr leid.«

Sie wurde plötzlich wütend. »Du kannst mich mal! Untersteh dich, mir Schuldgefühle einzureden! Nicht du auch noch!«

»Vielleicht hat Ralph –«

»Was?« fiel sie ihm rasend und ängstlich ins Wort. Sie stand da und wartete darauf, daß er aussprach, was er zu sagen begonnen hatte. Unheimlich.

»Nicht so wichtig«, sagte Nudger und ging zur Tür hinaus.

Sein Herz pumpte, und der Magen drehte sich ihm um. Er fühlte sich überhaupt nicht erschöpft, als er die Treppe hinunterging.

Er ahnte, daß Claudia ihm auf den Gang hinaus gefolgt war und oben am Geländer stand, um zuzusehen, wie er wegging. Daß sie ihm etwas nachrufen würde.

Doch als er sich unten an der Treppe umwandte, um zu ihr hinaufzuschauen, war sie nicht da.

17. Kapitel

Nudger hatte keine Lust, in seine leere Wohnung zurückzukehren und zu versuchen, die Stille auszublenden. Er wollte nicht herausfinden, wie sehr er sich selbst leid tun konnte.

Die Seite tat ihm weh und pochte synchron mit seinem Herzschlag. Zuerst war er körperlich herumgestoßen worden, dann hatte er psychisch Prügel bezogen. Was für ein Leben. Vielleicht hatten die Fernsehprediger recht, und Gott wollte ihn auf die Probe stellen. Vielleicht kamen als nächstes schwarze Blattern und Heuschrecken.

Frauen waren ganz gewiß eines der Drangsale in seinem Leben.

Nein, nicht Frauen im allgemeinen. Claudia. In erster Linie war sie sein Ärger mit Frauen im Moment. Es war unklug zu verallgemeinern. Immer. So zu denken, konnte einen in die Irre führen und zu mehr Problemen.

Eileen, zum Beispiel. Eileen war ein Problem und ein Irrtum in Nudgers Leben. Aber sie war Claudia nicht im geringsten ähnlich.

Eileen war ein Problem, dem er entfliehen, Claudia eines, das er lösen wollte. Aber ihm schwante, daß momentan nicht mit einer Lösung zu rechnen war, und vielleicht sogar nie. Vielleicht mußte es so sein. Schicksal. Das Schicksal schikanierte immer Menschen, die sich liebten. Das Schicksal hatte einen Sinn für Humor, der nicht sehr fröhlich war.

Nudger kaute Antacidtabletten und fuhr eine Weile ziellos in der Stadt herum, den South Grand Boulevard hinunter mit seiner eigenartigen Mischung kleiner Läden und am Hungertuch nagender Betriebe, über von stabilen Backsteinhäusern gesäumte Nebenstraßen, in denen ordentliche deutsche Familien wohnten, fuhr nach Westen auf die Chippewa Street, an der Ansammlung von Autos und Leuten bei Ted Drewes' Puddingstand vorbei, vorbei am Resurrection Cemetery mit seinen säuberlichen Reihen blumengeschmückter Gräber. Trotz der späten Stunde herrschte dichter Verkehr, und bei manchen Autos stand die Kühlerhaube einen Spalt weit offen, damit die Kühler in der unbarmherzigen Hitze nicht kochten. Sommer in der Stadt, die das Tor des Westens war. Brutzel, brutzel.

Nudger hörte das Cardinals-Spiel im Autoradio. Die

Cards waren mit zehn zu eins im vierten Inning am Gewinnen. Er war froh, daß wenigstens andere einen schönen Abend hatten; er wußte, daß er jedenfalls keinen hatte. Wenn doch nur das Glück der Cardinals auf ihn abfärbte, und er fünfmal hintereinander gewinnen würde. Egal wobei.

Schließlich beschloß er, ins Büro zu fahren und die Post durchzusehen, nachzusehen, ob er im Lotto gewonnen hatte.

Erleichtert, ein Ziel zu haben, und sei es auch kurzfristig und unbedeutend, trat er aufs Gaspedal und wünschte, die anderen Fahrer würden ihm Platz machen.

Als er vor seinem Büro am Randstein parkte, schwenkten ein Paar Scheinwerfer hinter ihn und wurden heller, als das Auto mit der Schnauze an der hinteren Stoßstange des VWs geparkt wurde. Nudger sah in den Rückspiegel. Zu grell, um etwas zu erkennen; wie in einem bescheuerten Steven-Spielberg-Film. Das gleißende Licht ließ Nudger zusammenzucken. Der Fahrer hinter ihm schaltete die Scheinwerfer nicht aus und ließ den Motor laufen.

Nudger dachte daran wegzufahren, aber das wäre vielleicht unnötig. Es könnte sein, daß das Auto hinter ihm ein Streifenwagen war, und er gleich einen Strafzettel für eine ausgebrannte Heckleuchte oder einen defekten Auspuff kassieren würde. Der alte VW bot einem pingeligen Polizisten eine große Auswahl an Zielen.

Plötzlich überlief ihn ein Schauder. Vielleicht war der Fahrer hinter ihm gar kein Polizist. Vielleicht war es –

»Hallo, Nudge.«

Danny. *Hui!*

Er war auf der Straßenseite zu Nudgers Tür gegangen. Nun stellte er sich so, daß Nudger ihn besser sehen konnte und ging ein wenig in die knacksenden Knie, damit Nudger sich nicht den Hals verrenken mußte, um zu ihm aufzusehen.

»Ich hab' dich auf die Manchester Avenue abbiegen sehen«, sagte Danny. »Ich versuche schon seit dem späten Nachmittag, dich zu erreichen. Hab' bei Claudia angerufen, aber sie hat gesagt, du wärst schon vor über einer Stunde gegangen.«

Nudger stieg aus dem Auto, lehnte sich an das warme Metall in dem strahlenden Schein der Scheinwerfer und horchte auf das Tuckern des leerlaufenden Motors in Dannys Plymouth. Hitze rollte unter dem VW hervor, bahnte sich ihren Weg Nudgers Hosenbeine hinauf, und er fühlte sich unbehaglich. Er veränderte seine Haltung, aber das half nichts.

»Der Kerl, der dich zusammengeschlagen hat, war heute wieder hier«, sagte Danny. »Er und noch jemand.«

Nudger spürte einen weiteren Schub Angst. »Hast du ihn ins Büro gehen sehen?«

»Nö. Er und der andere Kerl haben bloß da in einem verrosteten alten roten Lieferwagen auf der anderen Straßenseite gesessen. Der Große war am Steuer. Sie haben über eine Stunde da gesessen, sich unterhalten und ab und an zu deinem Bürofenster hochgeschaut. Zweimal sind sie weggefahren, und dann innerhalb einer halben Stunde oder so wiedergekommen und haben wieder dort geparkt.«

»Du sagst, es waren zwei. Wie hat der andere ausgesehen?«

Danny trat näher an das Auto heran, als ein Bus vorbeifuhr. Der Bus fuhr langsam Richtung Innenstadt, zischte und spie Dieselabgase. Eine Schwarze an einem Fensterplatz starrte durch die Scheibe auf Nudger und Danny herab, als durchreiste sie eine andere Welt und die beiden hätten ihre Neugier geweckt.

»Der andere war auch groß«, sagte Danny. »Schwer zu sagen, weil er gesessen hat, aber ich schätze, er war ungefähr einen Meter achtzig und ungeheuer stämmig gebaut.

Er hatte rote Haare und war braungebrannt. Oh, ja, ich bin mir nicht sicher, aber es sah so aus, als ob er einen Ohrring trägt. Er hat für einen Moment den Kopf umgedreht, und die untergehende Sonne wurde von ihm reflektiert und hat ihn golden glitzern lassen.«

Randy Gantner. Nudger wußte, was es bedeutete, wenn Gantner mit dem Schlägertyp, der ihn zusammengeschlagen hatte, in Verbindung stand. Die Tracht Prügel hatte nichts mit Cal Smiths falschem Versicherungsanspruch zu tun, den Benedict untersucht haben wollte. Zweifeln war jetzt unmöglich: Nudger war systematisch mißhandelt worden, weil man ihn überreden wollte, den Curtis-Colt-Fall auf sich beruhen zu lassen.

Jetzt schien jemand zu dem Schluß gekommen zu sein, daß er noch einer Runde unfreundlicher Überredung bedurfte.

»Und noch etwas, Nudge«, sagte Danny. »Ich bin vor ungefähr einer Stunde bei deiner Wohnung vorbeigefahren, um zu sehen, ob du da bist. Ich hab' dein Auto nicht auf deinem üblichen Parkplatz gesehen, deshalb hab' ich gewußt, daß du nicht zu Hause bist, aber ich hab' den verrosteten Lieferwagen mit den beiden Männern gesehen. Sie haben ein paar Häuser von deinem Haus entfernt so geparkt, daß sie die Haustür im Auge behalten konnten.«

Nudgers Magen regte sich; Nudger schluckte den bitteren Geschmack, der sich auf der Zunge gebildet hatte, hinunter. Also wußten Gantner und der große Mann, wo er wohnte und wollten ihn unbedingt noch an diesem Abend finden. Zeit für den Showdown. Nudger würde sich ebenso unbedingt bemühen, dieser Konfrontation aus dem Weg zu gehen.

»Danke, Danny«, sagte er. »Ich werde heute im Büro schlafen; die rechnen sicher nicht damit, daß ich so spät noch hierherkomme.«

»Gibt's einen Grund, weshalb du nicht die Polizei anrufen willst, Nudge?«

Nudger rieb sich gedankenverloren den Magen. »Ich weiß nicht, was die Polizei tun könnte. Ich kann nichts beweisen; ich kann ihr nur von der Tracht Prügel erzählen. Und es ist völlig legal, in einem Lieferwagen herumzufahren und hier und da zu parken.«

Danny wühlte in der rechten Hosentasche und zog einen zerknitterten weißen Zettel heraus, den er von einer Doughnuttüte abgerissen hatte. Er reichte Nudger das schweißfeuchte, malträtierte Stück Papier. »Das ist das Kennzeichen des Lieferwagens.«

»Danke.« Nudger bezweifelte den Wert der Nummer. Der Lieferwagen trug wahrscheinlich gestohlene Nummernschilder, oder war selbst gestohlen. Andernfalls hätten Gantner und der große Mann dafür gesorgt, daß man das Kennzeichen nicht erkennen konnte. »Ich geb' sie morgen Hammersmith.«

»Willst du, daß ich bei dir bleibe?« bot Danny an.

»Ich sehe keinen Grund dafür«, sagte Nudger. »So spät kommen sie wahrscheinlich nicht mehr zurück, und falls doch, wird im Büro kein Licht brennen. Könntest du deinen Wagen hier lassen und heute abend mit meinem nach Hause fahren? Wir können am Morgen wieder tauschen.«

»Aber klar. Gute Idee, Nudge. So kommen die nie dahinter, daß du hier bist.«

Nudger wünschte, er könnte Dannys Gewißheit darüber teilen. Und über eine Menge anderer Dinge.

»Ich habe einen achtunddreißiger Revolver im Doughnut Shop, Nudge. Soll ich ihn dir leihen?«

»Nein. Wenn ich ihn benutze, könnte jemand zurückschießen.«

Danny langte durch das heruntergerollte Fenster des Plymouths, schaltete die Scheinwerfer aus, stellte den Motor ab und tauschte mit Nudger die Autoschlüssel.

Nudger sah zu, wie der klappernde VW die Manchester Avenue hinunterhoppelte und um die Ecke bog; er bockte wie ein nur an einen Reiter gewöhntes Pferd mit einem Fremden im Sattel. Dann ging er in sein Büro hinauf.

Es drang genug Licht von draußen herein, daß er sehen konnte. Er ließ die Jalousie oben, wie sie seit dem Morgen gewesen war, und war bemüht, sich vom Fenster fernzuhalten. Allerdings schaltete er die Klimaanlage an; sie ragte hoch oben in den engen Durchgang hinaus, und er dachte sich, sie brumme nicht laut genug, um jemanden unten auf der Straße zu alarmieren.

Nachdem er das neue Sicherheitsschloß abgesperrt hatte, klemmte er einen Stuhl unter den Türknauf. Dann nahm er den angestoßenen Bierkrug, in dem er Stifte aufbewahrte und stellte ihn kippelig auf den Stuhl. Sollte jemand hereinzukommen versuchen, würde der Krug zu Boden fallen und Nudger aufwecken, und vielleicht bliebe ihm genug Zeit, um um Hilfe zu telefonieren oder aus dem Fenster zu klettern und blitzschnell die Feuerleiter hinunterzutrappeln.

Er zerrte das Feldbett aus dem Schrank, stellte es auf und legte sich in der Unterwäsche hin; Hose und Schuhe griffbereit, so daß er schnell hineinschlüpfen konnte. Es wäre nicht das erste Mal, daß er sich in panischer Angst anzöge; er hatte mittlerweile ein gewisses Geschick darin erworben.

Eine Stunde verging, bevor er einschlafen konnte. An der Grenze zum Einschlafen hörte er leise Geräusche und dachte an zu vieles zu schnell, gefangen zwischen Träumen und Wirklichkeit. Curtis Colt und Candy Ann und Gantner und dessen zu groß geratener Freund waren mit ihm dort gefangen. Gantner trug ein Piratenkostüm mit einem riesigen goldenen Ohrring und wollte Nudger gerade mit einer Schaufel erschlagen. Der große Mann hielt sich im Hintergrund, die übermuskulösen Arme wie Meister Proper verschränkt, und grinste sein tückisches Grinsen. Eine blonde Krankenschwester stritt sich mit einem Arzt darüber, ob auf einigen Röntgenaufnahmen eine gebrochene Rippe oder ein gebrochenes Herz zu sehen war. In jedem Fall war es ernst. Claudia war auch irgendwo dort. Nur konnte Nudger nicht genau erkennen, was sie tat oder mit wem.

Am Morgen war nichts davon klarer. Nudger erwachte geblendet vom Sonnenschein, sein Mund und sein Kopf voller Flausen.

Danny würde nicht vor acht Uhr erscheinen, um den Doughnut Shop aufzuschließen. Jetzt war es sieben Uhr dreißig, und eine angemessene Zeit für Nudger, das Büro zu verlassen. Gantner und sein massiger Freund könnten annehmen, daß er früh zu Bett ging und früh aufstand.

Er rief im Third District an. Hammersmith hatte immer noch Tagschicht, aber er wurde an diesem Morgen erst gegen neun Uhr erwartet. Die Privilegien des Dienstgrades.

Nudger stieg in Dannys Plymouth und fand schließlich Hammersmith beim Genießen dieser Privilegien und eines gewaltigen Frühstücks im Webster Grill in der Nähe seines Hauses. Hammersmith schien überrascht, Nudger hereinkommen zu sehen und winkte ihm, sich ihm gegenüber in die Nische zu setzen.

»Schon gefrühstückt, Nudge?«

»Noch nicht.« Nudger musterte Hammersmith Teller. Vier Eier, Schinkenspeck, Bratkartoffeln, Toast mit Marmelade. Genug Kalorien, um ein Haus zu beheizen. Hammersmith war nicht ohne Grund so füllig. Nudger fragte sich, ob es an den Strapazen des Jobs lag. Manche Polizisten tranken. Andere verprügelten ihre Frauen oder traten ihre Hunde. Hammersmith aß.

»Fantastische Kost hier.« Hammersmith fuchtelte mit der Gabel und gab sich als Gourmet.

Eine junge Kellnerin mit zurückgesecktem blonden Haar kam an die Nische, und Nudger bestellt Kaffee mit Sahne. »Setzen Sie es auf meine Rechnung«, sagte Hammersmith.

Nudger fragte sich, ob er das auch gesagt hätte, wenn er mehr als nur Kaffee bestellt hätte. Hammersmith war berüchtigt dafür, sich vor Restaurantrechnungen zu drükken. Essen zu gehen war für ihn ein Spiel. Jetzt glaubte er wahrscheinlich, daß Nudger ihm ein Mittagessen schulde.

Hammersmith schob sich mit der Gabel Kartoffeln in den Mund und schüttelte den Kopf, kaute, schluckte. »Bloß Kaffee, was? Kein Wunder, daß dein Magen rumort wie ein aktiver Vulkan.« Er stürzte die Hälfte des Kaffees hinunter. Die scharfen blauen Augen sahen den Verkehr draußen auf dem Big Bend, den Plymouth, der an einer Parkuhr auf der anderen Straßenseite abgestellt war. »Wie kommt es, daß du Dannys Auto fährst? Ist deines wieder in der Werkstatt?«

»Ich war in der Werkstatt«, sagte Nudger. »Ein Berg mit Armen und Beinen hat am Montag in meinem Büro auf mich gewartet und mir eine Tracht Prügel verabreicht.«

Hammersmith nickte Nudger zu. »Stammen daher die wenig schmeichelhaften Spuren in deinem Gesicht?«

»Ja. Aber der Kerl war ein Profi; er hat sich hauptsächlich an meinem Körper ausgetobt. Sehr tüchtige Arbeit.«

Hammersmith hob gerade ein Stück Taost hoch und hielt inne. Ein wenig Erdbeermarmelade rutschte herunter und fiel auf den Teller neben die Eier. »Mir ist aufgefallen, daß du dich ein bißchen steif bewegst. Ist es schlimm?«

»Vielleicht eine angeknackste Rippe. Und innere und äußere Blutergüsse.«

»Weißt du, wer der Kerl war?«

»Nein.«

Hammersmith schüttelte den Kopf. »Selbst, wenn du es wüßtest, gäbe es nicht viel, was wir tun könnten, es sei denn, du hättest Beweise, Zeugen. Wir könnten ihn ins Gebet nehmen, ihm eine Heidenangst einjagen.«

»Er würde wahrscheinlich dem, den du geschickt hast, um mit ihm zu reden, eine Heideangst einjagen.« Nudger dachte, daß ihm in letzter Zeit Augenzeugen oder der Mangel an denselben eine Menge Ärger verursachten. »Der eigentliche Grund, weshalb ich dir davon erzählen wollte, ist derjenige, der ihn auf mich gehetzt haben könnte.«

Nudger erzählte Hammersmith von dem großen Mann, der ihn gemahnt hatte, sich von dem Fall zurückzuziehen, erzählte, daß er Randy Gantners Lieferwagen in der Nähe von Edna Fines Wohnung gesehen hatte, daß Danny den zu groß geratenen Angreifer gestern mit Gantner gesehen hatte.

Hammersmith hörte nichts davon gern. Er aß langsam, während Nudger redete, als kaute er etwas, das eine versteckte, spitze Gräte enthalten könnte.

»Es muß der Curtis-Colt-Fall sein, vor dem mich der Schlägertyp gewarnt hat«, sagte Nudger.

»Scheint so, Nudge.«

Nudger griff in die Hemdtasche und zog den Zettel heraus, den ihm Danny gegeben hatte. Er strich ihn glatt und reichte ihn Hammersmith über den Tisch. »Danny hat sich das Kennzeichen des Lieferwagens notiert, als er gegenüber meinem Büro geparkt hat. Ich bezweifle, daß es viel nützen wird, aber es lohnt sich vielleicht, den Besitzer feststellen zu lassen.«

Hammersmith faltete den Zettel sorgsam und schob ihn in die Hosentasche. Sein gewöhnlich gleichmäßiger, sogar kräftiger Teint war fleckig und in den Winkeln des schmalen Mundes waren weiße Falten. »Möchtest du Polizeischutz, Nudge?«

»Aber ja. Was immer du entbehren kannst.« Er wußte, daß das nicht viel sein konnte, und sein Büro und seine Wohnung lagen außerhalb der Stadtgrenzen.

»Ich rufe die Polizei von Maplewood an; sie können dein Büro von einem Streifenwagen aus im Auge behalten, nach einem alten Lieferwagen mit diesem Kennzeichen Ausschau halten. Und ein Streifenwagen aus dem Second District kann auch ab und zu da vorbeifahren. Du bist nur ein paar Straßen außerhalb ihres Reviers. Ich werde mich darum kümmern.«

Die Kellnerin brachte Nudgers Kaffee, stellte ihn auf den Tisch und legte dann die Rechnung sorgsam in einen feuchten Fleck neben Hammersmith.

»Wer will mich erschrecken und warum?« fragte Nudger. »Worum machen die sich Sorgen?«

Hammersmith legte die Gabel hin. »Der Fall Colt ist abgeschlossen, Nudge. Erledigt.« Doch es klang nicht sehr überzeugt. Die Säure des Zweifels hatte mit ihrer Arbeit begonnen.

»Ich wünsche für dich, daß das wahr wäre«, sagte Nudger.

»Du hast in Jeff City mit Colt gesprochen«, sagte Hammersmith. »Was hast du aus ihm herausbekommen?«

»Er hat gesagt, er sei schuldig. Er schien aufrichtig zu sein.«

»Dieses Schwein«, sagte Hammersmith. Nudger wußte nicht recht, was er damit meinte, fragte aber nicht.

»Siberling glaubt, Colt sei unschuldig«, sagte Nudger.

»Was hast du denn erwartet? Siberling ist schließlich sein Anwalt.«

»Und ein kampflustiger obendrein. Das ist kein leeres Gerede; er glaubt immer noch an seinen Mandanten. Wirklich.«

Hammersmith trank gemächlich seinen Kaffee und schaute aus dem Fenster auf den dichten Verkehr auf dem

Big Bend. Ein abbiegender Sattelschlepper hatte an dem Postgebäude nicht die Kurve bekommen und verursachte einen Stau am Stoppschild. Ein Glatzkopf in einem glänzenden roten Corvette-Coupé jagte den Motor hoch. Eine Querstraße weiter lehnte ein Fahrer auf der Hupe. Zwei dürre Teenager, die die Straße überquerten, kicherten und taten so, als regelten sie den Verkehr. Nichts bewegte sich.

Hammersmith sagte: »Himmel!«, aber es war nicht klar, ob der Verkehr oder Curtis Colt gemeint war.

»Du ißt ja gar nichts«, sagte Nudger.

Hammersmith sah ihn nicht an. »Ich habe keinen Hunger mehr.«

Nudger langte hinüber und nahm einen Streifen Schinkenspeck von Hammersmiths Teller, aß ihn und nahm dann die Rechnung aus der Pfütze.

»Du bist eingeladen«, sagte er. Er stand auf.

Hammersmith nickte, starrte immer noch auf die glühendheiße Straße vor dem angenehmen Halbdunkel des Restaurants und kämpfte mit einem Zweifel, der zu spät kam.

Nudger tätschelte ihm die Schulter und ging hinaus.

Draußen hatte die Vernunft gesiegt. Oder vielleicht die Androhung unmittelbar bevorstehender Gewalttätigkeiten von gehetzten Autofahrern, die zu spät zur Arbeit kamen. Der Sattelschlepper, der die Verkehrsprobleme verursacht hatte, war schon beinahe an der nächsten Ecke.

Die Dinge waren wieder in Bewegung. Zu schnell.

18. Kapitel

Nudger stieg in Dannys Plymouth, drehte den Zündschlüssel um und schloß sich dem Verkehr auf dem Big Bend an. Ihm war nicht danach, in sein Büro zu fahren; es war besser, Hammersmith Zeit zu lassen, ins Revier zu kommen und die Polizei von Maplewood wegen des Polizeischutzes anzurufen. Er bog auf dem Big Bend nach rechts auf die Shrewsbury Street ab, fuhr auf den Highway 44 und nach Osten in die immer noch niedrig stehende, gleißende Sonne hinein.

Sogar die heruntergeklappte Sonnenblende richtete kaum etwas dagegen aus. Nudger kniff ein paar Meilen lang die Augen zusammen, verließ dann den Highway, fuhr auf die Eighteenth Street, bog in die Gratton Avenue ab und fand einen Parkplatz gegenüber dem Malcom Bliss Hospital.

Malcolm Bliss war eine staatliche Nervenklinik, zu der die Polizei von St. Louis die gewalttätigen Durchgedrehten direkt vom Tatort brachte. Vor Jahren hatte er als Streifenpolizist selbst ein paar Leute dort eingeliefert. Ein unterirdischer Gang verband diese Klinik mit der größeren staatlichen Nervenklinik in der Arsenal Street, und wenn die Gewalttätigen für eine lang andauernde Behandlung eingewiesen wurden, wurden sie durch diesen Gang in eine Welt geführt, auf die die meisten von uns nur in unseren finstersten Fantasien einen Blick erhaschen. Während ihrer Ehe mit Ralph, unmittelbar nach dem Tod ihres jüngsten Kindes, war Claudia durch diesen Gang gegangen.

Nudger betrat die Klinik und ging zu dem Punkt ihres Weggangs und ihrer Wiederkunft, dem Büro von Dr. Edwin Oliver.

Eine Krankenschwester hatte Oliver gesagt, daß Nudger auf dem Weg zu ihm sei. Die Bürotür stand offen, und

Oliver erhob sich hinter dem Schreibtisch, als Nudger der Form halber an den Türpfosten klopfte und eintrat. Auf dem Schreibtisch standen ein Telefon, ein paar Stapel mit Aktendeckeln, eine Kaffeetasse auf einem Glasuntersetzer und die Skulptur eines tanzenden Paares aus zusammengedrehtem Draht. Die Skulptur sah aus, als sei sie aus einem Kleiderbügel gefertigt worden und besaß eine verzweifelte Art von Selbstvergessenheit; Nudger fragte sich, ob es die Arbeit eines von Olivers Patienten war.

»Schön, Sie wieder einmal zu sehen, Mr. Nudger.« Oliver streckte ihm die Hand entgegen. Er war in den Vierzigern, groß und in guter Verfassung, mit einem Koboldgesicht, das weder zu seiner Größe noch zu seinem Beruf paßte.

Nudger nahm die kräftige, trockene Hand und setzte sich auf einen Stuhl vor dem Schreibtisch. Er sah, daß Olivers kleines, karges Büro in genau demselben Ton gestrichen war wie der Raum, in dem er im Staatsgefängnis mit Colt gesprochen hatte. Vielleicht hatte der Staat die grüne Farbe ungeheuer günstig kaufen können. Oder vielleicht besaß Scott Scalla Aktien in einer Farbenfirma.

»Geht es um Claudia?« fragte Oliver. Er und Nudger hatten ihr vor zwei Jahren das Leben gerettet. Beide hatten ein Interesse an ihr; Oliver beruflich, Nudger privat.

»Geht es«, sagte Nudger. »Ist sie in letzter Zeit bei Ihnen gewesen?«

»Seit sechs Monaten nicht mehr, seit unsere regulären Sitzungen beendet sind. Geht es ihr gut?«

»Ich denke schon«, sagte Nudger. »Aber ich bin mir nicht sicher.«

Er erzählte Oliver von Claudia und Biff Archway. Oliver hörte mit einem ernsten Ausdruck auf seinem spitzen Gesicht geduldig zu, wie ein weises Wesen aus einer irischen

Sage. Sogar die Ohren waren gespitzt. Gelegentlich berührte er gedankenverloren ein wenig Schorf auf dem glatten Kinn, wo er sich beim Rasieren leicht geschnitten hatte.

»Sind Sie wegen Claudia oder wegen sich selbst hier?« fragte er mit einem leichten Lächeln.

»Schicken Sie mir eine Rechnung und finden Sie es heraus«, sagte Nudger. Die Frage verärgerte ihn. Oliver spürte es, hörte auf zu lächeln und setzte wieder seine ernsthafte Miene auf. Er hatte schließlich Nudger gedrängt, zu ihm zu kommen, wann immer etwas Außergewöhnliches mit Claudia vorging.

Er saß eine Zeitlang schweigend am Schreibtisch, als wäre er alleine, sah nachdenklich drein und rutschte auf dem Drehstuhl hin und her. Nudger hatte beim Hereinkommen die Tür geschlossen, und auf dem Gang auf der anderen Seite der Tür konnte man schlurfende Schritte hören, leise verhallende, streitende Stimmen. Jemand fragte unablässig: »Zum Kuckuck, warum hast du das nicht getan? Warum hast du das nicht...«

»Wenn sie Ihnen gesagt hat, daß sie andere Männer sehen muß«, fragte Oliver schließlich, »warum glauben Sie ihr nicht?«

»Ich glaube ihr«, sagte Nudger. »Das ist es ja, was mir Sorgen macht.«

Oliver starrte ihn an. »Und noch etws anderes?«

Nudger nickte. »Ich frage mich, ob sie zu mir zurückkommen wird. Ob sie mich je wirklich geliebt hat, oder ob sie einfach nur dankbar war, weil ich geholfen habe, ihr das Leben zu retten, sie dazu gebracht habe, wieder zu unterrichten.«

»Vielleicht hat sie sich das auch gefragt.« Oliver lehnte sich zurück, damit sich Nudger wohler fühlte.

»Das ist offensichtlich. Das müssen nicht Sie mir sagen.«

»Seien Sie nicht so empfindlich, Nudger. Jedenfalls liegt

Claudia viel an Ihnen. Ich weiß das; schließlich habe ich während der Analyse viele Stunden mit ihr verbracht.«

»Warum dann Biff Archway?«

»Sie könnten vorhin den springenden Punkt getroffen haben. Sie ist sich ihrer Gefühle nicht sicher. Vielleicht ist es ein Zeichen, daß ihre Wunden aus der Vergangenheit, aus der Ehe mit Ralph, endlich verheilen. Sie fühlt sich jetzt stark genug, um mit anderen Männern zusammenzusein, aber sie muß sich das erst beweisen.«

»Warum bin ich nicht ›andere Männer‹?« fragte Nudger.

»Sie sind zu vertraut. Zu verfügbar, zu verständnisvoll und zu verläßlich.« Jetzt lächelte Oliver und schüttelte den Kopf. »Sie sollten sich endlich anständig aufführen. Nudger.«

»Für einen Psychologen sind Sie ein ganz schöner Klugscheißer«, sagte Nudger.

»Zweifellos bin ich das. Aber ich bin froh, daß Sie zu mir gekommen sind.«

»Warum? Sie haben gesagt, das sei ein Zeichen, daß Claudia auf dem Weg zur völligen Genesung ist.«

»Ich bin *Ihretwegen* froh, daß Sie gekommen sind«, sagte Oliver. »Weil ich Sie vielleicht beruhigen kann. Was Claudia momentan durchmacht, ist wahrscheinlich positiv, etwas, das sie tun muß, um sich zu behaupten. Wenn es vorbei ist, wird sie wahrscheinlich zu Ihnen zurückkommen. Das ist nicht die Garantie eines Fachmannes, bloß die fehlerhafte Prophezeiung des Privatmannes. Briefkastenonkelgerede. Die Meinung eines Freundes, der dieses Muster öfter gesehen hat.«

»Ich weiß bloß, daß ich Biff Archway hasse, und dabei habe ich ihn noch nie gesehen.«

»Das ist völlig natürlich«, sagte Oliver fröhlich.

»Warzen auch«, sagte Nudger. »Aber man wird sie nur verdammt schwer wieder los.« Er bedankte sich bei Oliver, stand auf, schickte sich zu gehen an und hielt dann inne. »Da ist noch jemand, über den ich Sie gerne etwas fragen möchte, wenn Sie Zeit haben.«

»Habe ich nicht, aber ich werde zuhören. Psychologen nehmen sich immer Zeit, etwas über die Bekannten anderer Leute anzuhören. Oftmals erweist es sich, daß sie unsere Patienten sind. Die Leute, nicht die Bekannten.«

»Dennoch werden Sie jetzt nicht zu einem neuen Patienten kommen«, sagte Nudger. »Mein Bekannter ist jemand, mit dem ich beruflich zu tun habe. Curtis Colt.«

»Colt? Der Mann in der Todeszelle?«

»Ja, ich habe gestern mit ihm geredet. Er hat sich damit abgefunden, am Samstag zu sterben. Er will keine Hilfe; er sagt, er sei schuldig.«

Oliver betastete wieder den Schorf auf seinem Kinn. »Das ist gar nicht so ungewöhnlich. Er hat Frieden mit sich geschlossen. Er ist bereit zu sühnen.«

»Nur, daß er nicht schuldig ist. Davon bin ich überzeugt.«

Oliver legte die Hände auf den Schreibtisch und betrachtete sie genau. »Ist er Ihr Klient?«

»Nein. Meine Klientin ist eine Frau, die ihm nahesteht.« Nudger erzählte ihm von Candy Ann Adams, von Tom und Lester, von Welborne Colt und seiner Billardkugel-Prädestinationstheorie.

»Erzählen Sie mir alles, woran Sie sich an Ihren Besuch bei Curtis Colt erinnern«, sagte Oliver.

Nudger erzählte, während Oliver wieder am Schorf pulte, so daß er blutete, als Nudger fertig war.

»Colt scheint zu glauben, daß seine Hinrichtung vom Tag seiner Geburt an feststand«, sagte Nudger. »Daß die Gesellschaft es auf ihn abgesehen hat, und nicht umgekehrt.«

»Gleichzeitig verhält er sich aber nicht wirklich wie jemand, der in den Klauen einer Macht, der er nichts entgegenzusetzen hat, resigniert. Aus dem, was Sie sagen, hat er die Tatsache der Hinrichtung akzeptiert, legt aber immer noch einen ruhigen Trotz an den Tag.«

»Eher Distanziertheit.«

»Aber keine entmutigte Distanziertheit.«

»Nein«, sagte Nudger. »Er verhält sich eher wie ein Kriegsgefangener, der bereit ist, sich in einer patriotischen Geste dem Erschießungskommando zu stellen.«

»Ein interessanter Vergleich«, sagte Oliver. »Ich wünschte, ich hätte die Zeit und die Befugnis, mich näher mit dieser Sache zu beschäftigen.«

»Colt ist aber der, der keine Zeit hat«, sagte Nudger.

Oliver nickte. »Wenn Sie noch einmal mit mir über Claudia reden müssen«, sagte er, »wissen Sie ja, wie Sie mich erreichen können, hier oder unter meiner anderen Nummer.«

Nudger bedankte sich noch einmal bei Oliver und ging hinaus.

Draußen war die Sonne viel strahlender und heißer. Die brodelnde Hitzewelle würde anhalten, doch das aber war Nudger im Moment vollkommen egal. Er war immer froh, das Malcolm Bliss Hospital hinter sich zu lassen. Es kam ihm in den Sinn, daß er manchmal das Gefühl hatte, es wäre das Loch und er die Billarkugel.

•

Als er zu seinem Büro kam, sah er einen Streifenwagen der Maplewood-Polizei ein paar Häuser weiter vor dem Supermarkt parken. Ein verrosteter Lieferwagen war nirgends zu sehen. Gut.

Im Doughnut Shop tauschte Nudger die Autoschlüssel mit Danny.

»Etwas von unseren gewalttätigen Freunden gesehen?« fragte er.

»Nö«, sagte Danny. »Aber ein Streifenwagen ist ein paarmal ganz langsam hier vorbeigefahren.«

Nudger erzählte ihm von dem Schutz, den Hammersmith arrangiert hatte. Kein Heer von Wächtern, aber das Beste, was angesichts des Mangels an Personal und der geteilten Kompetenzen getan werden konnte. St. Louis, mit seinen Dutzenden von kleinen Kommunen mit ihren eigenen Stadtparlamenten und eigener Polizei und Feuerwehr, war ein Verwirrspiel an offizieller Zuständigkeit.

»Ruf mich an, wenn du den Lieferwagen noch einmal siehst«, sagte Nudger.

Danny nickte und reichte ihm einen eingewickelten Dunker Delite und einen großen Becher Kaffee. »Möchtest du die Morgenzeitung haben, Nudge?« fragte er. »Ich hab' sie schon gelesen.«

»Klar.«

Danny strich die auf der Theke liegende Zeitung so glatt wie möglich und legte sie in der richtigen Reihenfolge zusammen und reichte sie Nudger. Eine Zeitung war nach dem ersten Mal nie mehr dieselbe.

»Danke, Danny«, sagte Nudger. »Nicht nur für das Frühstück und die Zeitung.«

»Keine Ursache«, sagte Danny. »Du hast mir auch schon ab und zu geholfen.« Er riß das Tuch aus dem Gürtel und fing an, die strahlende Theke zu wischen, rieb hart über eingebildete Flecken.

Nudger ging nach oben, hob seine Post vom Treppenabsatz auf und stellte die Klimaanlage an.

Er setzte sich an den Schreibtisch und sah in der Sonne, die durch die schräggestellte Jalousie schoß, die Post durch. Ein paar Reklamen, ein Fragebogen und ein Umschlag von Eileen. Immer noch nichts von der Lotterie. Warum diese Verzögerung? Er warf die ganze Post ungeöffnet in den Papierkorb.

Dann drückte er auf dem Anrufbeantworter auf ›Rücklauf‹ und ›Wiedergabe‹.

Eine Nachricht in einer fröstelnmachenden vertrauten

Stimme: »Sie haben nich beachtet, was ich Ihnen gesagt habe, Nudger. In keinster Weise beachtet. Augenblicklich lassen Sie die Finger von der Sache, über die wir in Ihrem Büro gesprochen haben oder ich werde Ihre Eier wie einen alten Spüllappen auswringen. Lassen Sie die Finger davon, sonst passiert was. Ich kann noch viel überzeugender sein. Tatsache ist, ich brenne geradezu darauf.«

Mit zitternder Hand schaltete Nudger den Anrufbeantworter ab. Der große Mann schien wirklich gerne alles durch die Mangel zu drehen. Er klang ganz wie jemand, der Spaß an seiner Arbeit hatte.

Nudger stand auf und schaute schräg aus dem Fenster, die Stirn an den Holzrahmen gepreßt. Der Maplewood-Streifenwagen stand immer noch oben in der Straße.

Er setzte sich wieder hin, ignorierte den Dunker Delite und stürzte den halben Kaffee herunter. Wegen der Wärme, nicht wegen des Geschmacks. Wärme bedeutete Leben, und er hatte den furchtbaren Verdacht, daß er auf einen Ort in der Innenstadt zusteuerte, an dem die Betten Abflüsse besaßen und die Menschen kühl lagerten.

Was für eine Fantasie, grummelte sein Magen. Bitte, keinen Kaffee mehr.

Er hob den Hörer ab und rief Candy Ann zu Hause an.

Sie werde heute morgen im Right Steer arbeiten, sagte sie, aber sie könne in der Elf-Uhr-Pause mit Nudger reden, nachdem der Buckaroo-Breakfast-Special-Andrang sich verlaufen hatte.

Nudger sagte ihr, er werde gespornt erscheinen, und legte auf. Er würde die warnende Stimme auf dem Anrufbeantworter nicht beachten. Er wußte nicht, ob er das tat, weil er schwer zu überzeugen war, oder ob er in einer aussichtslosen Angelegenheit einfach nur dumm war.

Sein Magen wußte es.

19. Kapitel

Nudger und Candy Ann steckten in einer hinteren Nische des Right Steer die Köpfe zusammen wie Verschwörer. Die meisten Vormittagsgäste hatten ihre Portion des Rancherfrühstücks, bestehend aus Eiern, Steak und Kartoffeln, bereits gegessen. Das Buckaroo-Breafast-Special.

Im Moment herrschte die Flaute zwischen dem Frühstücks- und dem Mittagsandrang. Ein paar andere Kellnerinnen in gelbbraunen Cowgirl-Kostümen saßen in den hinteren Nischen, sahen erschöpft drein und wartete darauf, daß Leben in die müden Beine zurückkehrte. Es war kein leichter Job, die Gästeherde im Right Steer zu treiben.

»Sie sehen erschöpft aus«, sagte Nudger zu Candy Ann. Ihr abgezehrtes Kleinmädchengesicht schien von der Schwerkraft nach unten gezogen zu werden; die hellblauen Augen schauten traurig-verwirrt unter schweren Lidern hervor.

»Ich hab' letzte Nacht nicht viel geschlafen, Mr. Nudger. Seit Curtis verurteilt worden ist, hab' ich nur noch selten geschlafen.« Sie umklammerte die Kaffeetassse mit beiden Händen, trank und stellte sie dann genau zwischen ihnen beiden auf den Tisch, als wäre sie eine Art Zaubertrank, der gute Neuigkeiten garantiere. »Haben Sie irgendwelche Fortschritte gemacht, Mr. Nudger?«

»Nein, tut mir leid.«

Die dünnen Schultern zuckten kurz unter der gelbgefransten Bluse, neben dem Namensschild war ein Ketchupfleck über der linken Brust. »Mir auch. Nur tut es mir überhaupt nich leid, daß ich Sie engagiert hab'. Man muß eben tun, was man kann.«

»Manche müssen das«, sagte Nudger. Er beobachtete einen pickligen Teenager, der zwei riesige Säcke mit Hamburgerbrötchen auf dem Kopf balancierte und sich tänzelnd zwischen den Tischen zu dem Grillbereich hinter der Serviertheke durchschlängelte. Etwas brutzelte laut: ein Geruch von angebranntem Hackfleisch durchzog das Lokal, der Nudger nicht bekam. »Ich denke, jetzt können wir nur noch eines tun«, sagte er.

Candy Ann nahm einen weiteren Schluck des Zauberkaffees, wartete dann mit geschlossenen Augen, als hoffte sie, der Rettet-Curtis-Zauber hätte diesmal funktioniert.

»Sie müssen denen Tom ausliefern«, sagte Nudger.

Sie sah in die dampfende Tasse hinunter und schaute dann weg auf den Tisch. »Ich kann nicht. Sie begreifen nicht, was Sie da von mir verlangen. Es wäre nicht recht von mir, Tom so im Stich zu lassen. Wir haben eine Vereinbarung. Außerdem, selbst wenn ich wollte, könnte ich ihn nicht verpfeifen. Ich weiß gar nicht, wo er is'.« Sie hob den Kopf und starrte ihn an, ein einfaches Cowgirl, gefangen in der modernen, komplizierten Welt und kurz vor dem Weinen: »Das ist mein Ernst, Mr. Nudger.«

»Dann können Sie denen wenigstens über Tom Bescheid sagen. Ganz offiziell. Er wird immer noch auf freiem Fuß bleiben und so sicher, wie er jetzt ist. Ich denke, Sie und ich, wir sollten beide offizielle Aussagen machen.«

»Wie könnten wir das tun?«

»Ich werde mich mit Colts Anwalt in Verbindung setzen und mich erkundigen, ob wir eidliche Aussagen abgeben können. Eidesstattliche Erklärungen. Sie werden unter Eid aussagen, daß Tom existiert und daß Sie ihn sagen gehört haben, daß er und Curtis in der Mordnacht gar nicht in der Nähe des Tatortes waren. Ich werde mein Gespräch mit Tom beschreiben. Vielleicht kann Siberling damit etwas anfangen.«

»Glauben Sie wirklich, daß das helfen könnte?«

»Nein, aber wir müssen es tun, weil uns sonst nichts übriggeblieben ist. Und es gibt eine Gefahr für Sie. Das Gnadengesuch wird ein öffentliches Dokument sein; die Medien werden davon erfahren, und Tom wüßte, daß Sie den Behörden von ihm erzählt haben. Er könnte versuchen, Ihnen etwas anzutun, sich zu rächen.«

Sie dachte darüber nach, kaute auf der Unterlippe mit den hervorstehenden, geraden Zähnen. »Könnte er«, stimmte sie zu. »Curtis hat mir ein paar Dinge erzählt, die Tom getan hat. Weder er noch Curtis haben sich Verrätern gegenüber je nachsichtig gezeigt. Aber nach dem, was Curtis erzählt hat, scheint Tom an Rache Spaß zu finden.«

»Es war nur ein Vorschlag«, sagte Nudger.

Sie sah ihm direkt ins Gesicht. »Wir werden es tun«, sagte sie entschlossen. »Wann wäre es am besten?«

»Ich versuche, es mit Siberling für diesen Abend zu arrangieren. Soweit ich weiß, ist es üblich, daß ein zum Tode Verurteilter kurz vor der Hinrichtung ein letztes Gnadengesuch einreicht. Vielleicht können wir in diesem Fall dafür sorgen, daß es ein wenig ins Gewicht fällt.«

Candy Ann langte über den Tisch und drückte Nudger die Hand, ihre eigene Hand war immer noch warm vom Umklammern der Kaffeetasse. »Danke, Mr. Nudger.«

»Danken Sie mir nicht«, sagte er müde. »Die Chancen stehen gegen uns. Das verstehen Sie doch?«

Sie lächelte. »Wo ich herkomme, haben die meisten die Chancen gegen sich. Und oftmals wendet sich doch noch alles zum Guten.«

»Sie sind zu optimistisch«, sagte Nudger.

Aber nichts, was er sagen konnte, könnte das Lächeln aus diesem unpassend erotisch anziehenden Farmersfrauengesicht wischen. Blauer-Himmel-und-wogender-Weizen-Glauben. Solche Menschen hatten wahrscheinlich den Westen besiedelt. Nudger verstand, weshalb die Indianer keine Chance gehabt hatten.

Ihr Lächeln wurde breiter. »Sie waren es schließlich, der auf die Idee gekommen ist«, erinnerte sie ihn.

Nudger kehrte in sein Büro zurück, um alles mit Siberling zu arrangieren. Es war heiß, stickig und sehr ruhig dort. Bevor er den feuerspeienden, dynamischen kleinen Anwalt bei Elbert & Stein anrufen konnte, klingelte das Telefon und schreckte ihn auf.

Er riß den Hörer ans Ohr, um es so schnell wie möglich zum Schweigen zu bringen und sein Nervenkostüm zu schonen, und meldete sich dann mit seinem Namen.

»Hammersmith, Nudge. Ich habe mir gedacht, du willst vielleicht wissen, was mit dem Kennzeichen ist, das du mir heute morgen gegeben hast.«

Hammersmith wartete. Er liebte es, eine Auskunft wie einen Preis verlockend in Aussicht zu stellen, die Menschen dafür arbeiten zu lassen. Wie ein Kind, das ›Ich seh' etwas, das du nicht siehst‹ spielt.

»Wem gehört der Lieferwagen?« fragte Nudger.

»Wer weiß?« sagte Hammersmith. Außerdem liebte er es, gelegentlich zu enttäuschen. Es machte die Male, an denen er das Gewünschte lieferte, um so eindrucksvoller. »Das Kennzeichen wird dir nicht helfen. Die Nummernschilder wurden von einem Lastwagen draußen in Richmond Heights gestohlen, einem neuen Dodge. Die verrostete Kiste, die du gesehen hast, wurde entweder gestohlen oder war vielleicht ein Schrottauto, das jetzt bereits wieder in dem Haufen ist, zusammengequetscht wird und auf dem besten Weg ist, zusammengeschmolzen zu werden, um in Detroit glänzenderen Schrott herzustellen. Unsere Freunde auf der anderen Seite des Gesetzes besorgen sich ihre kurzzeitig benötigten Fahrzeuge auf diese Weise. Flitzer vom Schrottplatz mit zerdepperten Karosserien, aber guten Motoren. ›Schrottplatzhunde‹ heißen sie bei manchen Streifenpolizisten. Eine Menge dieser Autos und Lieferwagen kommen von jenseits des Flusses aus Illinois, und es ist beinahe unmöglich, sie aufzuspüren, denn bis jemand am Schrottplatz erscheint, um Fragen zu stellen, existieren sie schon nicht mehr.«

Nudger hatte sich von dem Kennzeichen nicht viel versprochen. Trotzdem war er beinahe bitter enttäuscht. »Danke, daß du es versucht hast, Jack.«

»Das sagt meine Frau auch immer.«

»Beruflicher Streß«, tröstete ihn Nudger.

Hammersmith nuschelte um seine Zigarre etwas Unverständliches, aber zweifellos Beleidigendes, und legte dann auf, bevor Nudger etwas erwidern konnte. Noch eines seiner Lieblingsspielchen.

Nudger legte den Hörer nicht auf. Er drückte die Gabel hinunter und tippte die Nummer von Elbert & Stein.

Doreen, die Empfangssekretärin, war diesmal hilfsbereit. Er wurde problemlos zu Siberling durchgestellt.

Siberling war ebenfalls der Meinung, daß ein letzter Versuch, Colt zu retten, angebracht war. Der Rechtsbeistand eines zum Tode Verurteilten hatte eine berufliche Verpflichtung, nicht vor dem Ende aufzugeben, insbesondere dann, wenn er glaubte, daß sein Mandant unschuldig war. Er sagte Nudger, er solle Candy Ann am Abend in sein Büro bringen, und er werde die Zeugen und eine Stenographin für die eidesstattlichen Erklärungen besorgen. Das Gnadengesuch mit ihren Aussagen würde am nächsten Tag beim Büro des Gouverneurs eingereicht werden. Am Freitag. Dem Tag vor Colts Hinrichtung.

Sobald Nudger aufgelegt hatte, klingelte das Telefon wieder. Fleißig, fleißig.

Es war Edna Fine. Sie wollte noch einmal mit ihm reden, ihre Aussage über den Raubüberfall und den Mord ändern. Sie habe viel darüber nachgedacht, sagte sie, seit ihrem Gespräch nicht mehr gut geschlafen, und sie glaube, sie müsse dies tun.

Nudger sagte, er werde sobald wie möglich in ihre Wohnung kommen.

Als er in seinen zerknitterten brauen Sportsakko schlüpfte, erkannte er, daß er sich besser fühlte als seit Tagen. Das Spiel könnte sich endlich zu seinen Gunsten wenden. Wer konnte das schon sagen? Dies war einer jener seltenen und kurzen Perioden in seinem Leben, in denen er einen wohlwollenden, schicksalsschweren Rükkenwind spürte.

Nachdem er aus dem Büro gegangen war, schaute Nudger in Danny's Donuts vorbei, sagte Danny, er komme erst am späten Nachmittag wieder zurück, und bat um einen Dunker Delite, den er beim Fahren verdrücken wollte. Er mußte sich wirklich gut fühlen.

Und nach dem Gespräch mit Edna Fine ginge es ihm vielleicht sogar noch besser.

Er und Candy Ann. Optimisten.

20. Kapitel

Sie war noch nicht lange tot, als Nudger dort ankam.

Er sah schon auf der Treppe, daß die Tür zu Edna Fines Wohnung einen Spalt weit offen stand, und eine böse Vorahnung packte ihn, ließ ihn langsamer gehen, als steckten seine Füße tief im Schlamm.

Als er die Tür erreicht hatte, blieb er reglos im Gang stehen und horchte einen Augenblick. Das einzige Geräusch aus dem Innern der Wohnung war ein leises, rhythmisches Seufzen.

Sein Magen knurrte und ließ ihn wissen, daß er sich für die eine oder andere Richtung entscheiden mußte. Rein oder raus.

Er schob die Tür auf und trat hinein.

Sofort heftete sich sein Blick auf die Leiche. Sie war fürchterlich verstümmelt, zerfleddert, verdreht. Ein Bein war ihr mit schrecklicher Gewalt ausgerissen worden und lag neben der Sofaecke auf dem Boden.

In der anderen Ecke saß Edna Fine. Das Geräusch, das Nudger gehört hatte, war ihr leises, gleichmäßiges Schluchzen gewesen. Sie hielt Artemas mit beinahe mütterlichem Beschützerinstinkt dicht an sich gepreßt und weigerte sich, noch einmal den mißhandelten Leichnam Matildas anzuschauen. Artemas wandte sein Katzenhaupt und blickte Nudger schief an, als wäre er von dem Gemetzel um ihn gelangweilt und unberührt von Matildas Tod. Matildas gelbliches Fell lag überall im Zimmer. Ein kleines Fellbüschel hatte sich nahe am Ohr in Edna Fines Haaren verfangen. Nudger beschloß, ihr nichts davon zu sagen.

Statt dessen sagte er: »Entschuldigen Sie mich bitte«, fand den Weg ins Bad und erbrach sich in die Toilettenschüssel.

Ein paar Minuten später richtete er sich auf, zog die Spülung, stellte sich dann vor das Waschbecken und ließ kaltes Wasser über die Handgelenke laufen. Dan spülte er sich den Mund aus, wusch sein aschfahles Gesicht und ging ins Wohnzimmer zurück.

Er schluckte mehrmals und versuchte, den einzigartigen unverkennbaren Geruch nach frischem Blut zu ignorieren. Am liebsten hätte er ein Fenster geöffnet, doch ihm fiel ein, daß sie sich nicht öffnen ließen. Er atmete flach, aber gleichmäßig und wartete darauf, daß sein Magen wieder ins Gleichgewicht kam und Ruhe gab.

Edna Fine hatte sich nicht von der Stelle gerührt.

»Ich bin nur ungefähr eine Viertelstunde unten im Waschraum gewesen«, sagte sie. »Als ich zurückkam, fand ich... das.« Sie sah auf die Wände, die Decke, aus dem Fenster, überallhin, außer auf die verstümmelte Leiche ihres Haustieres auf dem Boden.

»War die Tür abgeschlossen?«

»Ja, das heißt, ich bin mir nicht sicher, aber ich denke doch.«

Nudger ging hinüber und untersuchte die Tür. Neben dem Riegel waren leichte Kratzer auf dem Türpfosten, als sei das Schloß mit einer Scheckkarte oder einem dünnen Metallstreifen aufgeknackt worden. Es hatte weder großer Anstrengung noch großer Erfahrung bedurft, um das massengefertigte, untaugliche Schloß zu überwinden.

Er kehrte zu Edna Fine zurück und legte ihr die Hand auf die knochige Schulter. Zitterte sie oder war seine Hand unsicher? Nudger fühlte sich immer hilflos, unbeholfen in der Gegenwart von Trauer. Und die Intensität dieser Trauer glich beinahe der einer Mutter, die ihr Kind verloren hatte.

»Kann ich irgend etwas für Sie tun?« fragte er. »Ihnen etwas bringen?«

Edna Fine schüttelte den Kopf. Sie saß nun ganz starr, preßte immer noch Artemas, den Überlebenden an den dürren Busen. Artemas lag geduldig in ihrem Griff, hatte für eine Weile seine katzenhafte Unruhe abgelegt, als spürte er, daß sie ihn brauchte, und täte ihr widerstrebend einen Gefallen.

»Ich rufe den Tierschutzverein an«, sagte Nudger.

Edna Fine nickte.

Sie saß mit geschlossenen Augen da, während Nudger den Tierschutzverein anrief und vereinbarte, daß jemand kam, um Matildas Überreste abzuholen. Als er die Situation erklärte, versprach die Frau am Telefon, daß sie sofort jemanden schicken werde. Tierfreunde verstanden die Tiefe dieser Trauer.

»Der Tierschutzverein äschert tote Tiere ein«, sagte Edna Fine leise.

Nudger nickte. »Das ist die beste Methode.«

»Vielleicht.«

Ein Haustier konnte ein lebenswichtiger Faktor im Leben einer Frau wie Edna Fine sein. Sie wurde nun allmählich emotionslos, geriet in einen leichten Schockzustand, so daß sie den Anblick verkraften konnte, der sich ihr geboten hatte, als sie mit der Wäsche in die Wohnung zurückgekommen war. Es würde lange Zeit dauern, bis die grelle Farbe und die Grausamkeit dieser Szene sie nicht mehr belastete. Manchmal erwiesen sich Alpträume als wahr und nicht zu verdrängen, gleich, wie sehr sie auch der Verstand leugnen mochte. Jemand hatte Matilda in einer Art und Weise zerrissen, die ahnen ließ, daß es ihm Spaß gemacht hatte.

»Möchten Sie, daß ich hier mit Ihnen warte?« fragte Nudger.

»Nein. Aber danke, daß Sie es angeboten haben.« Immer noch die leise, ausdruckslose Stimme. Edna Fine sah Nudger aus kleinen, geröteten Augen kurzsichtig an. »Ist das eine Warnung?«

»Ja.«

»Wissen Sie, wer das getan hat?«

»Ich glaube schon. Aber wir können es nie beweisen.«

Sie tupfte sich grazil mit einem Knöchel die Nase ab. »Das denke ich auch. Anscheinend funktioniert unsere Gesellschaft heutzutage so. Menschen tun anderen Menschen etwas an, die es nicht beweisen können. Es ist wie ein Spiel, bei dem die Opfer nicht erkennen, daß sie es spielen, bis es zu spät ist.«

»Wollen Sie, daß ich die Polizei anrufe?«

Jetzt sah sie auf das, was von ihrer zärtlichen und zutraulichen Matilda übrig war. Edna Fines langer Körper zitterte, als wäre ein kalter Wind über ihn gefahren.

»Nein«, sagte sie, und Nudger wußte, daß sie ihm entglitten war.

»Ist Randy Gantner heute hier gewesen, um mit Ihnen zu reden?« fragte er.

»Gestern«, sagte sie. »Er hat mir gesagt, daß Sie mit den

Zeugen reden und sie dazu bringen wollen, ihre Aussage zu ändern. Er wollte wissen, was ich Ihnen gesagt habe, ob ich mir meiner Aussage immer noch sicher sei.«

»Was haben Sie ihm gesagt?«

»Das ich mir sicher sei. Aber nachdem er gegangen war, habe ich angefangen, über jene Nacht nachzudenken, über das, was ich vom Fenster aus gesehen habe.«

»Hat er Ihr Telefon benutzt?«

Erschrocken warf ihm Edna Fine einen scharfen Blick zu; Nudger, der Hellseher. »Ja, hat er. Er hat gesagt, er habe einen wichtigen Anruf zu erledigen, der keinen Aufschub vertrage. Er deutete an, daß es vertraulich sei, also bin ich in das andere Zimmer gegangen, während er telefoniert hat.«

Nudger ging zum Telefon und schraubte die Sprechmuschel ab. Er fand die Wanze sofort, nahm sie heraus und steckte sie in die Jackentasche.

»Was ist das?« fragte Edna Fine.

»Ein elektronisches Gerät, das Ihre Telefongespräche überträgt. Jemand hat Ihr Telefon angezapft und wußte, daß Sie mich angerufen haben.«

»Randy Gantner?«

»Wahrscheinlich er und andere«, sagte Nudger.

»Aber warum...?«

»Jemand – scheint fast jeder – will sichergehen, daß Curtis Colt am Samstag stirbt.«

»Dann hat Gantner Matilda das angetan?«

»Vielleicht«, sagte Nudger. »Vielleicht war es aber auch das Werk eines großen Mannes, der so gerne alles kaputtmacht, vor allem wenn es lebendig war.«

»Eine Warnung...« wiederholte Edna Fine, als akzeptiere sie schließlich die Realität, ein beständiger Terror, der sie in ihrem alltäglichen Leben begleiten würde. Es war eine erschöpfende Vorstellung, die von anderen

Opfern, den Augenzeugen und indirekt Leidtragenden von Gewalt geteilt wurde.

»Sie haben gesagt, Sie wollten mir etwas über den Mord im Spirituosengeschäft sagen.« Nudger hatte immer noch Hoffnung.

Sie saß reglos, als hätte sie nichts gehört.

»Edna...?«

»Ich kann nicht, Mr. Nudger.« Sie drückte Artemas an sich. »Nicht mehr. Wirklich nicht.« Artemas rutschte unruhig hin und her.

Nudger wußte, daß Edna Fine jetzt nie mehr reden würde. Die Chance, die bestanden haben mochte, war vorbei.

Er versicherte ihr, er habe Verständnis. Und er hatte Verständnis. Er kannte die lähmende Wirkung der Angst, die von zerstörter Liebe genährt wurde. Und das Monstrum, das Matilda getötet und zerrissen hatte, kannte sie ebenfalls. Hatte sich ihrer bedient, um Edna Fine zum Schweigen zu bringen.

Nudger sagte nichts mehr, doch er blieb bei ihr, bis der Mann vom Tierschutzverein kam. Dann ging er so schnell wie möglich fort. Die Gegenwart eines gewaltsamen Todes, ob von Mensch oder Tier, erregte in ihm Übelkeit und Angst.

Unten auf dem Bürgersteig zwang er sich, zwei Antacidtabletten zu kauen und hinunterzuschlucken. Ihm war nicht danach, sie zu nehmen, aber später war er vielleicht froh, daß er es getan hatte.

Er wußte, daß Edna Fine recht hatte. Das groteske Etwas auf dem Teppichboden war eine Warnung. Und eine, die nicht nur ihr galt.

21. Kapitel

Nudger holte Candy Ann am Abend, als ihre Schicht zu Ende war, im Right Steer ab und fuhr dann mit ihr durch den Berufsverkehr zu Siberlings Elbert & Stein-Büro in Clayton. Er fuhr einmal um den Block, bevor er in den Central Street einen Parkplatz fand, dann fütterte er die Parkuhr mit einem Vierteldollar und lauschte dem scheppernden Glucksen, als sie die Münze, ganz habgierige, kleine Beamtin, verschlang.

Clayton war ein vornehmer Beinahevorort von St. Louis; Candy Ann, immer noch in der gelbbraunen Kellnerinnenuniform, zog die Blicke auf sich, als Nudger mit ihr das todschicke helle Steingebäude betrat, in dem Elbert & Stein ihre Büros hatten.

Draußen war es immer noch heiß. Im Foyer war es überraschend kühl, und Candy Ann warf Nudger einen Blick zu und brachte ein zaghaftes Lächeln zustande, als werde das alles vielleicht doch nicht gar so schlimm werden. Er hoffte, sie möge recht haben. Die Medien würden sich auf sie stürzen, sobald ihre eidesstattliche Erklärung publik wurde. Das war ihr erklärt worden, aber immer noch war sie bereit, das für Curtis Colt zu tun. Sowie sie sich einmal entschlossen hatte, brannte sie genaugenommen sogar darauf, ihre Aussage bei Siberling hinter sich zu bringen. Wie einen Besuch bei einem Zahnarzt, der noch nie etwas von Novocain gehört hatte.

Als der Fahrstuhl ein Dutzend Managertypen in das Foyer ausgespuckt hatte, traten Nudger und Candy Ann hinein und ließen ihn wieder in den zwölften Stock sausen.

Die Büros von Elbert & Stein waren feudal, mit königsblauem Teppichboden ausgelegt und dazu passenden Vorhängen, die von der Decke bis zum Boden reichten. Die Möbel im Empfangszimmer waren aus dunklem Mahagoni. Doreen, die störrische Empfangssekretärin, saß an einem Schreibtisch, den eine Vase langstieliger Rosen und ein Namensschild schmückten. Sie war eine grobknochige blonde Frau Mitte Dreißig, mit einem cremefarbenen, makellosen Teint, der in seiner vollkommenen, fleischigen Ausdehnung beeindruckend war. Wahrscheinlich gab es an dem ganzen üppigen Körper nicht eine einzige Unvollkommenheit. Sie war attraktiv auf eine üppige Art, die zu dem Büro paßte.

Als Nudger seinen Namen nannte, lächelte sie und sagte: »Ah, der reizbare Mann.«

»Man hat mir schon Schlimmeres nachgesagt«, meinte Nudger.

»Das denke ich mir.« Sie erhob sich. Trotz ihrer Fülle stand ihr das maßgeschneiderte dunkle Kostüm ausgesprochen gut, hing so anmutig an ihr herab, wie es nur teurem Stoff gelingt. »Mr. Siberling erwartet Sie«, sagte sie. Sie schenkte Nudger noch ein breites wunderschönes Lächeln und ging voran. Candy Ann war wieder zaghaft geworden. Sie fiel zurück, als sie einen mit Teppichboden ausgelegten Flur hinuntergingen, und Nudger mußte warten, bis sie ihn eingeholt hatte.

Doreen führte sie in ein großes Konferenzzimmer, das von einem langen, glänzenden Tisch beherrscht wurde, der ein wenig zu schmal war, um darauf Tischtennis zu spielen. Auch dieses Zimmer war ganz in Königsblau und Mahagoni gehalten. Doreen zog die schweren blauen Vorhänge zu, um die schräg einfallende Abendsonne auszusperren, und knipste eine Messingstehlampe an. Trotz der Größe des Raumes herrschte nun eine gemütliche Atmosphäre; es war ein Ort, an dem man getrost Geheimnisse offenlegen konnte.

Siberling kam nun herein, begleitet von einer älteren Frau mit grauem Haar und einer gelangweilten Miene. Er trug einen dunkelblauen Nadelstreifenanzug mit einer

Weste und hielt einen dicken ledernen Aktenkoffer in der Hand. Heute war er ganz Jurist. Nun, nicht ganz. Als er Candy Ann sah, trat ein ausgesprochen unjuristisches Glitzern in seine Augen. So hatte Cäsar Cleopatra angesehen, so hatte Heinrich der Achte auf Lammkeulen geblickt.

Die Frau, die größer war als Siberling, nickte kühl, als er sie als Mrs. Kraft vorstellte. »Doreen kennen Sie ja bereits«, sagte Siberlin.

Doreen sah breit und hübsch aus und sagte nichts, als Nudger Candy Ann vorstellte. Siberling war ganz offensichtlich beeindruckt. Nudger dachte einen ungemütlichen Augenblick lang, der großspurige Anwalt könnte Candy Ann tatsächlich die Hand küssen.

Sie setzten sich alle an den Mahagonitisch, Mrs. Kraft an eine graue Stenomaschine, die am anderen Ende des Tisches aufgebaut worden war. Doreen ging für einen Augenblick hinaus und kam mit einem jungen Rechtsanwaltsgehilfen namens Jason zurück, der zusammen mit ihr Candy Anns eidesstattliche Erklärung als Zeuge unterschreiben würde. Jason war ein schlaksiger, an Akne leidender Junge Anfang Zwanzig, der dreinsah, als wäre er lieber irgendwo draußen mit seinen Freunden, um sich mit Hamburgern vollzustopfen.

»Sind Sie sicher, daß das alles Curtis überhaupt hilft?« fragte Candy Ann unsicher.

»Ich bin sicher, das könnte es«, sagte Siberling sanft mit jenem zuckersüßen Lächeln, mit dem ein Raubtier sein Opfer lähmen will. »Nur könnte. Candy Ann, ich werde Ihnen nichts versprechen, was ich nicht halten kann. Und das ist ein Versprechen.«

Doreen sah aus, als müßte sie sich gleich übergeben, aber sie sagte nichts.

Candy Ann erwiderte Siberlings Lächeln und lehnte sich auf ihrem Stuhl zurück, zuversichtlich, daß sie hier noch einen Verbündeten außer Nudger hatte. Die Zahlen veränderten sich zu ihren Gunsten. Doreen und Mrs. Kraft waren Frauen und deshalb natürliche Verbündete. Der junge Jason, der Rechtsanwaltsgehilfe, war praktisch minderjährig und schien nicht zu zählen. Er saß ruhig da, als wäre ihm alles gleich, wenn er bloß bald von hier verschwinden und ein bißchen MTV sehen könnte.

»Erzählen Sie Ihre Geschichte einfach in Ihren eigenen Worten«, redete ihr Siberling gut zu, »und Mrs. Kraft wird mitschreiben. Dann werde ich Ihnen ein paar Fragen stellen. Haben Sie keine Angst. Sagen Sie nur die Wahrheit. Es gibt nie einen Grund, vor der Wahrheit Angst zu haben.«

Nudger verstand allmählich, weshalb Siberling ein guter Anwalt war. Wenn er auch für Doreen, oder für die meisten Menschen, zu plump war, so funktionierte seine Show doch bei Candy Ann. Und es war Candy Ann, für die er sie abzog; er war nicht an Einschaltquoten interessiert.

Candy Ann erzählte ihre Geschichte langsam und leise. Wie Curtis in der Nacht des Überfalls auf das Spirituosengeschäft nicht zu ihrem Wohnwagen zurückgekommen war, und wie sie in der Morgenzeitung gelesen hatte, daß er verhaftet worden war und des Mordes angeklagt werden würde. Sie war nicht überrascht zu lesen, daß Curtis in einen Raubüberfall verwickelt war. Er hatte ihr nie Genaueres über seine Angelegenheiten erzählt, wohin er nachts ging, woher das Geld stammte, aber sie wußte Bescheid. Sie wußte außerdem, daß er kein Mörder war. Sie wußte das instinktiv.

Jason war plötzlich interessiert und beugte sich vor. Das hier war besser als der Großteil des trockenen Körperschaftsrechtskauderwelschs, das er gewöhnlich als Zeuge anhören mußte. Das hier war vielleicht sogar noch besser, als das, was er an diesem Abend vorhatte.

Am Tag nach dem Mord, kam ein gewisser Leonard, den Candy Ann ein paarmal mit Curtis gesehen hatte, zu ihr und sagte ihr, Curtis sei unschuldig und wolle, daß sie sich von der Polizei fernhalte. Soweit es die Polizei betraf, existierte sie nicht, und Curtis würde denen nichts von ihr erzählen. Er wollte, daß sie wußte, daß er sie liebte, und er wollte sie da heraushalten, hatte Leonard gesagt. Wie Leonard diese Nachricht von Curtis erhalten hatte, hatte er nicht verraten. Aber er wußte viel von Curtis. Und von Candy Ann. Die Nachricht war echt.

Candy Ann hatte sich von der Polizei ferngehalten, auf den Prozeß gewartet, ihn dann durchlitten und in der Zeitung das Urteil gelesen. Nachdem Curtis zum Tode verurteilt worden war, hatte sie nicht gewußt, was sie tun sollte. Sie hatte nach Curtis' Partner Tom gesucht, so gründlich und hartnäckig nach ihm gesucht, daß Tom schließlich zu ihr gekommen war, wahrscheinlich, um sie davon abzubringen, Aufmerksamkeit auf ihn zu lenken.

Es war Tom, der ihr sagte, was in jener Nacht wirklich geschehen war, daß Curtis und er meilenweit von dem Schnapsladen entfernt waren, als die alte Frau ermordet wurde. Curtis hatte ihr nie Toms richtigen Namen gesagt (hier sah Siberling zweifelnd drein, aber das entging Candy Ann), und sie hatte Tom auch nie gefragt. Das war etwas, das man jemanden wie Tom nicht fragte. Tom hatte Angst; er hatte keine Lust, Curtis in der Todeszelle Gesellschaft zu leisten. Also sagte er Candy Ann, sie solle sich auch weiterhin bedeckt halten, und er werde sie ab und zu anrufen, um zu hören, wie es ihr gehe. Dann gab er ihr ein bißchen Geld, die Hälfte der Beute, die er und Curtis in jener verbrecherischen Nacht abkassiert hatten, und war wieder untergetaucht.

Candy Ann, die nun Curtis Unschuld kannte, konnte die Dinge nicht auf sich beruhen lassen. Sie beschloß, mit einigen der Zeugen zu reden, die sich einfach in dem, was sie im Spirituosengeschfät gesehen haben wollten, irren mußten; sie wollte versuchen, sie dahin zu bringen, daß sie ihre Aussage noch einmal überdachten. Aber nach dem Gespräch mit Randy Gantner wußte sie, daß sie nicht viel ausrichten konnte, also entschloß sie sich, einen Profi zu engagieren. Einen Privatdetektiv. Nudger.

Es sei Mr. Nudger gewesen, sagte sie, der sie überredet habe, endlich ihre Geschichte zu erzählen, die wahre Geschichte, in einem letzten Versuch, Curtis das Leben zu retten.

Als Candy Ann zu Ende geredet hatte, lehnte sich Siberling auf seinem Stuhl zurück. Er schaute nachdenklich drein, wie jemand, der sich ein gerade ausgegebenes Pokerblatt besieht. Nudger konnte sehen, daß er mit ihrer Aussage zufrieden war. Sie hörte sich wahr an.

»Das war prima, Schätzchen.« Siberling langte über den Tisch und tätschelte ihr den Arm.

Doreen hatte eine ausdruckslose Miene aufgesetzt und warf Nudger einen Blick zu. Der junge Anwaltsgehilfe starrte Siberling ehrfürchtig an; das hatte er schon einige Male getan, seit er das Konferenzzimmer betreten hatte. Er sah aus wie die Art von Junge, mit der Candy Ann ausgehen sollte, anstatt hier zu sitzen und es verzweifelt darauf ankommen zu lassen, daß die Wahrheit über einen unverbesserlichen Raubüberfallspezialisten etwas ausrichten könnte.

Nudger dachte, Siberling werde Candy Ann eingehend befragen, doch das tat er nicht. Er stellte nur ein paar Fragen, um eventuelle Fehlformulierungen in ihrer Aussage zu klären, und befragte sie dann in einer Art und Weise, die sich auf relevante Einzelheiten beschränkte.

Siberling bedankte sich bei Candy Ann, die sich zurücklehnte und blaß und psychisch ausgelaugt wirkte. »Das haben Sie prima gemacht«, lobte er. »Entspannen Sie sich jetzt. Darf ich Ihnen etwas zu trinken anbieten?«

Sie schüttelte den Kopf und starrte erschöpft auf ihre Hände, die sie auf dem Tisch gefaltet hatte.

Jetzt war die Reihe an Nudger. Er erzählte seine Geschichte schnörkellos und sachlich, inklusive seines Besuchs bei Curtis Colt im Todeszellentrakt.

Als er zum Ende kam, hatte er eine trockene Kehle, aber ihm bot man nichts zu trinken an.

Siberling nickte Mrs. Kraft und Jason zu. Jason lächelte schüchtern und sah Candy Ann lange und genau an, als habe er, seit er das Zimmer betreten hatte, auf diese Gelegenheit gewartet, und ging hinaus.

»Mrs. Kraft hat einen Termin«, sagte Siberling, »aber Doreen kann die Erklärungen tippen, während wir warten. Dann können die Unterschriften notariell beglaubigt werden. Gewöhnlich machen wir das am nächsten Tag, aber wir dürfen keine Zeit verlieren. Wir müssen an Curtis denken.«

Candy Ann sah ihn aus großen Augen an und lächelte. Sie hatte in der letzten Zeit nichts anderes getan, als an Curtis zu denken. Es war schön, jemandem zu begegnen, der ihre Obsession teilte.

Als Doreen aufstand, um mit Mrs. Kraft hinauszugehen, um sich an den Computer zu setzen und zu tippen, verblüffte sie Nudger. Sie lächelte ungekünstelt und strich Candy Ann mitleidig mit den Fingerspitzen leicht über die Schulter. Nudger und Siberling tauschten einen Blick; Candy Ann hätte in den Zeugenstand treten können.

Siberling entschuldigte sich für ein paar Minuten und verließ das Zimmer.

Candy Ann starrte Nudger über den Tisch hinweg an. Die blauen Vorhänge und der blaue Teppich ließen ihre Augen jünger und dunkler blau aussehen, beinahe veilchenfarben. Für einen Augenblick war sie zwölf. Sie sah aus wie ein kleines Mädchen, das an einem Küchentisch, der zu groß für sie war, auf Gemüse wartete, das sie zwar nicht mochte, aber folgsam essen würde.

Als sie sprach, schienen ihr die Worte im Hals stecken zu bleiben. »Es geht mir immerzu durch den Kopf, Mr. Nudger, daß ich niemanden mehr habe, wenn sie wirklich... das tun, was sie mit Curtis vorhaben.«

Nudger wußte nicht, was er sagen sollte. Er murmelte: »Haben Sie denn keine Familie?«

Sie schüttelte den Kopf. »Einen Onkel in Tennessee, aber den hab' ich seit mehr als zwanzig Jahren nicht mehr gesehen. Ich hab' gehört, daß er trinkt. Das hat auch meinen Vater umgebracht, das Trinken.«

»So geht es eben in manchen Familien«, sagte Nudger.

Candy Ann sah leicht verwirrt drein. Sie runzelte die Stirn. »Bis vor kurzem schien das alles gar nicht wirklich zu sein. Ich meine, es schien nicht so, als ob Curtis wirklich sterben würde.«

Nudger zwang sich zu einem, wie er hoffte, beruhigenden Lächeln. Es fühlte sich steif an; wenn er genau hinhorchte, könnte er vielleicht hören, wie sich sein Gesicht verzog. »Vielleicht wird er nicht hingerichtet. Vielleicht können wir ihm helfen.«

Sie seufzte. »O Gott, das hoffe ich.« Nudger glaubte nicht, daß das nur eine Floskel war; es klang wie ein Gebet aus tiefstem Herzen.

Siberling kam mit drei Tassen Kaffee, Sahne und Zukker auf einem Tablett zurück. »Es wird noch ein Weilchen dauern«, sagte er und stellte das Tablett neben Candy Ann auf den Tisch. Gegen die blauen Vorhänge konnte man den Dampf aus den Tassen emporsteigen sehen.

Die drei letzten Freunde von Curtis Colt saßen in dem ruhigen Konferenzzimmer, tranken Kaffee und warteten darauf, daß Doreen die Erklärungen getippt hatte.

Nach etwas mehr als einer Stunde steckte Doreen den

Kopf zur Tür herein und bat Candy Ann zu sich, damit sie ihre Erklärung unterschrieb.

Nachdem sie gegangen war, goß sich Siberling die vierte Tasse Kaffee ein und verzog das Gesicht wegen des bitteren Geschmacks. Er warf einen Blick auf die Tür, die Candy Ann gerade hinter sich geschlossen hatte. »Vom Land«, sagte er, »aber ausgesprochen reizend. Sexy. Wo Colt hingeht, gibt es so was nicht.«

»Sie haben wirklich nicht viel Hoffnung für Colt, was?« sagte Nudger.

Siberling hatte das Jackett ausgezogen. Nun knöpfte er die Weste auf und lockerte die Krawatte. »Ich habe nie behauptet, große Hoffnung zu hegen. Aber die Rechtsprechung ist unberechenbar. Man kann sie formen wie Wachsknete. Deshalb benutzen wir die Maschinerie, um sie vielleicht in die richtige Richtung zu schubsen, bis uns der Sprit ausgeht, die das Getriebe am Laufen hält. Wir werden sehen, was passiert.«

»Und wenn die Maschinerie stehenbleibt?«

»Dann sagt jemand ›Nehmen Sie doch bitte Platz, Mr. Colt.‹« Siberling lächelte bitter. »Wir sind eine der letzten zivilisierten Nationen in der westlichen Welt, die Menschen hinrichtet, aber wenigstens tun wir es mit Stil: die Henkersmahlzeit, der Pfarrer, die anschaulichen Beschreibungen des Todeskampfes in den Medien.«

»Wann werden wir damit aufhören?« fragte Nudger.

Siberling sah ihn merkwürdig an. »Ich bin mir nicht sicher, ob wir damit aufhören sollten.«

Nudger stand auf, reckte sich und schwieg. Er hatte keine Lust, in eine philosophische Diskussion über die Todesstrafe zu geraten. Nicht mit einem Juristen. Und schon gar nicht mit einem wie Siberling.

Siberling versetzte dem dicken Aktenkoffer neben seinem Stuhl einen leichten Tritt. »Das Gnadengesuch in der letzten Minute an den Gouverneur«, sagte er so bitter wie der Kaffee schmeckte. »Der Fuchs bittet den Hund um Gnade.«

»Und keinen Hund, der für seine Gnade berühmt wäre«, sagte Nudger.

Die Tür ging auf, und Candy Ann kam in das Zimmer zurück. Sie wirkte erleichtert, als habe sie nun, da sie ihren Namen unter etwas gesetzt hatte, einen positiven Schritt unternommen, der zu Curtis Colts Überleben führen könnte.

»Diese Miß Doreen will, daß Sie Ihre Erklärung unterschreiben«, sagte sie zu Nudger.

Sie trat wieder auf den Gang hinaus, als wolle sie nicht mit Siberling allein sein. Vielleicht war sie doch aufmerksamer, als sie schien. Siberling folgte ihr.

Während sie und Siberling zusahen, überflog Nudger seine Erklärung und unterschrieb sie. Die Zeugen hatten bereits unterschrieben. Doreen war die Notarin. Sie beglaubigte die Unterschriften mit einem massigen silbernen Sigel und unterschrieb dann selbst. So. Alles ordnungsgemäß und offiziell.

»Ich würde vorschlagen, daß wir etwas trinken gehen und uns unterhalten«, sagte Siberling und richtete mit den Fingerspitzen die Blätter gerade aus, »aber ich muß heute abend noch lange daran arbeiten.« Er berührte Candy Anns schmale Schulter mit einer zuversichtlichen Leichtigkeit und Vertrautheit, als wäre sie kostbar und zerbrechlich, und nur er verstünde mit ihr umzugehen. »Und machen Sie sich mal keine Sorgen, häh?« Da schau an, er war selbst auch ein bißchen vom Lande mit seiner von Candy Ann geweckten Libido.

Sie nickte, saugte das Mitgefühl auf wie ein Schwamm mit Sex-Appeal. Doreen und Nudger sahen sich schweigend an. Doreen war nicht der Hohlkopf, für den sie Siberling hielt, falls er das wirklich tat.

»Zeit für uns, in die Scheuer zu gehen«, sagte Nudger

jovial mit der Spur eines ländlichen Dialekts und geleitete Candy Ann aus dem Büro.

Als die Tür hinter ihnen ins Schloß fiel, hörte er Siberling Doreen leise fragen: »Scheuer?«

Nudger dachte daran, zurückzugehen und dem kleinen Anwalt zu sagen, daß ›in die Scheuer zu gehen‹ nur ein Ausdruck war, Bauernjargon für ›nach Hause zu gehen‹. Dann beschloß er, Siberling mit seiner Fantasie leben zu lassen. Draußen war es noch nicht völlig dunkel, und es war immer noch heiß. Der Sonnenuntergang wütete wie ein niedriges Feuer zwischen den Häusern im Westen. Im Osten senkte sich die Dämmerung über die Stadt wie niederfallender starker Ruß aus tausend Schornsteinen. Auf der Central Street herrschte jetzt nur schwacher Verkehr, und jedes zweite Auto hatte die Scheinwerfer eingeschaltet. Wer im Büro Überstunden gemacht hatte, war jetzt auf dem Weg nach Hause. Und wenn in ein paar Stunden die Geschäfte zumachten, wäre Clayton beinahe menschenleer.

»Möchten Sie etwas trinken?« fragte Nudger, als er und Candy Ann im VW saßen. »Sie müssen sich nicht schämen, wenn Sie es nötig haben. Was Sie gerade getan haben, war wirklich nicht leicht.«

Sie zögerte, richtete dann diese blauen Puppenaugen auf ihn und nickte.

»Ich habe es nötig«, sagte sie.

22. Kapitel

Sie setzten sich an die Bar eines Hunan-Restaurants in der Brentwood Street. Nudger trank Bier, Candy Ann nippte an zwei großen Tom Collins, die sie mit trügerischer Gemächlichkeit austrank.

Zunächst schwieg sie nachdenklich. Aber mit dem zweiten Drink wurde sie gesprächig. Sie redete über Curtis Colt und nichts anderes. Nudger wurde es leid, daß sie ständig versuchte, ihm eine Art von Versicherung zu entlocken, daß es wirklich einen Weg geben könnte, um Curtis vor seiner Verabredung mit dem Starkstromtod am Samstag zu retten. Es tat ihm weh, in die blaue Qual ihrer großen Augen zu sehen; er wünschte, er könnte ihr helfen, könnte Curtis Colt helfen, aber er konnte es nicht.

Als er sie nach Hause fuhr und vor ihrem Wohnwagen den Wagen anhielt, fragte sie ihn, ob er noch auf einen Drink hereinkommen wolle. Bei einer weltgewandteren Frau hätte Nudger darin eine sexuelle Einladung vermutet, aber Candy Ann hätte ihm wahrscheinlich nur Limonade angeboten, vielleicht mit einem Schuß Gin, und weiter über Curtis geredet.

Höflich lehnte er ab, wartete, bis sie sicher im Wohnwagen war und das Licht angeknipst hatte, legte dann den Gang ein und fuhr die Tranquillity Lane hinunter und hinaus aus der Wohnwagensiedlung.

Endlich hatte sich der Abend abgekühlt. Nudger fuhr schnell mit offenen Fenstern, lauschte dem rhythmischen Trommeln des Fahrtwinds im Fond des Wagens und den B.-B.-King-Bluessongs aus dem Radio.

An der enormen elektrogitarrenverstärkten Energie, die aus dem Lautsprecher dröhnte, merkte Nudger, daß er müde war.

Eine Viertelstunde, nachdem er in der Sutton Street die Wohnungstür aufgesperrt hatte, läutete das Telefon.

Es war Harold Benedict. »Nudger, ich muß mit Ihnen über den Versicherungsjob reden.«

»Calvin Smith? Der mit dem kaputten Rücken?«

»Genau der.«

»Waren die Fotos nicht in Ordnung?«

»Oh, doch, sicher. Es geht um etwas anderes. Etwas ganz anderes. Es könnte da noch ein Problem mit der Ablehnung des Versicherungsanspruchs geben.«

Benedict klang gar nicht wie sonst. »Was soll das heißen?« fragte Nudger. »Mir schien die Sache abgeschlossen zu sein. Der Mann hat auf seiner Zufahrt alles getan, bis auf eine olympische Bodenkür, und Sie haben alles in anschaulichen Einzelheiten, in lebensechter, belastender Farbe.«

»Es geht nicht um die Fotos, Nudger. Wir müssen uns treffen und über den Fall reden. Ich bin jetzt ganz in der Nähe Ihrer Wohnung.«

Nudger warf einen Blick auf seine unordentliche Wohnung. Sie müßte gesaugt werden. Ausgemistet. Dann dachte er daran, wie es im Büro aussah. Er fragte: »Warum kommen Sie nicht einfach vorbei?«

»Nein«, sagte Benedict schnell. »Es ist besser, wir treffen uns irgendwo. Ich bin jetzt im Steak'n'-Shake-Restaurant in der Manchester Avenue. Dem in Maplewood. Könnten Sie sich hier mit mir treffen?«

»In fünfzehn Minuten«, sagte Nudger und legte auf.

Solange Nudger denken konnte, war das Steak'n'Shake in der Manchester Avenue in Maplewood gewesen. Es gehörte zu einer Kette, die sich vor Jahren auf den Straßenverkauf an Jugendliche spezialisiert hatte, einen Ort, an dem diese mit ihren Autos angeben konnten, während attraktive Kellnerinnen in schwarzweißen Unisex-Uniformen mit Tabletts mit Hamburgern und Pommes frites heranschwebten und dann wieder an ihren Platz zurückkehrten, wobei sie wußten, daß sie von den Gästen inspiziert wurden. Mit der Tradition war gebrochen worden, und nun war das Restaurant auf ein älteres Publikum ausgerichtet und hatte den Straßenverkauf eingestellt.

Als Nudger durch die dicken Doppelglastüren eintrat, sah er Benedict in einer der hinteren Nischen sitzen. Etwa ein Dutzend Gäste waren in dem Lokal verstreut, die meisten von ihnen saßen vorne an der Bar. Es war ein bunter Haufen. Da waren zwei bärtige Motorradfahrer in Lederklamotten an der Bar, ein junges Paar mit einem Baby in einer der vorderen Nischen, zwei ältere, gutgekleidete Frauen in einer anderen Nische, nicht weit davon schlürften drei Männer um die Dreißig Cola, sie trugen Tankwartshemden mit hochgerollten Ärmeln. Drüben in einer Ecke kauten einige Teenager mit offenem Mund und kicherten. Benedict, klein, mit schütterem Haar, weißem Hemd und gestreifter Krawatte, rundete das Bild hübsch ab. Oder vielleicht rundete es auch Nudger ab, der Mann in den Vierzigern mit dem zerknitterten Sportsakko und den Eintagesstoppeln.

Benedict aß Chili con carne und trank Cola. Als er über die dunklen Ränder der dicken Brille zu Nudger hinauflinste, hörte er mit dem Kauen auf, schluckte, und stand halb auf. Eine weiße Papierserviette rutschte aus seinem Schoß auf den Boden, aber er schien es nicht zu bemerken. Ein leichter Luftzug erfaßte sie und wickelte sie ihm um den Knöchel, so locker, daß er es nicht spürte.

Sie gaben sich die Hand, und Nudger setzte sich ihm gegenüber an den Tisch.

»Das schmeckt lecker.« Benedict setzte sich wieder und wies auf sein Chili con carne. Er nahm eine weitere große Gabel voll.

Eine Kellnerin, die ging, als habe sie einen eingewachsenen Zehennagel, humpelte an den Tisch heran, und Nudger bestellte sich einen Vanillemilchshake.

Weher Fuß hin oder her, sie brauchte nicht lange, um die Bestellung zu bringen. Als der Milchshake kam, aß Nudger sogleich die Kirsche oben drauf und fragte Benedict, was denn nun das Problem mit dem Calvin-Smith-Versicherungsfall sei.

»Nichts.« Benedict wischte sich mit dem Handrücken

den Mund ab. Er nahm einen Schluck Cola. »Das ist es eigentlich nicht, worüber ich mit Ihnen reden wollte.«

Nudger wurde mulmig. Er sah aus dem Fenster über die Straße, auf den Parkplatz eines Gebrauchtwagenhandels, der geschlossen und dunkel war. Die trüben Scheinwerfer in der ersten Reihe der Autos starrten emotionslos zurück. Einige Chromkühlergrille lächelten.

»Ich wollte Ihnen bei meinem Anruf nicht die Wahrheit sagen, denn Ihr Telefon könnte angezapft sein.«

»Warum sollte jemand mein Telefon anzapfen?« fragte Nudger und dachte an einige Gespräche mit Claudia. Die gingen niemanden etwas an. Dann dachte er daran, daß auch Edna Fines Telefon angezapft worden war.

»Ich habe Gerüchte über Sie gehört.« Benedict legte die Gabel beiseite. »Sie versuchen Sand ins Getriebe der Hinrichtung von Curtis Colt zu streuen.«

»Das ist kein Gerücht«, sagte Nudger. »Das ist eine Tatsache und kein Geheimnis.«

Benedict fuchtelte mit einer weichen Hand. Ein Diamantring reflektierte die Neonbeleuchtung an der Decke und glitzerte. »Nein, nein. Aber ich habe gehört – und sagen Sie es ja nicht weiter –, jemand oben in der Regierung sei verstimmt über Ihr enthusiastisches Streben nach Pardon für Colt.«

Nudger lehnte sich zurück und streichelte mit den Fingerspitzen die kalte Wölbung des Milchshakeglases. Die Kälte des feuchten Glases schien ihm den Arm hinauf und durch den ganzen Körper zu laufen.

»Scott Scalla?« fragte er.

Benedict zuckte die Achseln. »Keine Ahnung. Wahrscheinlich eher jemand in seiner Regierung, der sich mit seiner politischen Karriere an Scallas aufgehenden Stern angehängt hat.« Er aß von seinem Chili con carne. »Die Politik, Nudger, spielt eine größere Rolle im Leben eines Menschen, als Sie sich vorstellen können.«

»Jemand hat mit einer ausgesprochen deutlichen Körpersprache versucht, mich aus dem Fall zu vertreiben«, sagte Nudger, »und dabei die Boxkampfregeln völlig außer acht gelassen.«

Benedict nickte. »Ich weiß.«

»Der Gouverneur«, sagte Nudger kopfschüttelnd, »der Gouverneur von Missouri würde doch keinen Schläger anheuern.«

»Wahrscheinlich nicht«, sagte Benedict trocken, »wenn man bedenkt, daß ihm die Highway-Patrol zur Verfügung steht. Es ist folgendes, wenn es Ihnen gelingt, etwas zu entdecken, das zur Aussetzung der Hinrichtung führt, dann schaut Scalla schlecht aus, denn Curtis Colt ist sein Projekt. Und wenn sie es durchführen und Colt wie geplant hinrichten und es sich dann herausstellt, daß Sie Beweise für seine Unschuld gefunden haben, dann wäre das katastrophal für Scalla. Er hätte dann höchstpersönlich einen Unschuldigen in den Tod gehetzt, um gewählt zu werden. So etwas bringt ihm nicht viele Wählerstimmen ein.«

»Aber was ist, wenn Colt tatsächlich unschuldig ist?«

»In diesem Augenblick ist das beinahe belanglos für jeden außer Colt.«

»Und meine Klientin.«

»Ja«, stimmte Benedict betrübt zu. »Ihre Klientin.«

Nudger sog Milchshake durch den Strohhalm und dachte darüber nach, was Benedict ihm erzählt hatte. Wenn es wahr war, dann hatte Nudger nicht nur in ein Wespennest gestochen, sondern eine Bärenhöhle gegen sich aufgebracht. Das war unheimlich. Andererseits gab es da ein paar Widersprüche.

»Ich glaube, einer der Zeugen – oder vielleicht auch mehr als einer – will mich aus dem Fall vertreiben«, sagte er. »Einer, ein gewisser Gantner, wurde mit dem Schläger gesehen, der mich im Büro herumgestoßen hat.«

»Ist Gantner nicht der Zeuge, der für Kalas Construction arbeitet?«

Nudger nickte.

»Kalas Construction baut viele staatliche Highways, Nudger.« Benedict hob die Augenbrauen über die dunkle Brillenfassung.

Da war sie also, eine eventuelle Verbindung zwischen Scalla und Gantner. Eventuell.

»Ich möchte ausdrücklich betonen«, sagte Benedict, »daß das, was ich Ihnen erzählt habe, nur ein Gerücht ist. Der Freund eines Freundes in Jefferson City hat es weitererzählt. Vielleicht ist das die Art von Geschichte, die ganz automatisch aus der Tatsache erwächst, daß Scalla so erpicht darauf ist, Colt auf dem elektrischen Stuhl zu sehen. Ich weiß es nicht. Ich dachte jedoch, Sie sollten es wissen. Sie könnten alles in einem anderen Licht sehen.« Er schwang rasch die Gabel und aß sein Chili auf.

In einem anderen Licht. Vielleicht war das der Sinn der Sache gewesen. Vielleicht hatte jemand absichtlich das Gerücht in Umlauf gebracht, um Nudger aus dem Colt-Fall rauszubringen. Sie hatten gewußt, daß sie Nudger die Geschichte des staatlichen Mißfallens durch Benedict zutragen lassen konnten. Nudger arbeitete für Benedict; sie waren in gewisser Weise miteinander befreundet. Wenn jemand in Jefferson City wollte, daß so etwas Nudger zu Ohren kam, wäre Bendict der perfekte Kanal.

»Möglicherweise benutzt man Sie«, sagte Nudger.

Benedict trank seine Cola aus, prustete und schlürfte mit dem Strohhalm. Er wußte, was Nudger meinte. »Daran habe ich auch schon gedacht. Sie könnten recht haben. Andererseits dachte ich, es sei meine Pflicht als Geschäftspartner – na ja, als Freund – Ihnen zu sagen, was ich gehört habe. Es *könnte* wahr sein, wie alles andere auf dieser Welt.«

»Haben Sie noch einen Wunsch?« Die Kellnerin hatte

Nudger erschreckt. Sie stand dicht hinter seiner linken Schulter, und beugte sich vor.

»Nichts, danke«, sagte Nudger. Benedict schüttelte den Kopf und lächelte sie an. Sie legte die Rechnung auf den Tisch und humpelte davon.

Nudger wußte, daß Benedict für ihn ein Risiko auf sich genommen hatte. »Ich danke Ihnen, daß Sie es mir erzählt haben«, sagte er. »Sie *sind* ein Freund. Und zwar ein guter.«

Benedict sah für einen Moment verlegen drein. Er war es gewohnt, der Arglist, Hinterhältigkeit, Bedeutungslosigkeit, Inkompetenz und unlauterer Wettbewerbsmethoden beschuldigt zu werden; Komplimente waren selten in seiner Branche. Möglicherweise mochte er sie nicht, hielt sie vielleicht sogar für ein Anzeichen von Schwäche.

Als Benedict nach der Rechnung griff, riß sie ihm Nudger unter der Hand weg. Benedict, wieder ganz der alte, protestierte nicht.

In letzter Zeit aßen er und Hammersmith gut auf Nudgers Kosten.

Auf der Fahrt zu seiner Wohnung ertappte sich Nudger dabei, wie er wiederholt in den Rückspiegel schaute. Ein großes Auto mit einem trüben gelblichen rechten Scheinwerfer hielt sich eine Zeitlang dicht hinter ihm, fuhr jedoch auf der Manchester Avenue weiter, als Nudger nach rechts in die Sutton Street abbog.

Daß Benedict gesagt hatte, die Frage von Colts Unschuld sei jetzt nur noch für Colt von Belang, ließ Nudger keine Ruhe. Es stimmte nicht ganz, doch es stimmte soweit, um ihn zu berunruhigen. Es sah so aus, als wäre die Gerechtigkeit selbst belanglos geworden. Nur Candy Ann, Siberling und Nudger wollten, daß Colt unschuldig war.

Es könnte sein, das nichts von dem, was Benedict gesagt hatte, stimmte. Vielleicht war alles nur ein Gerücht, und nicht einmal eines, das absichtlich in die Welt gesetzt worden war. Es könnte ein purer Zufall sein, daß Randy Gantner bei einer Baugesellschaft beschäftigt war, die an staatlichen Highways arbeitete. Und nicht einmal ein großer Zufall; wie viele große Baugesellschaften, oder auch andere große Firmen in Missouri in anderen Branchen, arbeiten nicht irgendwann direkt oder indirekt für den Staat?

Dennoch, als Nudger nach Hause kam, untersuchte er sein Telefon genauso wie er Edna Fines Telefon untersucht hatte. Er fand nichts, aber das hieß nicht, daß die Leitung nicht angezapft war. Oder daß keine Wanzen in der Wohnung waren. Für seinen Geschmack gab es viel zu viele Spionageutensilien auf dieser Welt.

Er verbrachte eine Stunde damit, die Wohnung sorgfältig nach Wanzen abzusuchen. Benedicts Vermutung, daß sein Telefon angezapft sein könnte, hatte ihn aufgeregt, ihn frustriert und wütend gemacht.

Er kam nur langsam voran. Nudger wünschte, er besäße ein elektronisches Suchgerät, das ihm die Arbeit erleichterte. Vielleicht würde er von seiner nächsten Unterhaltszahlung an Eileen etwas abzwacken und nachsehen, was Radio Shack anzubieten hatte.

Hinter dem Sofa stieß er auf eine riesige braune Spinne, die ihm einen Heidenschreck einjagte.

Aber das war auch das einzige Insekt, das er fand.

23. Kapitel

Am nächsten Morgen las Nudger in einem Artikel im *Post-Dispatch*, eine ›Überraschungszeugin‹ habe eine Aussage im Fall Curtis Colt vorgelegt. In dem Artikel hieß es weiterhin, Colts angebliche Verlobte habe gewußt, wo er sich in der Mordnacht aufgehalten hatte, jedoch während des Prozesses aus persönlichen Gründen geschwiegen. Nun habe sie es sich anders überlegt und versuche, Colt das Leben zu retten. Der Staatsanwalt wurde zitiert, der gesagt haben sollte, so etwas sei bei Kapitalverbrechen nicht ungewöhnlich; die Aussage der Frau, die anscheinend durch die Aussage eines von ihr beauftragten Privatdetektivs gestützt wurde, würde ihren korrekten juristischen Gang nehmen.

Nudger legte die zusammengefaltete Zeitung auf Dannys Theke und schnaubte empört. Er wußte, was ›korrekter juristischer Gang‹ bedeutete: Curtis Colt würde pünktlich am nächsten Morgen hingerichtet werden.

Danny verkaufte einer Büroangestellten von gegenüber einige glasierte Doughnuts, kam dann herüber und schenkte Nudger Kaffee nach. Er sah Nudger mit seinen traurigen Hundeaugen an.

»Läuft es nicht gut?« fragte Danny.

»Gar nicht gut.« Nudger biß in sein Gratisdoughnut und dachte daran, vor dem sensiblen Danny nicht das Gesicht zu verziehen. Er fragte sich, welche Verwendung die Büroangestellten von gegenüber für die glasierten Doughnuts gefunden hatten, die sie gewissenhaft jeden Morgen kauften. Die Doughnuts waren als Briefbeschwerer zu fettig, auch wenn sie für ihre Größe schwer genug waren. Vielleicht verwendeten sie sie dazu, auf der Damentoilette eine Art Feldhockey zu spielen.

»Vielleicht ist Colt tatsächlich schuldig«, meinte Danny.

»Das glaube ich nicht, Danny. Und ich nehme an, daß ist das eigentliche Problem. Ich bin an diesen Fall herangegangen, wie an jeden andern, wollte nur mein Honorar verdienen. Und dann habe ich irgendwie begonnen, an Colts Unschuld zu glauben.«

»Du würdest nicht ohne Grund daran glauben,

Nudge. Was ist mit dem, was in der Zeitung steht, was diese Candy Ann sagt?«

»Sie sagt die Wahrheit«, sagte Nudger. »Sogar ihr Anwalt ist wirklich davon überzeugt.«

Danny schaute nachdenklich drein und wischte sich die Hände an dem grauen Tuch, das in seinem Gürtel steckte. »Ich frage mich, ob nicht auch der Staatsanwalt von Colts Unschuld überzeugt ist.«

Nudger hatte sich das auch schon gefragt. »Hat irgend jemand zu mir gewollt?« fragte er.

Danny schüttelte den Kopf. »In letzter Zeit nicht, Nudge.«

»Backst du heute morgen?«

»Nö. Ich hab' im Moment eh zuviel auf Lager, vor allem zuviel geleegefüllte Doughnuts.«

»Behalt die Straße im Auge«, bat Nudger. »Und sag mir Bescheid, wenn jemand zu meinem Büro hochgeht.«

»Klar. Erwartest du jemanden, den du nicht sehen willst?«

Nudger dachte darüber nach. Er erwartete zu viele Leute, die er nicht sehen wollte. Das war es, worauf sein Beruf, worauf sein Leben schließlich hinauslief. Er wünschte wirklich, er verstünde sich auf ein anderes Gewerbe als das krumme, in dem er arbeitete.

»Am besten, du warnst mich vor jedem, der heute morgen kommt«, sagte er.«

Mit dem Kaffee, der zusammengefaltenen Zeitung und dem gewichtigen ungegessenen Rest des Dunker Delite ging er aus dem Doughnut Shop und schleppte sich die Treppe zum Büro hinauf.

Während er darauf wartete, daß die Klimaanlage den Raum abkühlte, ging er in die Toilette, stellte sich vor das Waschbecken und spritzte sich kaltes Wasser ins Gesicht. Er frottierte sich mit einem rauhen Handtuch ab, das beinahe so grau war wie Dannys, ging dann zum Fenster und sah auf die Manchester Avenue hinunter. Niemand parkte auf der anderen Straßenseite, und nur die übliche Anzahl von Fußgängern schlenderten die Bürgersteige entlang.

Er setzte sich an den Schreibtisch, ignorierte den Anrufbeantworter, und sah die Post durch. Aber das Telefon wollte ihn nicht in Ruhe lassen. Es läutete, und Nudger hob schnell ab, denn er dachte, es könne Danny sein, der ihn vor jemandem warnte, der auf der Treppe war.

Es war Candy Ann.

»Ein Haufen Journalisten ist in den Right Steer gekommen und hat mich nicht arbeiten lassen«, sagte sie. »Der Chef hat gesagt, ich soll mir ruhig den Tag freinehmen, aber als ich nach Hause gekommen bin, haben noch mehr Journalisten vor dem Wohnwagen auf mich gelauert. Die hatten sogar eine kleine Fernsehkamera dabei.«

»Haben Sie denen irgend etwas gesagt?«

»Nein. Mr. Siberling hat mir gesagt, ich soll ja nicht ohne ihn mit der Presse reden.«

»Wo sind Sie jetzt?«

»Ich bin in einem Zimmer im Ramada Inn draußen am Flughafen. Mr. Siberling ist zum Wohnwagen gekommen und hat den Journalisten eine Erklärung verlesen, dann hat er mich hierher gebracht, ohne jemandem zu sagen, wo wir hinfahren. Damit ich meine Ruhe habe.«

»Geht es Ihnen gut?« fragte Nudger.

Sie schwieg. Eine gedämpftes Donnern, wie von einem Düsenflugzeug, das dicht über ihr hinwegflog, drang durch die Leitung. »Ja, mir geht es einigermaßen.«

»Ist Siberling noch da?«

»Nein. Er hat gesagt, er kann nicht bleiben. Er arbeitet immer noch an dem Gesuch für die Aussetzung der Hinrichtung, hat er gesagt. Er ist vor einer halben Stunde gegangen. Es ist Zimmer Zweihundertzwanzig.«

»Rühren Sie sich nicht vom Fleck und gehen Sie höchstens aus dem Zimmer, um etwas zu essen«, sagte Nudger. Das sollte sicher sein; es war nicht genug Zeit vergangen, daß Candy Anns Bild in den Zeitungen erschienen war, und wahrscheinlich würde sie vor den Abendnachrichten auch nicht im Fernsehen zu sehen sein. »Wenn ein Journalist Sie ausfragen will, sagen Sie einfach ›Kein Kommentar‹ und gehen wieder auf Ihr Zimmer.«

»Okay, Mr. Nudger. Es ist Zimmer Zweihundertzwanzig.«

»Das haben Sie bereits gesagt.«

»Ja, hab' ich wohl.«

»Ich rufe Sie heute von Zeit zu Zeit an, um zu hören, wie es Ihnen geht«, versprach er.

Sie dankte ihm, blieb aber am Apparat und zwang ihn, als erster aufzulegen. Er fragte sich, ob Scott Scalla wußte, daß es da eine Frau gab, die sich mit Freuden auf dem elektrischen Stuhl in Curtis Colts Schoß setzen würde. Könnte der Gouverneur das verstehen? Nudger war sich nicht sicher, ob er selbst es verstehen konnte.

Die Medien meldeten sich nun ununterbrochen in Nudgers Büro. Er beschied den Sonderberichterstatter des *Post-Dispatch* mit einem ›Kein Kommentar‹, und auch den Reporter, der vom *Globe* anrief. Als auch das *West Country Journal* anrief, begriff Nudger, daß die Medien die nächste Zeit nicht locker lassen würden. Er hatte Verständnis für die Journalisten. Sie mußten ihren Job tun; es gefiel ihm nur nicht, deren Job zu sein.

Um sein Gewissen zu beruhigen, rief er Ron Elz an, einen Kolumnisten beim *Globe*, und gab ihm die Geschichte, aber nur unter der Bedingung, daß sie nicht vor Sonntag erscheinen würde. Er konnte Elz vertrauen, der die Wahrheit sehr respektierte und die Geschichte nicht verfälschen würde. Er war jemand, dem Scalla nichts anhaben konnte, wenn das Büro des Gouverneurs tatsächlich an dem Einschücherungsversuch an Nudger beteiligt gewesen sein sollte.

Als auch noch der *St. Louis Voyeur*, ein Revolverblatt, anrief, entschied Nudger, daß es höchste Zeit war, den Suggestivfragen zu entfliehen und aus dem Büro zu verschwinden.

Er fuhr in der Stadt herum und versuchte, noch einmal mit den Zeugen zu reden, den Leuten wirklich auf die Nerven zu gehen.

Edna Fine hatte noch immer Angst und trauerte um Matildas Tod; Nudger sah ein, daß es aussichtslos und schmerzhaft war, mit ihr zu reden, und ließ sie in Frieden. Sanders war nicht zu Hause, und sein Vorgesetzter bei Recap City sagte, er habe Urlaub und sei verreist. Niemand, mit dem Nudger reden wollte, war zu erreichen. Er versuchte es sogar in Gantners Wohnung im Fox & Hounds, aber eine abgemagerte Blondine am Swimmingpool sagte ihm, Gantner sei seit Tagen nicht zu Hause gewesen und wahrscheinlich verreist.

Schließlich aß Nudger ein spätes Mittagessen und fuhr zum Ramada Inn, um zu sehen, wie sich Candy Ann hielt.

Sie war allein im Zimmer Zweihundertzwanzig, sah aus, als habe sie geweint, wirkte jedoch gelassen. Das Zimmer war eines der billigeren, aber ihr kam es wie ein Palast vor. Und der Getränkeautoamt war gleich im Gang. Und die Eiswürfel waren umsonst.

Nudger hatte ihr aus einem nahegelegenen *Hardee's* ein paar Hamburger mitgebracht. Sie verschlang sie, als hätte sie seit Jahren nichts gegessen und als wäre ihr erst jetzt eingefallen, daß es so etwas wie Essen gab. Dann saßen sie beieinander und tranken Coca-Cola aus dem Automaten. Sie trank ihre Colas mit einem Schuß Gin. Nudger hielt das für eine gute Idee. Er hörte zu, während sie von Curtis Colt erzählte und wie es gewesen war, im Nordwesten von Arkansas aufzuwachsen; hart, nicht wie in den Wiederholungen der Waltons im Fernsehen. »Steine«, sagte sie. »Nichts wächst auf dem Boden in Arkansas so gut wie Steine. Es ist ein ärmliches Leben, Mr. Nudger.« Ein Leben, vor dem sie Curtis Colt gerettet hatte, und den sie nun ihrerseits zu retten versuchte – mit nicht allzu großem Erfolg.

Es war schon beinahe Abend, als sie sich im Sessel zurücklehnte und einnickte. Sie schnarchte leise; sogar das hatte Sex-Appeal. Er rüttelte sie sacht und sagte ihr, er gehe jetzt.

»Es gibt nichts, was wir jetzt noch tun könnten«, sagte er. »Sie können sich hier ebensogut ausruhen.«

Sie nickte und starrte aus großen, aber schläfrigen blauen Augen zu ihm hinauf. Puppenaugen. Eine Puppe, die im wirklichen Leben in Schwierigkeiten war.

»Möchten Sie, daß ich noch ein bißchen bleibe?« fragte er.

»Nein«, murmelte sie. »Mr. Siberling kommt am Abend hierher, um mit mir zu hoffen.«

Das war zu erwarten gewesen, dachte Nudger. Aber Candy Ann täte es gut. Siberling würde sie viel plausibler anlügen als Nudger es je könnte.

Als Nudger ging, war sie im Sessel eingeschlafen. Leise ging er hinaus und zog die Tür behutsam hinter sich zu.

Candy Ann beim Essen zuzusehen, hatte ihn hungrig gemacht. Er genehmigte sich ein frühes Abendessen aus Chicken McNuggets und Pommes frites und fuhr dann in seine Wohnung, um sicherzugehen, daß dort kein Journalist mit Stift und Block oder mit einem Kassettenrekorder auf der Lauer lag.

Niemand war zu sehen. Sobald er in der Wohnung war, zog er die Vorhänge zu, öffnete eine Dose Bier und machte es sich gemütlich, um sich die Live-Übertragung eines Cardinals-Mets-Spieles anzusehen.

Im dritten Inning stand es sechs zu null für die Cardinals, die auf dem besten Weg waren, ihr siebentes Spiel in Serie zu gewinnen, doch Nudger konnte nicht länger still sitzen. Er war bei Candy Ann in diesem winzigen Zimmer im Radmada Inn. Er war bei dem verängstigten Tom, wo immer Tom auch stecken mochte. Er war bei Curtis Colt in der Todeszelle, wartete auf den Morgen, auf neun Uhr und den Starkstrom.

Nudger wußte, bei wem er eigentlich sein wollte. Er stellte den Fernseher ab und rief Claudia an.

Als sie abhob, schwieg er. Er hatte Angst, daß ihr ein Grund einfallen könnte, weshalb er nicht zu ihr in die Wohnung kommen sollte.

Er brauchte ihre Gegenwart, mußte sie sehen und berühren; er hatte die Nase voll von geisterhaften Stimmen am Telefon und Menschen, die schon halb jenseits waren oder außer sich vor Trauer. Er wollte in dieser Nacht nicht allein sein. Nicht in diesen dunklen Stunden des Wartens. Siberling hatte ihm gesagt, eine Reaktion auf das letzte Gnadengesuch für Curtis Colt sei erst am Morgen zu erwarten. Nach einer für viele Menschen sehr langen Nacht.

Er legte den Hörer auf und kaute ein paar Antacidtabletten, auch wenn sein Magen momentan in Ordnung zu sein schien. Die schwersten Stunden in seinem Leben, sowohl beruflich als auch privat, waren immer nachts. Verbrechen aus Wahnsinn und Affekt wurden während der langen Sommertage begangen, aber hier, in der siedenden Stadt am Big Muddy, warteten die Berechnenden und die Mörderischen auf die relative Kühle der Nacht.

Sein Magen knurrte leise, als wollte er sich für die Vorsichtsmaßnahme bedanken. Nudger schnippte dann das zusammengerollte Staniolpapier der Antacidtabletten in den Papierkorb und eilte dann die Treppe hinunter zu seinem Auto, das er hinter dem Haus geparkt hatte.

24. Kapitel

In South St. Louis verbrachten Claudias Nachbarn den Sommerabend, wie sie es immer taten. Die Männer waren draußen und mähten bereits den Rasen oder wienerten das Auto, während die Frauen drinnen den Herd putzten oder mit der Messerspitze die Fußbodenleisten entlangfuhren, um auch den letzten Dreck herauszuholen. Scrubby Dutch wurden die überwiegend deutschen Katholiken und Lutheraner in diesem Teil der Stadt oft genannt. Es war ein traditionsbewußtes, konservatives Viertel, vielleicht das Rückgrat der Stadt, in dem jeder mit jedem auskam, solange niemand aus der Reihe tanzte.

Ein alter grauhaariger Mann in Shorts und einem ärmellosen weißen Unterhemd bückte sich, um die Radkappen seines Buick zu polieren, warf einen Blick auf Nudger und schaute dann wieder weg. Jemand hatte die Baseballübertragung im Radio zu laut eingestellt. Jack Buck und Mike Shannon, die Sportreporter, deren Stimmen jeden Sommer in St. Louis Sommer erfüllten, schrien etwas von einem fantastischen Spiel, während die Zuschauer tobten.

Als Nudger das Haus betrat und die Treppe zu Claudias Wohnung emporging, wurde das Geschwätz aus dem Radio draußen immer leiser, bis es schließlich nicht mehr zu hören war.

Vor Claudias Tür legte er den Kopf schief, stand still, und horchte.

Ein heftiges Bumsen war aus der Wohnung zu hören. Und leise Stimmen. Und Musik. Etwas Schweres schlug in regelmäßigen Intervallen auf den Boden, so heftig, daß Nudger draußen im Hausflur die Vibrationen spüren konnte.

Er drehte langsam den Knauf und drückte gegen die Tür. Sie gab nicht nach; sie war abgeschlossen. Er kramte den Schlüssel aus der Hosentasche, steckte ihn in das

Schloß und drehte ihn um. Dann öffnete er die Tür leise einen Spalt weit und spähte hinein.

Sein Blick fiel sofort auf einen stämmigen, schwitzenden Mann, der die Fäuste in die Hüften gestemmt hatte. Er trug nichts außer schwitzfleckigen Joggingshorts und starrte auf den Boden, auf etwas, das außerhalb von Nudgers Blickfeld lag, und grinste mit hübscher animalischer Rohheit. Nudger schob die Tür etwas weiter auf und sah die nackten Arme und Beine einer Frau, die auf dem Teppichboden lag.

Er stieß die Tür ganz auf, hörte den Knauf einen Brokken Verputz aus der Wand schlagen und trat hinein.

»Nudger!« sagte Claudia.

Nackte Arme und Beine ruderten, und sie rappelte sich auf. Sie trug Shorts und ein T-Shirt mit der Aufschrift STOWE SCHOOL über der Brust. Sie war außer Atem.

Der Mann blieb mit den Händen in den Hüften stehen, streckte das Kinn vor und sah gesund genug aus, um an rosigen Backen zu sterben. Er starrte Nudger neugierig an.

Claudia strich sich mit den Fingern das zerzauste dunkle Haar nach hinten, ging zur Stereoanlage und stellte den Soft-Porno-Rocksong ab, der aus den Lautsprechern hämmerte.

Stille jetzt. Lähmende Stille. Nudger hatte das Gefühl, als verlöre er den Boden unter den Füßen.

»Wir haben gerade Aerobic gemacht«, sagte Claudia. Auf ihrer Nasenspitze hing ein Schweißtropfen. »Das ist Biff Archway, Biff, das ist –«

»Aerobic?« fiel ihr Nudger ins Wort.

»Sicher«, sagte Archway. »Aerobicübungen.« Er warf einen Blick auf Claudias sich schnell hebenden und senkenden Brustkorb. »Fantastisch für Herz und Lungen.«

Archway sah beinahe genauso aus, wie ihn sich Nudger vorgestellt hatte: mittelgroß mit der nach unten schmaler werdenden Figur eines Gewichthebers, mit einem scharfgeschnittenen Gesicht und auf aggressive Art hübsch, wie ein College-Footballheld, der zwar in die Jahre gekommen war, aber immer viel für sich getan hatte. Einfach ein Teufelskerl. Nudger bemerkte, daß im Wohnzimmer ein moschusartiger Geruch von abgestandenem Scheiß hing, wie im Schlafzimmer, nachdem er und Claudia miteinander geschlafen hatten.

»Claudia und ich kennen uns aus der Stowe School«, sagte Archway freundlich.

Nudger nickte. »Ich weiß. Sie unterrichten dort Sexualkunde. Ist das nicht ein Fach, das viel Feldforschung erfordert?«

Archway warf Claudia einen Blick zu, als warte er auf ein Zeichen, das ihm sagte, wie er mit diesem unwillkommenen Eindringling umgehen sollte. Hinter ihm sah Nudger Claudias Kleidung, inklusive Slip und BH, ordentlich auf der Couch liegen.

»Habt ihr beide euch hier drinnen umgezogen?« fragte er.

»Ich habe mich hier umgezogen«, sagte Claudia. »Biff hat sich im Bad umgezogen.« Sie hatte ihre Fassung wiedergewonnen und bedachte Nudger mit einem finsteren Blick. Er machte sie wütend und blamierte sie. »Versuch bitte, dich nicht zum Narren zu machen«, sagte sie.

»Dafür ist es zu spät«, sagte Nudger. Er wußte, daß das wahr war.

»Hör mal, Sportsfreund«, Archway trat einen Schritt auf Nudger zu.

»Raus!« blaffte Nudger und packte ihn fest am Arm. »Es wird Zeit, daß alle, die Biff heißen, von hier verschwinden.«

Archway rührte sich nicht von der Stelle. Nudger war überrascht von der Härte des Oberarms, den er zu pressen versuchte.

»Tu das nicht!« warnte Claudia. »Biff hat den braunen Gürtel in Karate, Nudger. Bitte, reg dich wieder ab!«

Abregen, pah! dachte Nudger. Er ging in die Knie und versuchte, Archway in Richtung Tür zu schieben. Archway verlagerte ganz leicht sein Gewicht, und Nudger stolperte an ihm vorbei und griff in die leere Luft, als er sein Gleichgewicht wiederfand. Anscheinend konnte der Kerl außerdem auch noch Judo.

»Ich schlage vor, daß Sie derjenige sind, der hier geht«, sagte Archway gelassen.

Nudger stürzte sich auf ihn, versuchte einen rechten Schwinger, wurde durch die Luft geschleudert und lag dann mit dem Rücken auf dem Boden.

Knall auf Fall.

»Es wird Zeit, daß Nudger geht«, sagte Archway.

»Tu ihm nicht weh, Biff!« bat Claudia.

Das versetzte Nudger in Rage. Er war wieder auf den Beinen, ging geduckt auf Archway los und schlug einen kurzen linken Haken. Irgendwie packte ihn Archway am Handgelenk, zerrte, und Nudger fand sich auf der anderen Seite des Zimmers wieder.

»Es fällt mir immer schwerer, diesem Wichser nicht weh zu tun«, sagte Archway. Er nahm eine eindeutig asiatische Kampfpose ein; sogar sein Gesicht wirkte auf einmal asiatisch.

Nudger ging wieder auf ihn los. Archway schrie etwas wie »Hii-jäh!«

Nudger sah, wie er sich zur Seite drehte, in die Knie ging und die Hüfte vorschob. Archway legte Nudger die Hand unter den Arm, und Nudger war in der Luft, landete wieder hart auf dem Rücken. Seine verletzte Rippe schien Feuer zu fangen, und sein Einatmen war beinahe ein rauher Aufschrei. Eine Lampe, die auf der Tischkante gestanden hatte, fiel schließlich um und wurde auf halber Höhe von der gespannten Lampenschnur gehalten.

Bei diesem Flug schien Nudger im Kreuz etwas gerissen zu sein.

»He! Sie tragen ja einen Verband«, sagte Archway, als wäre er verärgert, daß man ihn zur Unfairneß verleitet hatte. »Sie sollten sich besser schonen, Sportsfreund.«

Nudger stand langsam auf, die Faust ins Kreuz gepreßt. Er humpelte zur Tür, und mit jedem Schritt durchschoß ihn der Schmerz.

»Nudger!« rief Claudia.

Aber Nudger war bereits im Hausflur, auf dem Weg die Treppe hinunter. Archway sagte etwas, daß er nicht hören konnte. Ohnehin nicht hören wollte.

Noch einmal Claudia. »Verdammt, Nudger, komm zurück!«

Er konnte sie immer noch nach ihm rufen hören, als er die Haustür aufdrückte und über die Straße zu seinem Auto torkelte. Einige Nachbarn hielten im Wienern und Mähen inne, um zu glotzen.

Er fuhr ein paar Blocks die Straße hinunter und hielt dann am Randstein an. Die Seite und der Rücken hatten beinahe aufgehört, weh zu tun. Nun zitterten ihm die Hände; er war zu aufgeregt, um weiterzufahren. Er saß im geparkten VW und war froh, daß es dämmrig war und die Leute nicht die Wut und die Demütigung sehen konnten, die sein Gesicht verzerrten.

Dies war einer der Momente, in denen er wünschte, einen Revolver zu besitzen. Er wußte, daß jede andere Waffe gegen Archway wahrscheinlich wirkungslos wäre, oder gegen ihn gewandt werden würde. Aber ein Revolver, Tod aus drei Meter Entfernung mit einem Zucken des Fingers am Abzug, beinahe so unpersönlich wie das Schicksal, das war etwas anderes. Donner und mörderisches Schicksal. Dagegen wäre Archway machtlos.

Nudger malte sich aus, wie die beiden, Archway und

Claudia, den Kopf umdrehten, überrascht, ihn wieder zu sehen, wenn er in die Wohnung gestürzt kam. Er konnte ihren verdutzten Gesichtsausdruck sehen, die Angst in Archways großen Augen, wenn er den Revolver in Nudgers Hand sah. Vielleicht würde er betteln. Kriechen. Vielleicht würde dieses Schwein –

Nudger schüttelte sich. »Menschenskind!« flüsterte er rauh. Was dachte er da? Was ging ihm da durch den Kopf?

Und er war froh, daß er keinen Revolver besaß. Er hätte Archway umbringen können.

Er hätte ihn tatsächlich umbringen können.

Er fuhr sich mit der Hand über das verschwitzte Gesicht. Es gab keinen wirklichen Unterschied zwischen ihm und Curtis Colt, erkannte er. Keinen Unterschied.

Ein Teenager und seine Freundin schlenderten auf dem Bürgersteig vorbei, eng umschlungen hatten sie Mühe beim Gehen, und starrten Nudger an.

Ihm war übel. Er ließ den Motor an und fuhr nach Hause.

25. Kapitel

Zurück in seiner Wohnung, streckte sich Nudger im Dunkeln auf dem Sofa aus und bemühte sich, sich leid zu tun.

Es fiel ihm sogar noch leichter, als er angenommen hatte. In letzter Zeit kam eins zum anderen und drückte ihn nieder. Er dachte daran, Candy Ann im Ramada Inn anzurufen, aber vielleicht wäre Siberling auch dort. Ein Anruf war ohnehin eine schlechte Idee, entschied er. Er wußte, daß er überhaupt nicht in der Verfassung war, jemanden aufzuheitern. Im Augenblick war er wahrscheinlich der letzte Mensch, der mit Candy Ann reden sollte.

Er dachte darüber nach, wie er mit Archway hätte fertig

werden können, wenn er nur auf die Idee gekommen wäre, ihn zu packen und niederzuzerren, mit ihm zu ringen, vielleicht sogar ein paar dieser Catchergriffe aus dem Fernsehen anzuwenden, ihm keine Gelegenheit zu dieser Tanznummer zu geben, in der Nudger beim Finale durch die Luft geflogen war. Aber im Grunde war ihm klar, daß der jüngere und stärkere Archway ihn beim Catchen wahrscheinlich leicht bezwungen hätte – und vielleicht sogar noch schmerzhafter. Das gesunde Schwein lief wahrscheinlich jeden Tag zehn Meilen. Stemmte wahrscheinlich Gewichte. Aß wahrscheinlich Gewichte. Claudia suchte sich auch immer die Richtigen aus.

Claudia ... Er lenkte seine Gedanken von Claudia weg, weg von dieser Qual. Er versuchte, an Curtis Colt zu denken, einen Mann mit Problemen, neben denen sich Nudgers Probleme geringfügig ausnahmen. Aber das half auch nicht viel. Er war Nudger, und Colt war Colt, und berührte ihn nicht so sehr. Leiden war eine einsame Übung. So funktionierten Kriege und Hinrichtungen.

Gegen Mitternacht hörten Nudgers Seite und Rücken auf zu pochen. Er rollte sich auf die linke Seite, fand eine leidlich bequeme Lage und schlief endlich ein.

Am Morgen humpelte er ins Bad und duschte sich. Der Dampf und das beißende heiße Wasser lockerten seine starren Muskeln. Nach und nach erhöhte er die Wassertemperatur und blieb in der stickigen Duschkabine, bis er kaum noch atmen konnte und hinausgehen mußte. Das übrige Badezimmer, in dem es wahrscheinlich mehr als zweiunddreißig Grad hatte, schien im Kontrast dazu erfrischend kühl zu sein, als Nudger über den Beckenrand stieg.

Er frottierte sich langsam ab und konnte einigermaßen gehen, als er sich angezogen hatte.

Es war acht Uhr dreißig, noch eine halbe Stunde bis zu

Curtis Colts Hinrichtung. Nudger schaltete die Kaffeemaschine ein, ging dann ins Wohnzimmer und rief Candy Ann im Ramada Inn an. Er dachte daran, daß ihm Harold Benedict gesagt hatte, sein Telefon sei vielleicht angezapft, aber er scherte sich nicht darum. Nicht in diesem Moment.

Siberling nahm im Zimmer Zweihundertzwanzig den Hörer ab. Nudger fragte sich unwillkürlich, ob der napoleonische kleine Anwalt, der die Nacht dort verbracht hatte, eine Josephine gefunden hatte. Im stillen trat sich Nudger in den Hntern, weil er so etwas gedacht hatte, und schob es auf die schmerzhafte Erfahrung vom vergangenen Abend in Claudias Wohnung.

»Wo ist Candy Ann?« fragte er.

»Bei der Arbeit im Right Steer«, sagte Siberling. »Im Moment treiben sich keine Journalisten im Right Steer oder vor ihrem Wohnwagen herum. Sie nehmen wohl an, daß sie untergetaucht ist, und sie wissen, daß die Geschichte, soweit es Candy Ann betrifft, bald zu Ende sein wird. Später werden sie ja noch genug Zeit haben, um sie wegen eingehender Interviews zu belästigen, falls dann noch jemand daran interessiert sein sollte.«

»Geht die Geschichte zu Ende?« fragte Nudger.

»Scalla hat noch eine halbe Stunde, um seine Meinung zu ändern«, sagte Siberling. »Aber das wird er nicht tun, er ist ein Auge-um-Auge-Typ. Curtis ist schon so gut wie tot.«

»Haben Sie das Candy Ann gesagt?«

»Nein, ich habe ihr geraten, sich heute so zu verhalten, wie jeden anderen Tag auch, daran zu glauben, daß es nur noch eine weitere Schlacht in dem Krieg ist, der letztlich zu Curtis Colts Wiederaufnahmeverfahren führen wird. Sie ist besser dran, wenn sie so denkt und arbeitet, sich beschäftigt, anstatt herumzusitzen und wie Curtis zu leiden.«

»Sie wird von seinem Tod erfahren, während sie kellnert«, sagte Nudger. Diese Profanität störte ihn. Rosinenbrötchen, Sahne zum Kaffee und Tod.

»Sie wird es erfahren«, sagte Siberling, »und dann nimmt sie sich wahrscheinlich ein Taxi nach Hause und heult. Sie wird darüber hinwegkommen, Nudger. Sie ist jung und stärker, als Sie denken. Sie wird sich erholen, und wir haben schließlich alles getan, was wir konnten. Das Leben wird den Menschen weiterhin beschissene Karten geben, die Welt wird sich weiterhin drehen. Der Fall ist abgeschlossen. Oder zumindest wird er das in... genau zwanzig Minuten.«

Siberling hatte schließlich das Interesse und den Enthusiasmus verloren. Schon dachte er an den nächsten Fall auf seiner Karriereleiter. Vielleicht war er hart, vielleicht bloß vernünftig. Nudger wünschte, er könnte auch so sein.

Nachdem er aufgelegt hatte, ohne sich von Siberling zu verabschieden, strich er durch die Wohnung und starrte aus den Fenstern, ohne etwas zu sehen. Es kam ihm in den Sinn, daß er noch nie die Doppelfenster von außen geputzt hatte. Niemand hatte das getan. Wer war dafür zuständig? Was stand dazu im Mietvertrag? Er hatte nie zuvor darüber nachgedacht, und er fragte sich, weshalb es ihn jetzt beschäftigte. Er ging in die Küche und goß sich eine Tasse Kaffee ein. Er konnte ebensogut richtig zittrig werden. Er versuchte, Siberlings Rat an Candy Ann zu befolgen und sich wie an jedem anderen Morgen zu verhalten.

Ohne auf die Uhr zu schauen, richtete er das Frühstück her.

Er erhitzte die Bratpfanne, ließ ein wenig Butter zerlaufen und schlug zwei Eier hinein. Dann schob er zwei Scheiben Brot in den Toaster und drückte den Griff hinunter. Orangensaft. Er redete sich ein, daß er Orangensaft trinken wollte.

Auf dem Weg zum Kühlschrank stellte er das Radio auf der Anrichte an. Einer dieser 24-Stunden-Wortsender war eingestellt. Er bemühte sich, nicht an das zu denken, worüber sie bald reden mußten. Im Moment erklärte eine Astrologin, wie die Sterne die Liebeskünste der Menschen beeinflussen konnten.

Nudger goß sich ein Glas Orangensaft ein und stellte sich wieder vor die brutzelnde Pfanne. Er sah, daß er einen Dotter zerbrochen hatte, der zu einer Form verlaufen war, die an den Staat Missouri erinnerte. Was, zum Teufel, konnte das zu bedeuten haben? War es eine Art Omen? Vielleicht sollte er die Astrologin im Sender anrufen und es herausfinden. Aber darauf war sie schließlich nicht spezialisiert; sie las aus den Sternen, nicht aus Eiern.

Er stand krumm am Herd und stocherte mit einem hölzernen Wender in den Eiern. Der Morgen hatte schlecht begonnen und wurde nicht besser.

Zehn Minuten nach neun verkündete ein Nachrichtensprecher mit trauervoller Stimme, daß Curtis Colt auf dem elektrischen Stuhl hingemordet worden war. Es hatte drei Minuten und mehrere Stromstöße bedurft, um ihn umzubringen. Er hatte keine letzten Worte geäußert, bevor zweitausend Volt ihn in ein Nichts verwandelt hatten.

Unmittelbar nach der Durchsage wurde aus Jefferson City ein Interview mit Gouverneur Scalla eingespielt. Der Gouverneur versicherte den Wählern, daß der elektrische Stuhl schneller und humaner arbeiten könne und daß nun, da diese unerfreuliche, aber notwendige Arbeit getan war, potentielle Mörder die Tragweite ihres Tuns begreifen würden, und die Gesellschaft ruhiger schlafen könne. Der Gerechtigkeit sei Genüge getan worden, sagte Scalla. Nur indem wir Leben nehmen, können wir den Wert des Lebens hervorheben.

Nudger stellte das Radio aus.

Er frühstückte und aß die Eier, aber den Toast ließ er liegen.

26. Kapitel

Siberling hatte sich geirrt. Candy Ann war nicht in der Verfassung, um vom Right Steer mit einem Taxi nach Hause zu fahren. Sie war in Ohnmacht gefallen, als man ihr von Curtis Colts Hinrichtung erzählt hatte, und als sie wieder zu sich gekommen war, hatte sie dem Geschäftsführer des Restaurants unter Schluchzen und Stottern Nudgers Nummer gegeben.

Der alternde strahlende Ritter eilte zu Hilfe. Um zehn Uhr hatte Nudger den VW vor dem Right Steer geparkt und war auf dem Weg nach drinnen, um Candy Ann abzuholen.

Der Geschäftsführer erwartete Nudger gleich hinter der Tür. Heute trug er spitze Stiefel, Jeans und eine gefranste Plastikweste. Alles außer Sporen und sechsschüssigen Revolvern. Er sagte, er heiße Mathewson, und führte Nudger durch das Lokal, vorbei an einem offenen Grill, auf dem Steaks brutzelten, in ein kleines Büro neben der Küche.

Candy Ann lag auf einem braunen Kunststoffsofa, dessen Braun genau der gleiche Ton war wie Mathewsons Weste, als wäre noch Material übrig gewesen und sinnvoll verwandt worden. Candy Ann war nun ruhig, doch sie hatte viel geweint. Die Augen waren gerötet und beinahe zugeschwollen. Es war die Art von Augen, die einem die Tränen in die Augen trieb, wenn man sie sah.

Als sie Nudger sah, bemühte sie sich krampfhaft um ein Lächeln. Es gelang ihr nur schwach: »Mr. Nudger...«

Mathewson sagte: »Sie können sie durch den Seiteneingang hinausbringen.« Er hörte sich ungeduldig an, ermüdet von Candy Ann und ihrem Trauma. Das hier war ein Platz für Geschäfte, Herrgott noch mal! An seinem Horizont sah er bereits den Mittagsansturm; er konnte die Staubwolken sehen, als die Gäste auf die Schwingtüren zujagten, ganz versessen auf das Tagesmenü. »Nehmen Sie sich solange frei, wie Sie brauchen, Candy Ann«, fügte er hinzu. »Ihren Arbeitsplatz werden wir für Sie freihalten.« Na, im Grunde war er doch kein schlechter Kerl.

Nudger dankte Mathewson, daß er ihn angerufen hatte, und führte dann Candy Ann am Arm auf den heißen Parkplatz. Asphalt blieb an ihren Sohlen kleben. Die Sonne war wie eine Samtlast, die herunterdrückte.

»Möchten Sie nach Hause?« fragte er.

Sie nickte und hielt den Kopf dann gesenkt. Nie hatte sie so zerbrechlich ausgesehen; über Nacht schien sie zwanzig Pfund abgenommen zu haben.

Nudger hielt ihr die Tür auf; sie war, vor allem jetzt, die Art von Frau, die männliche Beschützerinstinkte weckte und automatisch wie eine Dame behandelt wurde.

Er ging um das Auto herum, setzte sich ans Steuer, lenkte den VW auf die Watson Road und fuhr zum Placid Grove Trailer Park.

Dies drohte der heißeste Tag des Sommers zu werden, und im Wohnwagen war es stickig. Sobald sie eintraten, stellte Nudger die Klimaanlage an.

Candy Ann ließ sich im Wohnzimmer in den kleinen Sessel plumpsen und wischte sich mit den Handflächen den Schweiß vom Gesicht. Er brannte ihr in den Augen und ließ sie von neuem weinen. Sie schien gar nicht mehr aufhören zu können. Es war jenes quälende, unaufhörliche Schluchzen, das zu völliger körperlichen und seelischen Erschöpfung führen konnte.

»Haben Sie einen Hausarzt?« fragte Nudger.

Sie schüttelte den Kopf. »Hab' nie einen gebraucht. Ich war ein paarmal unten in der People's Medical Clinic wegen Frauensachen. Die haben mich einem Dr. Ochebow zugewiesen, einem Ausländer.«

Nudger rief in der Klinik an, sprach mit Dr. Ochebow und erklärte die Situation. Dr. Ochebow hatte eine hohe Stimme und einen indischen Akzent. Er war nur schwer zu verstehen, doch er wirkte mitfühlend und kompetent. Er sagte, er werde der Apotheke ein Beruhigungsmittelrezept durchtelefonieren.

»Mit welchen Nachbarn kommen Sie am besten aus?« fragte Nudger, nachdem er aufgelegt hatte.

Candy Ann dachte nach. »Wanda Scathers, im Wohnwagen hinter meinem.« Das Schluchzen zwang sie, einen Augenblick im Reden innerzuhalten. »Der mit den braunen Markisen.«

Nudger sagte Candy Ann, er werde bald zurück sein, ging dann hinaus und stieg über einen krummen Drahtzaun zwischen den beiden Wohnwagen. Ein kleiner grauer Hund krabbelte unter dem Wohnwagen der Scathers hervor und kläffte ihn an, als wäre ihm noch nie etwas so Verächtliches und Bedrohliches vor Augen gekommen. Nudger sah, daß er die Ohren zurückgelegt hatte, also hatte er wahrscheinlich Angst und bluffte. So redete er sich wenigstens ein, als er näherkam und der Hund zurückwich, Schritt um Schritt, als vollführten sie eine komplizierte Figur eines lateinamerikanischen Tanzes, an den sich Nudger vage aus dem Kino erinnerte.

»Hör auf, Buffy! Sofort!« rief eine Frau, die in der offenen Tür des Wohnwagens stand.

Magische Stimme, magische Worte. Buffy beruhigte sich augenblicklich. Er rümpfte die rosa Schnauze, blinzelte mehrmals und zog sich dann wieder unter den Wohnwagen zurück, wo es kühler war, als wollte er sagen, das alles lohnte ohnehin nicht der Mühe. Hunde konnten so wankelmütig sein, beinahe wie Menschen.

Nudger ging zu der Frau hinüber, die die Metalltreppe heruntergewatschelt war und im Schatten der Markise stand. Sie war in den Vierzigern, und sogar vor zwanzig Jahren und fünfzig Pfund war sie nicht hübsch gewesen. Ihre Haare waren dünn und strähnig, und sie trug knallrosa Hosen und eine sich mit den Hosen beißende grüne Bluse mit dunklen Flecken auf der Vorderseite. In der rechten Hand hielt sie einen farbverschmierten Schraubenzieher, der groß und dick genug war, um ihn als Brecheisen zu benutzen.

Sie sah Nudger an und schaute dann für eine Sekunde auf den Schraubenzieher in ihrer Hand. »Hab' was repariert«, erklärte sie ohne zu lächeln.

Nudger versuchte ein Lächeln und stellte sich vor. »Sie sind doch eine Freundin von Candy Ann?«

Sie nickte. »Wir kennen uns. Unterhalten uns ab und an über den Zaun.«

»Sie hat einen Schock erlitten«, sagte Nudger. »Ein Freund von ihr ist getötet worden, und sie ist ziemlich durcheinander.«

Wanda schien überrascht. Anscheinend las sie keine Zeitungen und sah sich nicht an, was im Fernsehen als Nachrichten ausgegeben wurde. Sie wußte nichts von Curtis und seiner Beziehung zu Candy Ann. Und offensichtlich war Candy Ann nicht eng genug mit ihr befreundet, um sich ihr anzuvertrauen.

»Ist dieser Freund bei einem Unfall ums Leben gekommen«, fragte sie.

»So könnte man sagen, und Sie könnten Candy Ann helfen, indem Sie zu Walgreen's Drugstore in der Watson Road fahren und ein Rezept abholen, das ihr Arzt durchtelefoniert hat.«

»Warum fahren Sie denn nicht?«

»Ich denke, bei ihrem Zustand sollte ich besser bei ihr bleiben.«

Wanda war sich noch immer nicht im klaren über Nudger, den ominösen Unbekannten. Was könnte er im Schilde führen? Sie spähte an ihm vorbei auf die Längsseite von Candy Anns Wohnwagen. »Die letzten paar Monate kann ich nie sagen, ob sie zu Hause ist oder nicht«, sagte sie.

»Sie ist zu Hause«, sagte Nudger. »Und ich mache mir Sorgen um sie und sage Ihnen die Wahrheit. Möchten Sie sie anrufen, um zu hören, ob es stimmt?«

Aber das bloße Angebot genügte bereits. »Nein.« Sie verdrehte den Arm nach hinten und kratzte sich mit dem Schraubenzieher zwischen den Schulterblättern. »Ich helfe gerne. Wer weiß, vielleicht brauche ich eines Tages dieselbe Hilfe. Was für ein Rezept ist es denn?«

»Nur ein Beruhigungsmittel, um ihr zu helfen, etwas von der Trauer wegzuschlafen. Nichts Starkes.« Er sah in Wandas kleine braune Augen und stellte sich ihre Gedanken vor. Rezeptpflichtige Medikamente. Drogen. Er konnte ihr keinen Vorwurf machen, daß sie mißtrauisch war. »Es ist alles völlig legal«, sagte er. »Das verspreche ich. Großes Indianerehrenwort.«

»Nicht, daß Sie meinen, ich traue Ihnen nicht.«

»Das ist schon okay«, sagte Nudger. »Sie sollten vorsichtig sein.«

»Das können Sie aber laut sagen, so wie die Menschen heutzutage sind.«

Ein Mädchen von ungefähr zehn Jahren, mit Wandas winzigen, leeren Augen, kam an die Tür. Mit einer Hand berührte sie leicht den Türpfosten, als wollte sie den Kontakt zur Realität nicht verlieren.

Wanda sah sie. »Lou Jane, kannst du eine Weile auf deine kleine Schwester aufpassen? Ich muß kurz weg.«

Das Mächen nickte schweigend.

Wanda wandte sich wieder Nudger zu und wartete. Eine große Fliege landete auf ihrer Schulter. Wanda jagte sie geistesabwesend fort, und sie flog summend in den Wohnwagen.

Nudger gab ihr einen Zehndollarschein. »Das Rezept ist auf Candy Ann ausgestellt, von einem Dr. Ochebow aus der People's Clinic.«

Wanda nickte, steckte das Geld in die Hosentasche und warf dann den Schraubenzieher an Lou Jane vorbei auf den Boden des Wohnwagens. Nudger hörte ihn aufprallen und dann in das Halbdunkel hinter dem Kind rollen.

»Ich bin so schnell wie möglich zurück, Lou Jane«, sagte Wanda. »Und daß du mir ja nicht an die Kartoffelchips gehst.« Sie ging schwerfällig um den Wohnwagen herum.

Nudger hörte nach drei langen, knirschenden Versuchen einen Motor anspringen, dann sah er sie in einem verbeulten blauen Datsun die Tranquillity Lane hinunterfahren.

Er sah Lou Jane an und lächelte. Ohne eine Miene zu verziehen, schlug sie ihm die Tür vor der Nase zu. Er verstand sich eben auf Frauen.

Er stieg wieder über den Zaun, riß ihn um und bückte sich dann, um ihn wieder aufzurichten. Buffy faßte das als leichten Angriff auf und ließ aus dem Schatten unter dem Wohnwagen ein halbherziges Knurren hören. Aber es war ein sehr heißer Tag, und ein wilder Ausbruch reichte für einen kleinen Hund.

Die Tabletten wirkten in weniger als einer Stunde, nachdem Candy Ann die erste genommen hatte. Sie wollte im Wohnzimmersessl schlafen, doch Nudger zwang sie aufzustehen, und half ihr in das winzige Schlafzimmer. Er war überrascht, als er sah, daß beinahe der ganze Raum von einem Wasserbett ausgefüllt wurde. Er half ihr auf das Bett und zog ihr dann im Rhythmus der Wellen die vernünftigen Kellnerinnenschuhe aus.

»Blitz«, murmelte sie. »Hat in den alten Baum hinterm Haus eingeschlagen. War ganz schwarz und verkohlt. O Gott! Lassen Sie nich zu, daß mich der Blitz trifft, hör'n Sie? *Hör'n Sie?*«

»Ich höre«, sagte Nudger. Er tätschelte ihr die Stirn und wartete, daß sie sich beruhigte und einschlief.

Er meinte, er sollte den Wohnwagen nicht verlassen. Ohnehin hatte er nichts Wichtiges vor. Als Candy Ann schlief, setzte er sich im Wohnzimmer auf das Sofa und las die eselsohrigen alten Ausgaben von *People*.

Nachdem er eine Menge über Johnny Carsons Diät, Debra Wingers Männergeschmack und Walter Cronkites Jacht erfahren und einen historischen Abriß über Showbusinessverträge gelesen hatte, die in heißen Badewannen ausgehandelt worden waren, schlief auch Nudger ein.

Da stand Biff Archway mit freiem Oberkörper, gekleidet wie ein Pirat, und kämpfte mit einem Ruder. Debra Winger nahm auf dem Deck im Bikini ein Sonnenbad und deutete träge auf die Küste. Nudger wurde von Walter Cronkite auf Cronkites Jacht für *People* interviewt.

»Also haben sie ihn hingerichtet«, sagte Nudger gerade. »Zack! Einfach so. Na ja, nicht einfach so. Es hat ein bißchen länger gedauert, als sie erwartet hatten. Genau genommen, sehr viel länger. Er hat gebrutzelt wie Schinkenspeck.«

Johnny Carson schaute von der Brücke herunter und grinste. »Wie tot ist er denn?« fragte er.

Cronkite lachte wie ein liebenswürdiger Großvater. Archway zwinkerte Debra Winger zu; Winger lächelte. Blitze tanzten am Horizont.

»Da bläst er!« schrie Archway lüstern und schwang sein Entermesser.

Eine Frau, nicht Debra Winger, fragte: »Mr. Nudger?«

Im Wohnwagen war es dämmrig. Candy Ann stand über Nudger gebeugt. Oder träumte er?

»Warum darf dieser Sack die Jacht steuern?« fragte er.

»Mr. Nudger, aufwachen.« Sie rüttelte ihn an der Schulter.

Er zuckte zusammen und setzte sich auf dem Sofa auf. Er sah sich um, erinnerte sich. Die Jacht war verschwunden. Und das Meer auch.

»Geht es Ihnen gut«, fragte er.

»Besser«, sagte Candy Ann. »Haben Sie geträumt?«

»Das will ich doch hoffen.« Nudger rieb sich die Augen und fuhr sich mit der Zunge die Zähne entlang. Sein Kopf war immer noch vernebelt vom Schlaf. Seine Seite tat ihm weh, weil er so unbequem auf dem Sofa gelegen hatte. »Wie spät ist es?«

»Gleich halb neun«, sagte sie. »Wir haben beide ganz schön lange geschlafen.«

»Ich bin immer noch müde«, murmelte Nudger und rappelte sich hoch. Ein dumpfer Schmerz kroch ihm die rechte Seite hoch, bis zur Ahselhöhle, zog sich dann wieder halb zurück. Er ließ nach und war auszuhalten.

»Bleiben Sie?« bat Candy Ann. »Bitte!«

»Bleiben?«

»Heute nacht brauche ich jemanden. Die ganze Nacht.« Sie kam näher heran, und er roch ihre Ginfahne.

»Sie haben getrunken.«

»Nicht viel.«

»Sie dürfen keinen Alkohol trinken, wenn Sie diese Tabletten nehmen. Das ist gefährlich.«

»Ich habe keine Tablette mehr genommen.« Sie ging nun ins Schlafzimmer und warf ihm über die Schulter einen Blick zu.

Nudger folgte ihr.

Er stand neben ihr vor dem Bett und dachte an Curtis Colt, der noch nicht unter der Erde lag. Er war abgestoßen von dem, was er so ungeheuer gern tun wollte. Das Leben im Gegensatz zum Tod.

Candy Ann wußte, woran er dachte, spürte sein Begehren und seinen Abscheu.

»Kein Sex«, sagte sie rasch. »Ich brauche jemand, der mich im Arm hält, das ist alles. Ich war noch nie so allein wie heute nacht.«

Ihre Worte erlösten ihn. Er nickte und legte sich neben sie auf das Wasserbett, spürte die Matratze wogen, als Candy Ann auf Ellbogen und Knien schnell an ihn heranrobbte.

Sie seufzte, als entspannte sie sich endlich zum ersten Mal seit Stunden. Er hielt sie fest im Arm, und sie grub ihm das Kinn hart in die Brust. Dann wurde ihr Körper ganz locker, als die Anspannung schließlich von ihr wich.

Ihre ungeheure Erschöpfung war ansteckend. Nudger erkannte, daß er wahrscheinlich nicht einmal aus dem bequemen Bett steigen konnte, wenn er all seine Willenskraft aufböte. Er war sich nicht sicher, ob dem so war, weil er immer noch erschöpft war von der nervlichen Belastung oder von ungenügend oder zuviel Schlaf, oder weil er solange wie möglich hierbleiben und die zerbrechliche, knochige Candy Ann neben ihm an sich drücken wollte. Es war, als könnte er ihren Schmerz in sich aufnehmen, und sie seinen.

Sie schien beinahe augenblicklich wieder in den Schlaf zu sinken.

Es war schon Mitternacht, als Nudger wieder einschlief, aber er war es zufrieden, bis dahin wachzuliegen.

27. Kapitel

Am nächsten Morgen schlief Candy Ann noch, als Nudger sich aus dem Wohnwagen schlich und durch die leeren Sonntagmorgenstraßen nach Hause fuhr. Er hatte gesehen, was passieren konnte, wenn er den Tag mit ihr verbringen sollte. Und das war noch nicht alles; irgend etwas knabberte an den Rändern seines Bewußtseins. Und es war mehr als bloß die Tatsache, daß ihr blinder Optimismus ihn angesteckt hatte, ihn trotz der Unheilsprophezeiungen des Staates und von Curtis Colts eigenem Anwalt an den Sieg des Lebens über den Tod glauben ließ und ihn dann traurig und enttäuscht zurückgelassen hatte. Irgendwo war da ein loses Ende, das Nudger gelegentlich im Nacken kitzelte.

Nachdem er in seiner Wohnung geduscht und frische Kleidung angezogen hatte, las er in der Morgenausgabe des *Post-Dispatch* den Bericht über Colts Hinrichtung. Nach diesem Bericht hatte Colt den Beistand eines Geistlichen verschmäht und war gelassen zur Hinrichtungskammer gegangen. Er war ruhig und gefaßt gewesen, doch unmittelbar bevor auf den Schalter gedrückt worden war, war er in Panik geraten und hatte sich gesträubt. Aber nur für eine Sekunde. Der Starkstrom hatte ihn gepackt und sein Sträuben in groteske Verrenkungen verwandelt. Haut war verbrannt, Funken waren gestoben, Rauch war aufgestiegen. Zeugen hatten sich abgewandt. Der Leitartikel des *Post-Dispatch* beschäftigte sich mit der Hinrichtung. Ihnen hatte es nicht gefallen, sie wollten nicht, daß es noch einmal passierte. Schön für sie. Zu spät für Curtis Colt, der, gestärkt mit einer Henkersmahlzeit aus White Castle Hamburgern und Pepsi, vor seinen Schöpfer getreten war.

Nudger wandte sich der Sportseite zu und sah, daß die Siegessträhne ebenfalls vorbei war: die Cardinals hatten zuletzt ein Spiel verloren. »Braves Begraben Cards 10:0«, lautete die Schlagzeile. Nichts Schönes in der Zeitung heute.

Um elf rief Nudger Candy Ann an. Sie sei seit einer Stunde wach, sagte sie, und habe sich gefragt, wo er stecke. Sie fragte ihn nicht, weshalb er gegangen war. Sie wußte, weshalb. Ihre Stimme klang belegt von zuviel Schlaf und zuviel Trauer, aber sie wirkte jetzt gefaßt und schien sich mit der Tatsache abgefunden zu haben, daß Curtis tot war. Sie war jung, hatte Siberling gesagt. Stärker als Nudger dachte. Sie würde sich erholen. Vielleicht verstand Siberling etwas davon. Nudger hoffte es jedenfalls.

»Schicken Sie mir die Rechnung, Mr. Nudger«, sagte sie, wieder ganz sachlich. »Irgendwie werde ich sie schon bezahlen. Vielleicht nicht sofort, aber irgendwann. Das verspreche ich Ihnen.«

Nudger dachte an den beengten Wohnwagen und den gesetzlichen Mindestlohn, den sie im Right Steer verdiente. Dann dachte er an ihren Hinterwäldler-Stolz. »Ich schicke sie Ihnen mit der Post«, sagte er. »Aber es wird kein Fälligkeitstermin auf der Rechnung stehen. Ich werde mir darum keine Sorgen machen, und will auch nicht, daß Sie sich Sorgen machen.«

Sie schwieg eine Weile, bevor sie antwortete. »Ich danke Ihnen von ganzem Herzen, Mr. Nudger.« Es lag eine erschöpfte Endgültigkeit in der Art, wie sie es sagte. Aus Liebe hatte sie es mit der ganzen Welt aufgenommen, hatte verloren und gewöhnte sich nun an die Resignation.

Nudger sagte ihr, sie solle ihn anrufen, wenn sie irgendwelche Hilfe brauche, gleich welcher Art, und legte dann auf. Ein Gefühl, das er nicht genau identifizieren konnte, steckte ihm in der Kehle. Er schluckte. Das half, aber nicht viel.

Lange saß er da und starrte auf das Telefon.

Es wäre vielleicht eine gute Idee, am nächsten Morgen Harold Benedict anzurufen, dachte er, zu fragen, ob es Arbeit für ihn gab. Das Leben ging weiter. Die Ausgaben auch. Eileen würde anrufen. Darauf konnte man Gift nehmen. Außerdem die Stromwerke, sein Vermieter und die Telefongesellschaft. Sie konnten sich alle hinten anstellen.

Nudger beschloß, sich darum nicht den Kopf zu zerbrechen. Benedict würde schon etwas für ihn haben. Und das Honorar für die Calvin-Smith-Fotos stand auch immer noch aus. Jedenfalls konnte es Wochen dauern, bis sich eine ständige Diät von Dannys Kaffee und Doughnuts als tödlich erwies. Es gab genug von jenem kostbarsten Gut auf dieser Welt. Die die alte Frau im Spirituosengeschäft und Curtis Colt nicht mehr hatten. Zeit. Die an Körpern und Imperien nagte. Die verletzte und heilte und immer einen finsteren Sieg davontrug.

Die Nudger heute zuviel hatte.

Montag morgen steckte ein Exemplar des neuesten *St. Louis Voyeur* in Nudgers Briefkasten in der Empfangshalle seines Apartmenthauses. Da er kein Abonnent war, zog er mit einer bösen Vorahnung die dünne Wochenzeitung aus dem angelaufenen Messingbriefkasten und schlug sie auf.

Obwohl er ein wenig vorbereitet war, war es dennoch ein Schock. Der *Voyeur* hatte bei Candy Ann nicht locker gelassen, hatte nicht den Anstand besesen, ihr eine Verschnaufpause zu gönnen. Die ganze Titelseite bestand aus Fotos der Curtis-Colt-Geschichte, inklusive Aufnahmen von Colts Verhaftung, ein Weitwinkelfoto von Olson's Liquor Emporium, Colt, wie er zur Hinrichtung geführt wurde, und ein Schnappschuß mit der Großaufnahme einer anscheinend schluchzenden Candy Ann über der Legende »Der Sold der Sünden des Geliebten«.

Das letzte Foto. »Trost nach dem Leid«, zeigte Nudger, wie er in die Morgendämmerung hinausschlich und Candy Anns Wohnwagentür hinter sich schloß. Sein Gesicht war dreiviertel der Kamera zugewandt und wurde von der aufgehenden Sonne ausgeleuchtet. Die Aufnahme war wegen des Teleobjektivs, das der Fotograf benutzt hatte, ein wenig verschwommen, aber es gab keinen Zweifel an der Identität des Mannes auf dem Foto. Er schien ein schuldbewußtes Gesicht zu machen, auch wenn Nudger wußte, daß es nur deshalb so aussah, weil er in der plötzlichen Helligkeit der Morgensonne die Augen zusammengekniffen hatte.

Erst war er verlegen, dann wütend. Dann sagte er sich, daß ein solches Schmierblatt ohnehin niemand las.

Doch er wußte es besser. Die Leute in seiner Branche lasen den *Voyeur*. Und auch einige der Leute, die ihn engagieren könnten. Sogar Leute, die nicht lesen konnten, kauften sich den *Voyeur*. Das Foto würde mißverstanden werden und dem Geschäft schaden.

Aber schließlich lief das Geschäft ja bereits schlecht.

Was soll's. Nudger nahm die Zeitung mit nach oben, knüllte sie zusammen und warf sie in den Abfalleimer unter der Spüle. Sie landete mit einem befriedigenden lauten Klatschen auf dem übrigen Müll.

Dann blieb er einen Moment stehen, rieb sich den Nakken und drehte sich langsam im Kreis. Gleißendes Sonnenlicht flutete durch das Fenster über der Spüle und warf einen netzartigen Schatten von dem Sprung in der Ecke der Scheibe auf die helle Anrichte. Eine dicke Wespe, die in der Morgenhitze schwelgte, brummte forschend die Fensterscheibe entlang, fand keine Öffnung und flog dann im Zickzack wieder davon. Nudger hielt in seinem Kreisen inne, stand still und beobachtete sie, bis sie als bloßes Pünktchen von den Blättern des Baumes, in den sie geflogen war, nicht mehr zu unterscheiden war. Er fragte sich, wie lange die Wespe wohl leben mochte, wenn sie nicht einem Vogel oder einem Kammerjäger zum Opfer fiel. Er fand es tragisch, daß ein Geschöpf die Chance verpassen sollte, die ihm zustehende Zeit zu Ende zu leben. Grausame Natur, grausamere Menschheit.

Er wußte, er konnte sich nicht heraushalten. Er hatte es schon am Tag zuvor gewußt.

Bevor er frühstückte, bevor er Harold Benedict anrief oder im Büro die Post durchsah und den Anrufbeantworter abhörte, zog er seinen blauen Sportsakko an, band sich eine dunkle Krawatte um und fuhr zu Curtis Colts Beerdigung.

28. Kapitel

Es war ein vom Staat bezahltes Begräbnis auf einem Armenfriedhof in South St. Louis, das auf eine Grabandacht beschränkt war. Nudger hatte Ort und Zeit der Beerdigung in den Zeitungsberichten über Colts Hinrichtung gelesen, und sie hatten sich eisig und bohrend in seinem Gedächtnis eingenistet.

Ungefähr ein Dutzend Menschen hatte sich am Grab versammelt, den vom Staat bestellten Geistlichen eingeschlossen. Die meisten von ihnen waren Sargträger, die ebenfalls vom Staat bezahlt wurden. Lester war auch da und sah leidtragender drein als alle anderen; er trug einen übergroßen Wintersakko über einem T-Shirt. Welborne Colt war nicht erschienen. Er und sein Bruder hatten den endgültigen Abschied erreicht, immer noch getrennt von Feindschaft und Entfremdung.

Candy Ann stand etwa dreißig Meter von dem Geistlichen entfernt neben dem glänzenden Holzsarg. Ihr strohblondes Haar leuchtete in der Morgensonne. Im strahlenden Sonnenschein sah sie aus wie ein Kind, das sich als schwarzgekleidete Erwachsene kostümiert hatte.

Als sie Nudger sah, wich sie seinem Blick aus. Er war sich sicher, daß sie, genau wie er, eine Gratisausgabe des *Voyeur* bekommen hatte. Fantastisch, und das am Morgen der Beerdigung ihres Verlobten.

Der schmächtige Prediger, der selbst einem Leichnam ähnlich sah und dessen Konfession ungewiß war, rückte sich den dunklen Anzug zurecht und schlug mit der rechten Hand ein vages Kreuz. Nudger sah noch mehr Menschen, darunter einen Mann mit einem Kamerastativ, der sich auf einem grabbedeckten Hügel über Curtis' Sarg postiert hatte. Die Medien würden erst aufhören, wenn Colt unter der Erde war, und vielleicht sogar noch nicht einmal dann. Gewisse Verbrechen und ihre Folgen erregten und fesselten die Aufmerksamkeit der Öffentlichkeit. Nudger wußte, daß wahrscheinlich ein Teleobjektiv auf Candy Ann gerichtet war, daß der Fotograf, eventuell vom *Voyeur*, auf einen Ausdruck von Trauer hoffte, eine Träne. Wenn er großes Glück hatte, würde sie in Ohnmacht fallen.

Der Geistliche salbaderte über Leben und Tod, gestikulierte eindrucksvoll, zog für die Presse eine Show ab. Nudger hörte nur ein monotones Geleiere. Alle am Grab traten von einem Fuß auf den anderen, schwitzten heftig und wünschten, der Geistliche würde Colt endlich auf den Weg schicken. Nur Candy Ann stand vollkommen still, doch wahrscheinlich war sie wie Nudger zu weit weg, um zu verstehen, was der Prediger sagte.

Ein Blauhäher in einer nahen Roteiche schwatzte zornig drauflos, lärmte, spielte den Prediger an die Wand, der sich kurz umdrehte und ihn wütend anfunkelte. Der Häher legte den Kopf schief, als wollte er einen besseren Blickwinkel haben, und starrte aus einem leuchtenden Auge dreist zurück, mit einem Blick, den er gewöhnlich wahrscheinlich Würmern vorbehielt. Der Geistliche entschloß sich, den geflügelten Störenfried nicht zu beachten. Der Häher hüpfte auf einen niedrigeren Ast zwischen sonnenbeschienene Blätter und veranstaltete erst recht einen Heidenspektakel. Das schien dem hageren Geistlichen Beine zu machen.

Endlich war die Andacht vorbei. Der Häher hörte mit seinem Geschnatter auf, als wäre er erleichtert. Candy Ann ging zu dem einzigen Blumengebinde am Grab, brach eine Blüte ab und legte sie sacht auf den Deckel des Sargs. Der Geistliche legte ihr die knochige Hand auf die Schulter, aber sie ignorierte ihn. Er hatte teil an Curtis' erzwungenem vorzeitigen Tod und konnte ihr keinesfalls Trost spenden.

Sie stand ein paar Minuten reglos da, wandte sich dann um und ging davon. Nudger sah, wie sich der Fotograf am Stativ von dem Teleobjektiv aufrichtete und etwas zu dem Mann neben ihm sagte. Alle gingen nun zu den geparkten Autos.

Jemand zupfte Nudger am Ärmel. Er drehte sich um und sah Lester Colt neben sich, mit geröteten Augen und verzweifeltem Blick. Sein Gesicht war aufgedunsener als sonst, und er stank nach einem Gemisch aus billigem Eau de Cologne oder Rasierwasser und Schweiß.

»Ich nehme an, Sie haben getan, was Sie konnten, Mr. Nudger.« Er schniefte. »Ich will, daß Sie wissen, daß ich Ihnen nichts nachtrage, weil Sie Curtis nicht retten konnten.«

Nudger nickte; ihm war unbehaglich zumute. »Wir haben alles getan, was wir konnten«, sagte er. »Es tut mir leid, Lester.« Über Lesters Schulter hinweg sah er Candy Ann in ein wartendes Taxi steigen, ein Aufblitzen blassen Beines vor dem Schwarz ihres Kleides.

»Welborne hätte hier sein sollen, finden Sie nicht auch?«

»Hätte er«, sagte Nudger. Ihm war nicht danach, Welborne gegenüber nachsichtig zu sein. »Das wäre das Mindeste, was er tun könnte. Sein eigener Bruder.« Das war Nudgers Ernst.

Das Taxi, in dem Candy Ann saß, schlängelte sich durch die engen Kieswege des Friedhofs durch dunkle Schattenflecke. Es hielt an den hohen schmiedeeisernen Toren, die aufgezogen und an Steinsockeln eingehängt waren, und bog in den Verkehr ab. Durch das Rückfenster konnte Nudger Candy Anns breiten schwarzen Hut sehen. Sie sah nicht zurück.

»Sie hat sich Curtis gegenüber also doch anständig verhalten.« Lester sah mit Nudger zu, wie das Texi hinter den Bäumen verschwand. Er lächelte, schaute zum Grab hinüber und schniefte wieder.

»Wie sind sie hergekommen?« fragte Nudger. Die einzigen noch geparkten Autos waren sein VW und ein Lieferwagen, der einem der Journalisten gehörte.

»Mit dem Bus. Einer Reihe von Bussen. Ich habe eine Panne gehabt.«

»Wohin gehen sie jetzt?«

»Wieder zur Arbeit. Ich muß. Der Vorarbeiter hat zwar gesagt, ich kann mir den Rest des Tages freinehmen, aber es ist besser für mich, wenn ich mich an der Fracht abreagiere. Arbeit ist so was wie Medizin, finden Sie nicht auch?«

»Wie Medizin«, pflichtete Nudger bei. Er hatte sich selbst oftmals in die Ablenkung anstrengender Arbeit geflüchtet. Doch er wußte auch, daß Arbeit letztlich nicht genügte; ab einem bestimmten Punkt mußte man sich umdrehen und sich dem stellen, vor dem man davonrannte.

Er sagte Lester, er fahre in seine Richtung und werde ihn an den Commerce Freightlines absetzen. Zwei bärtige Männer in Arbeitskleidung lümmelten sich am Grab, im Schatten einer kleinen Segeltuchmarkise warteten sie darauf, daß die letzten Trauergäste gegangen waren, damit sie den Sarg hinablassen konnten.

Nudger ließ den VW an und folgte dem Weg des Taxis auf dem gewundenen Kiesweg.

An den hohen Toren erinnerte er sich an etwas, das Wanda Scathers gesagt hatte, und mit einem Male wußte er, was ihm seit Curtis Colts Todestag keine Ruhe mehr gelassen hatte.

Er drehte die Lüftung auf, um frische Luft in den Wagen zu lassen, um Lesters aufdringliches Eau de Cologne zu bekämpfen und beschleunigte in den dichten Verkehr, der parallel zu dem schmiedeeisernen Friedhofszaun verlief.

Neben ihm war Lester unablässig am Reden, doch Nudger hörte nicht hin.

29. Kapitel

Er habe demnächst Arbeit zu vergeben, versicherte Benedict, als Nudger ihn anrief. Der Inhaber des Enchanted Night Escort Service hatte Benedict & Schill beauftragt, ihn in einem Prozeß zu verteidigen, der von einer ehemaligen Angestellten angestrengt worden war, die man wegen Prostitution gefeuert hatte.

Nudger kam zu dem Schluß, daß der Morgen seinen eingeführten düsteren Verlauf nahm. Das ganze Büro war klebrig von Luftfeuchtigkeit.

»Der Begleitservice ist wirklich ganz seriös«, erklärte Benedict. »Er vermittelt auswärtigen Managern Frauen, die sie zu gesellschaftlichen Anlässen begleiten. Das Honorar ist hoch, und die Angestellten haben strenge Verhaltensmaßregeln; sie sind Begleiterinnen und nichts als Begleiterinnen.«

Das widersprach Nudgers Vorstellung von einem Begleitservice, aber er sagte nichts. Seine kleinbürgerliche Herkunft könnte durchschlagen.

»Eine der Begleiterinnen, eine Sandra McClain, hatte sich ausgerechnet bei einem verdeckt ermittelnden Polizisten nicht an ihre Arbeitsplatzbeschreibung gehalten, wurde verhaftet, und behauptete, sie wäre eine teilzeitarbeitende Hausfrau und von dem Begleitservice zur Prostitution gezwungen worden. Das wäre die einzige Möglichkeit für sie, weiterhin zu arbeiten, sagte sie, um ihre Kinder zu ernähren; tja, das hat sie tatsächlich gesagt. Also haben sie und ihr arbeitsloser Mann eine Klage eingereicht, wahrscheinlich vor allem, weil sie ihr Gesicht wahren wollen.«

Nudger fragte sich, ob die Frau vielleicht die Wahrheit sagen könnte, in einer Falle gefangen war, die vielleicht so beunruhigend alltäglich war, daß sie burlesk überzogen schien und man sie nicht ernst nehmen wollte.

»Und was soll ich dabei tun?« fragte er.

»Ms. McClain war eine Prostituierte, bevor sie für den Begleitservice gearbeitet hat, hat ihre Dienste überall in der Stadt angedient. Auch wenn der Prozeß näherrückt, könnte sie sich immer noch zum Spaß und zum Geldverdienen hinlegen. Wir brauchen Sie, um zweifelsfrei nachzuweisen, daß sie schon früher ihre Gunst verkauft hat. Oder noch besser, daß sie es immer noch tut.«

Das hörte sich nicht allzu schwierig an. Wenn die McClain eine Edelprostituierte war, kannte er Leute, die das wissen würden. Es sei denn, sie arbeitete auf eigene Rechnung. Dann müßte er tiefer graben, sie beschatten.

»Sandra McClain ist im Moment verreist«, sagte Benedict. »Auf den Bahamas. Wo sonst könnte eine Frau sein, auf die zu Hause hungrige Kinder warten? In einer Woche ist sie wieder zurück, braungebrannt und munter. Dann wird sich unser Mandant entscheiden, ob er einen Detektiv auf sie ansetzen will. Wenn er sein Placet gibt, bekommen Sie den Fall.«

Das hörte sich für Nudger ein wenig unbestimmt an, aber er bedankte sich bei Benedict.

»Das mit Curtis Colt war sicher unangenehm für Sie«, sagte Benedict.

Nudger stimmte zu, und dachte bei sich, daß ›unangenehm‹ ein klein wenig untertrieben war.

»In der Zeitung stand, daß er gelitten hat«, sagte Benedict. »Man sollte doch meinen, daß die so was nach all den Jahren perfekt beherrschten. Aber ich nehme an, Hinrichtungen sollen ja auch keinen Spaß machen.«

»Warum nicht?« fragte Nudger. »Seien Sie doch kein Spielverderber.«

Benedict sprach langsam, als lege er jedes Wort auf die Goldwaage. Juristenparanoia. Das altbekannte Telefonwanzen-Syndrom. »Colt kann nun nicht mehr geholfen werden, Nudger. Ich nehme an, daß Sie den Fall jetzt aufgegeben haben.«

»Ja«, log Nudger. »Wenn mich nicht jemand beauftragt, um den Toten aufzuerwecken, ist er vorbei.«

»Ich, äh, habe Ihr Bild im *Voyeur* gesehen. Schmieren-Journalismus. Wenn Sie wollen, kann ich das Skandalblatt anrufen, ein bißchen Juristengeschwätz reden und ihnen Angst einjagen?«

»Danke für das Angebot«, sagte Nudger, »aber Sie würden denen wahrscheinlich keine Angst einjagen, sondern sie nur wütend machen. Dann würden sie nach einem Vorwand suchen, um *mich* zu verklagen. Ich habe eine Heidenangst vor einem Prozeß, davor, mein Schicksal in die Hände von zwölf Menschen zu legen, die ich vielleicht von den Nachmittags-Seifenopern losreißen würde.«

»Einspruch angenommen«, sagte Benedict. »Passen Sie auf sich auf, Nudger. Und halten Sie sich fern von ... Ärger.«

Mit Ärger war Candy Ann Adams gemeint.

»Ich werde ihm aus dem Weg gehen, als wäre er eine umgestürzte Hochspannungsleitung«, sagte Nudger und legte auf.

Früh am nächsten Morgen begann er, Candy Anns Wohnwagen zu beobachten.

Um halb neun kam sie in der gelben Kellnerinnenuniform heraus und stieg wieder in ein Taxi. Sie ging langsam, als wäre sie ganz in ihre Trauer versunken. Sie hatte sich die Haare anders gekämmt und trug einen Seitenscheitel. Es ließ sie älter aussehen.

Nudger folgte in seinem verbeulten VW, als das Taxi sie die viereinhalb Meilen zu ihrer Arbeit im Right Steer fuhr. Sie bezahlte den Fahrer und ging durch die Old-West-Saloontüren, ohne sich umzudrehen. Nudger wartete auf Klaviergeklimpere, auf Freudenschreie, auf zerbrechende Gläser und Revolverschüsse. Dann fiel ihm ein, daß es im Lokal nur Muzak und Folienkartoffel gab.

Um sechs am Abend fuhr sie ein anderes Taxi nach Hause und machte kurz Zwischenstation an einem Kroger-Supermarkt. Sie kam mit einer einzigen kleinen Papiertüte aus dem Geschäft, stieg wieder in das Taxi und setzte ihren Weg fort.

So ging es die nächsten paar Tage, vom Wohnwagen zur Arbeit zum Wohnwagen, immer mit dem Taxi. Ein einsames Ritual. Candy Ann hatte keinen Besuch außer der schlichten braunen Papiertüte, die sie jeden Abend mit nach Hause nahm.

Tagsüber, während sie sicher bei der Arbeit war, verbrachte Nudger seine Zeit damit unauffällig ihre Nachbarn auszuhorchen. Er ging Wanda Scathers aus dem Weg, weil er fürchtete, sie könnte Candy Ann einen Wink geben, daß er sich im Trailer Park herumtrieb.

Als vorgeblicher Versicherungsdetektiv brauchte er

nicht lange, um alles zu erfahren, was man in einer Wohnwagensiedlung voneinander wußte, in der die Menschen Wert darauf legten, sich nicht in die Angelegenheiten ihrer Nachbarn einzumischen, aber dennoch gerne klatschten, weil sie Langeweile hatten – sofern die richtigen Fragen auf die richtige Art gestellt wurden. Er bekam ein deutlicheres Bild von Candy Ann und Curtis Colt, wenn auch nicht unbedingt ein vollständiges.

Manchmal, wenn er mitten in einer der legendären Hitzewellen der schwülen Stadt im VW am Schmelzen war, fragte sich Nudger, ob sich sein Tun eigentlich lohne. Curtis Colt war schließlich tot, und er war nie sein Klient gewesen. Dennoch gab es Verpflichtungen, die über den Job hinausgingen. Aber vielleicht waren sie eigentlich das Wesentliche an seinem Job.

Am Donnerstag, nachdem Candy Ann zur Arbeit gefahren war, benutzte Nudger seine zugefeilte Visa-Card, um das dürftige Schloß an der Wohnwagentür zu knakken, und ging hinein. Er war nun allein hier, wo Curtis Colt soviel Zeit mit Candy Ann verbracht hatte – und auch allein. Nudger hämmerte das Herz, und der Magen drehte sich ihm ein paarmal um. So ging es ihm immer, wenn er irgendwo unbefugt eindrang. Eine ungesunde Achtung vor dem Gesetz.

Obwohl Candy Ann die Klimaanlage erst wenige Minuten zuvor ausgeschaltet hatte, wurde es im Wohnwagen schnell wieder heiß. Er war nicht gut isoliert, und die Sonne knallte in einem immer schneller werdenden Rhythmus auf das Aluminiumdach. Nudger wollte die Klimaanlage nicht wieder einschalten und damit vielleicht die Aufmerksamkeit von Wanda Scathers zu erregen, die wissen mochte, daß Candy Ann um diese Zeit am Morgen immer schon zur Arbeit gegangen war.

Geduldig und systematisch durchsuchte er den Wohnwagen.

Er brauchte mehr als eine Stunde, bis er das Gesuchte fand. Es war gut versteckt gewesen, in einer Kartonschachtel über einem lockeren Deckenpaneel im Badezimmer. Nachdem er den Inhalt der Schachtel durchgesehen hatte – beinahe siebenhundert Dollar Beute aus Curtis Colts kurzem verbrecherischen Leben und ein Gegenstand, der Nudger nicht überraschte – machte er die Schachtel wieder zu und stellte sie wieder an ihren Platz über dem Paneel.

Curtis Colt, du Desperado, du, dachte Nudger. Dann dachte er an Tom, und er beschloß, Hitze hin oder her, Candy Ann auch weiterhin zu beschatten. Soviel war er ihr und Curtis schuldig.

Er kannte ihren Dienstplan, der ihm die Sache sehr erleichterte. Im Moment wäre sie sicher bei der Arbeit im Right Steer und erforderte seine Aufmerksamkeit nicht.

Er vergewisserte sich, daß alles im Wohnwagen so war, wie er es vorgefunden hatte, ging dann wieder nach draußen, wo ihm, zumindest für ein paar Minuten, kühler war.

Als Nudger wieder im Büro war, sagte ihm Danny, daß Claudia früher am Morgen hereingeschaut und ihn gesucht habe. Sie hatte einen Dunker Delite gegessen, eine Tüte Milch getrunken, eine Weile auf ihn gewartet, und dann Danny einen Zettel in die Hand gedrückt, den er Nudger geben sollte.

Die Nachricht war in blauer Tinte geschrieben, in ihrer gestochenen Lehrerinnenhandschrift. Darin hieß es nur, sie wolle Nudger am späten Nachmittag oder Abend sehen und bitte ihn, irgendwann nach vier zu ihr in die Wohnung zu kommen. Sie habe etwas Wichtiges zu besprechen, schrieb sie. Es war unterschrieben mit »In Liebe, Claudia«.

Nudger wußte nicht recht, wie er sich nun dabei fühlen

sollte. Aber er konnte sich seine Gefühle nicht aussuchen. Niemand konnte das. Das verursachte ja so vielen Menschen so viele verzwickte Probleme und ließ ihn im Geschäft bleiben.

Da war schon wieder eine Nachricht von Eileen auf dem Anrufbeantworter. Er hörte sie sich nur solange an, bis er wußte, worüber sie so hartnäckig mit ihm reden wollte. Er hatte ihr im vergangenen Monat tatsächlich nur den halben Unterhalt gezahlt. Und damit nicht genug, ihr Anwalt hatte eine Akte mit den Daten aller Unterhaltszahlungen Nudgers und benutzte irgendeine Formel, um die Zinsen zu berechnen, die er Eileen angeblich schuldete. Der Zinssatz lag einige Prozent über dem Verzugszins, den Nudger immer für den Satz gehalten hatte, den die Banken von ihren *schlechtesten* Kunden verlangten. Aber schließlich bestand kaum ein Zweifel, daß First National Eileen ihn für ihren allerschlechtesten Kunden hielt.

Nudger wußte, daß er Eileen die ausstehende Hälfte des Unterhalts besser bald zahlen sollte. Die Verzugszinsforderung war wahrscheinlich ein Bluff, der ihn bloß ärgern sollte, und konnte ignoriert werden. Er wünschte, sie würde ihn in Frieden lassen. Sie hatte mehr Geld als er. Sie konnte sich immerhin einen fantastischen Anwalt leisten.

Er faltete Claudias Nachricht zusammen und schob sie in die Hemdtasche. Das Leben konnte ungeheuer kompliziert sein. Seine Mutter hatte ihm nie gesagt, daß es auch solche Jahre geben würde.

30. Kapitel

Die Wohnung in der Wilmington Avenue war ordentlich und roch nach Möbelpolitur mit Zitronenduft, als habe Claudia erst gerade zu putzen aufgehört und alles stünde noch genau an seinem Platz. Vielleicht wollte sie mit Nudger in einer möglichst ordentlichen Umgebung reden, so daß ihre Unterredung dieselbe Symmetrie annähme.

Sie trug ihr schlichtes marineblaues Kleid und hatte die Haare zurückgekämmt und hinter den Ohren festgesteckt, von dort durften sie dann über ihre Schultern fallen. Sie wirkte atemberaubend schön auf Nudger, ihr schmales Gesicht sah im Spätnachmittagslicht vollkommen aus. Es war Punkt vier. Nudger mußte Claudia so früh wie möglich sehen, um rechtzeitig im Right Steer zu sein, wenn Candy Ann Dienstschluß hatte.

Auch Claudia dachte an Candy Ann, denn als Nudger sich auf das Sofa gesetzt hatte, sagte sie: »Jemand in der Schule war so freundlich, mir dein Foto in der Zeitung zu zeigen. Das, auf dem du aus dem Wohnwagen kommst, mit einer Miene, wie sie Lancelot zur Schau getragen haben muß, wenn er aus Guineveres Kammer kam.« Ein steifer, beinahe tadelnder Ton hatte sich in ihre Stimme geschlichen.

»Ich glaube nicht, daß das so in *Der König auf Camelot* steht.«

»Das sollte ein plastisches Bild sein.«

»Dieser Jemand, der dir das Foto gezeigt hat, hieß der vielleicht Archway?«

Mit gespielter Nonchalance zuckte sie die Achseln. »Das spielt doch keine Rolle.« Sie war nervös. Sie ging ein paar Schritte nach links, ein paar nach rechts und blieb schließlich wieder vor Nudger stehen. »Da du die Nacht mit diesem Mädchen verbracht hast, dachte ich, wir könnten vielleicht einig werden, zu einer Vereinbarung kommen.«

»Du hast nichts dagegen, daß ich bei ihr war?«

»Ich habe nicht das Recht, etwas dagegen zu haben. Du darfst sehen, wen du willst. Und ich auch. Das ist es ja, was ich dir klarzumachen versuche.«

»Woher willst du wissen, daß ich die Nacht mit ihr verbracht habe?« fragte Nudger.

Claudia schien leicht überrascht. »Das stand in der Zeitung.«

»Na, da bin ich mir nicht so sicher; ich hab' mir bloß die Fotos angeschaut und mein Exemplar dann weggeworfen. Ich glaube nicht mehr, was in dieser Zeitung steht, seit diesem Artikel über das kaputte UFO. Der, in dem die Außerirdischen in eine Shell-Tankstelle eingebrochen sind und eine ganz gewöhnliche Autobatterie gestohlen –«

»Willst du etwa behaupten, daß du nicht mit ihr geschlafen hast?« fiel ihm Claudia ins Wort. Nudger meinte, eine Spur von Eifersucht aus der Frage herauszuhören. Ja, er war sich ganz sicher.

»Ich habe mit ihr geschlafen«, sagte er. Er sah, daß Claudia ganz leicht zuckte. »Aber ohne Sex. Ihr Verlobter war an jenem Tag gerade rituell zu Tode geröstet worden; sie hat jemanden gebraucht, der bei ihr blieb. Nur darum waren wir zusammen. Sie hat Trost gebraucht.«

»Und du warst zufällig derjenige, der sie getröstet hat. Die ganze Nacht.«

»So war es«, sagte Nudger.

Claudia setzte sich in den Sessel am Fenster. Das gefilterte Sonnenlicht, das durch die dünnen Gardinen hereinströmte, machte sie zehn Jahre jünger, ließ ihr Gesicht weich aussehen und verlieh ihm dennoch die Intensität von Jugend. Er sah die blutleere, blasse Anspannung in ihren Mundwinkeln, das leichte Beben der Nüstern. Sie war stocksauer, wütend, daß sie in die Lage versetzt worden war, mit Archway geschlafen zu haben, während Nudger hier sagte, daß er seit ihrer Auseinandersetzung keusch geblieben war, ein Heiliger von einem Mann. Das war peinlich und äußerst ärgerlich.

»Ich habe immer gehört, daß das Gewissen der Männer sich nicht unter die Gürtellinie erstreckt«, sagte sie.

»Das trifft nur auf diejenigen von uns zu, die unter vierzig sind.«

»Es ist nicht wichtig. Tatsache bleibt, daß du mit dieser Frau die Nacht verbracht hast. Ich gestehe, daß ich ein wenig unter der Eifersucht gelitten habe, die du empfunden haben mußt, als du mich mit Biff überrascht hast. Etwas von diesem Schmerz.«

»Menschenskind, Claudia, ein Kerl, der Biff heißt.«

Ihre dunklen Augen wurden schmal. »Willst du das ins Lächerliche ziehen?«

»Nein.«

»Ich möchte, daß wir uns wieder sehen, aber unter anderen Bedingungen. Ich möchte ab und an auch andere Männer sehen, und du kannst andere Frauen sehen.«

»Mit ›anderen Männern‹ meinst du wohl Archway?«

Sie schüttelte den Kopf. »Nein. Er ist überhaupt nicht wichtig. War er nie. Außerdem ist er mit der Feldhockey-Trainerin befreundet und zwar seit Monaten.«

»Sie dürfte eher sein Typ sein. Zerquetscht sie die Dose, wenn sie das Bier ausgetrunken hat?«

»Sachte, Nudger.« Eine Warnung, nicht leicht dahingesagt.

»Wenn Biff abserviert ist, und du mich wieder willst, warum mußt du dann mit anderen Männern ausgehen? Wirst du auf einmal nymphomanisch?«

Sie hob die Stimme; sie war sogar noch angespannter, als Nudger angenommen hatte. »Sex hat nichts, oder nur wenig, damit zu tun. Dr. Oliver hat mir gesagt, daß du bei ihm warst, daß er versucht hat, es dir zu erklären. Kannst du nicht ein bißchen Verständnis aufbringen und diese Autonomie und Freiheit in unserer Beziehung akzeptieren?«

»Es wird einige Zeit dauern, bis ich mich daran gewöhnt habe«, sagte Nudger. Er stand auf, ging in die Küche, fühlte sich ganz wie zu Hause und nahm eine Dose Bier aus dem Kühlschrank. Miller Lite war im Kühlschrank, nicht seine Marke. Wessen dann? Biffs und der Hockeytrainerin? Er ging ins Wohnzimmer und wischte sich Schaum vom Kinn. »Ich bin mir nicht sicher, ob ich mich daran gewöhnen kann.«

»Ich will dich nicht verletzen«, sagte Claudia. »Das ist das Letzte, was ich dabei will. Aber die Ehe mit Ralph, wie sie geendet ist... Ich muß aus der mißlichen Lage ausbrechen, in die mich das gebracht hat. Ganz ausbrechen. Ich muß herausfinden, wer ich wirklich bin.«

Solches Geschwätz machte Nudger wütend. »Das ist Erstsemesterrhetorik, Claudia. Was kommt als nächstes? Bindest du dir ein Halstuch um den Kopf und trampst durch das Land? Das hier ist die falsche Dekade dafür. Die Leute, die so was getan haben, leben jetzt in Eigentumswohnungen, fahren einen Volvo oder spielen in Vegas. Wenn du herausfinden willst, wer du wirklich bist, sieh auf deinem Führerschein nach.«

Sie stand auf, ballte die Fäuste. Auweia! Er wußte, daß er zu weit gegangen war. Vielleicht viel zu weit.

»Verdammt, Nudger! Wenn dir nichts an mir liegt, dann scher dich zum Teufel! Ich sitze so in der Falle, daß ich mich nur in Klischees und gestelztem Sechzierjahrejargon ausdrücken kann. Wenn ich es verstehen und ausdrücken könnte, glaubst du, dann müßte ich darunter leiden?«

»Wahrscheinlich nicht, wenn man Dr. Oliver glaubt«, sagte Nudger.

»Krittele nicht an Dr. Oliver herum. Er hat mir das Leben gerettet.«

Das war mehr oder weniger wahr.

Claudia war nun ruhiger. Sie wollte nicht zugeben, daß Nudger ihr ebenfalls das Leben gerettet hatte, aber es war ihr klar und es ernüchterte sie. Im Moment wollte er ihre Dankbarkeit nicht.

Er nahm einen kräftigen Schluck Bier, ging hinüber und küßte sie auf den Mund. Das tat gut. Man mußte sie mit ein klein wenig unerwartetem Machismo aus dem Konzept bringen, wie im Kino. Das machte sie immer kirre.

»Was, zum Teufel, stimmt nur mit dir nicht?« fragte sie und stieß ihn so heftig von sich, daß er beinahe hintüber gefallen wäre. »Ich versuche mit dir zu reden.«

»Vielleicht ist es dieses ganze Gerede, was mit uns nicht stimmt.« Na ja, das und sein Timing.

»Leck mich, Nudger. Wenn du so denkst, kannst du zu deiner dürren Blondine zurückgehen.«

»Ah, du bist eifersüchtiger, als du gedacht hast! Dr. Oliver würde sagen, das sei gut für dich.«

»Du Schwein!« Sie nahm eine Zeitschrift vom Tisch und schleuderte sie so hart nach ihm, daß sie mitten im Flug auseinanderfiel und die Seiten durch das ganze Zimmer flatterten. Claudia hielt immer noch das zerrissene und zerknüllte Titelblatt in der Faust.

Er fragte sich, was sich da abspielte. Noch nie hatte er sie so die Beherrschung verlieren sehen. Es gefiel ihm. Archway mochte ihn wie Pizzaboden herumwirbeln, aber mit der da konnte er fertigwerden. Das wäre doch gelacht!

Er hechtete nach ihr, packte sie um die Taille und rang sie zu Boden. Sie war stark, aber er hatte sie überrumpelt. Das tat gut.

Sie trommelte ihm mit den Fäusten auf den Rücken. »Vergewaltigung!« sagte sie. »Das ist eine beschissene Vergewaltigung!«

»Raub«, belehrte sie Nudger, Nudger wälzte sich auf sie. »Ich will bloß deine Handtasche.«

»Du weißt genau, daß ich keine Handtasche habe!« Sie schrie auf, als er ihr ins Ohrläppchen biß. »Aua, du Idiot! Warum hast du das getan?«

»Keine Ahnung«, sagte Nudger. »Vielleicht ist das doch eine Vergewaltigung. Ich nehme an, ich kann es mir aussuchen.«

»Die Nachbarn!« sagte sie. »Die Nachbarn werden alles hören und Unterschriften sammeln, um mich aus der Wohnung zu jagen. Du kennst diese Leute nicht!«

»Du dienst wahrscheinlich zu deren Unterhaltung«, sagte er. »Die haben auch Genitalien und werden Verständnis haben.«

»Nudger, ich meine es ernst!«

Er fuhr ihr mit der Fingerspitze leicht den Hals entlang, bis sie unwillkürlich zuckte. Sie packte sein Haar und zerrte heftig daran, verdrehte es hart.

»Ist das geil?« fragte sie.

»Ich wünschte, ich trüge ein Toupet. Dann ginge der Witz auf deine Kosten.«

»Du bist mir ein feiner Vergewaltiger.«

Sie ließ seine Haare los und die Hand sinken. Eine Haarsträhne hatte sich unter einem Fingernagel verfangen.

Nudger war außer Atem. Ein Mann in mittleren Jahren, der sich auf dem Teppichboden wälzt. Puh! Keine Kondition. Kein Biff.

Sie schob ihn von sich herunter, und er fiel lachend neben ihr auf die Seite. Sie lachten beide, aber Claudia hielt sich das Ohr, und lachte nicht so laut wie er.

Sie setzte sich im Schneidersitz neben ihn. Nach einer Weile beugte sie sich hinunter und küßte ihn sanft auf die Stirn.

»Bleib heute nacht bei mir«, sagte sie.

»Unter unserer neuen Vereinbarung?«

Sie nickte und lächelte auf ihn herab.

Er rollte sich auf Hände und Knie, hielt den Atem an, und es gelang ihm schließlich, aufzustehen. Die Seite tat ihm weh, aber es machte ihm nichts aus.

»Ich kann nicht bleiben«, sagte er. »Nicht heute nacht.«

Sie stand anmutig auf und strich sich die Knitter aus dem Kleid. Liebend gern hätte sie gefragt, wo er hinging, aber sie verkniff es sich.

»Ich werde versuchen, später zu dir zu kommen. Das heißt, wenn du nicht mit Archway zusammen bist. Ich habe immer noch meinen Schlüssel; gerade eben hat er mich in die Hüfte gestochen.«

»Ich hab' dir doch gesagt, ich habe nicht vor, Biff je wiederzusehen. Wie steht es mit dir? Hast du vor, Candy Ann Adams wiederzusehen?«

Nudger nickte und stopfte sich das Hemd in die Hose. »Ich sehe sie heute abend«, sagte er. »Geschäftlich.«

Claudia enthielt sich eines Kommentars, aber es war offensichtlich, daß sie es mißbilligte. Sie zog eine Haarklammer aus dem Haar, klemmte sie sich zwischen die Zähne, ordnete ein paar verirrte Strähnen, und steckte sie dann wieder fest. Alles ganz schnell und sicher. Elegant. Wie geschickt Frauen Haarklammern handhabten, verblüffte ihn immer wieder.

Er sagte: »Jedenfalls hauptsächlich geschäftlich.«

Er ging rasch hinaus, zog die Tür hinter sich zu und ließ Claudia allein, damit sie sich an ihre neue Vereinbarung gewöhnen konnte.

Als er auf die Treppe zuging, meinte er zu hören, wie etwas in der Wohnung zu Bruch ging, aber er war sich nicht sicher.

Die Nachbarn erinnerten sich noch vom letzten Mal an ihn. Diejenigen, die gemäht hatten, wienerten nun, diejenigen, die gewienert hatten, mähten. Sie hielten einen Moment in der Arbeit inne, um zu glotzen. Als sie ihn das letztemal gesehen hatten, ging er zusammengekrümmt wie ein Mann, den gerade überall dort, wo es nicht tödlich war, Schüsse getroffen hatten. Er fragte sich, wieviel sie über ihn und Claudia wußten. Und über Claudia und Biff Archway. Er glotzte zurück, und sie machten sich mit erneutem Fleiß wieder an ihre Arbeit.

Nudger ließ den VW an und fuhr, begleitet von dem Radau eines Dutzend Elektrorasenmäher, vom Randstein weg, zum Right Steer Steakhouse.

Auf halber Höhe des Blocks grinste ihn ein hochbetagter grauhaariger Mann, der einen uralten Kombiwagen polierte, breit an und winkte ihm fröhlich zu.

31. Kapitel

Nudger wartete in dem heißen VW vor dem Right Steer beinahe eine Stunde bis nach Candy Anns Dienstschluß. Sie war nicht herausgekommen, und das Taxi, das gewöhnlich auftauchte, um sie nach Hause zu fahren, war nie erschienen. Die Sonne stand jetzt tief, brannte durch das Heckfenster hinein, gewann in einem Goldfischglaseffekt an Intensität und wirkte wie eine Lupe, mit der man ein Feuer entfacht. Und Nudger war der Zunder.

Anstatt in Flammen aufzugehen, wischte er sich mit dem Ärmel über die Stirn, stieg aus dem Auto und schleppte sich über den Parkplatz zu dem Eingang des Restaurants. Der Abphaltbelag des Parkplatzes hatte die Hitze des Tages gespeichert, klebte an Nudgers Schuhen und verursachte bei jedem Schritt ein leises schmatzendes Geräusch.

Nudger ging durch die Saloontüren, schob dann die pneumatische Doppelglastür auf und stand in dem wohltuend klimatisierten Right Steer. Zwei ältere Frauen, eine mit einem Stock, gingen um ihn herum zur Serviertheke, wo ein gelbuniformiertes Cowgirl darauf wartete, ihre Bestellungen entgegenzunehmen und sie zur Kasse zu bugsieren wie mutterlose Kälber zum Pferch.

Nudger spähte über eine hölzerne Trennwand in das überfüllte Restaurant und sah die Kellnerinnen geschäftig herumwieseln, Steaks bringen, Gläser auffüllen und Tische abwischen. Candy Ann sah er nicht.

Als eine junge blonde Kellnerin in seine Nähe kam, um die Kaffeetassen aufzufüllen, beugte sich Nudger über die Trennwand.

Er las den Namen, der auf ihrer Uniformbluse eingebrannt war, und fragte: »Jodi, ist Candy Ann Adams noch da?«

Jodi blieb stehen und lächelte ihn an, als wollte sie ihm gleich sagen, sie sei seine Kellnerin und wenn er irgend etwas brauche, müsse er es ihr nur sagen, und sie würde ihn mit Freuden bedienen. Statt dessen sagte sie: »Candy Ann? Die ist schon vor Stunden gegangen. Mußte ihr Auto abholen, bevor die Werkstatt zumacht. Wenigstens hat sie das gesagt.« Nudger hörte einen verärgerten Unterton aus ihrer Stimme heraus, als könnte Candy Anns Abwesenheit der Grund sein, weshalb alle anderen Kellnerinnen mit doppelter Geschwindigkeit herumhetzen mußten.

Nudger bedankte sich bei ihr und ging wieder hinaus, über den klebrigen Parkplatz zum VW.

Er fuhr zum Placid Grove Trailer Park und beobachtete den Meilenzähler auf dem Tacho. Genau viereinhalb Meilen.

Er sah niemanden in Candy Anns Wohnwagen, kein Auto parkte in der Nähe; nur ein graues Eichhörnchen huschte über das Wohnwagendach und vollführte auf der Telefonleitung einen waghalsigen Drahtseilakt und flüchtete sich dann in einen hohen nahen Baum.

Die Fahrzeuge waren so geparkt, daß es keinen Platz gab, an dem Nudger im VW warten konnte, ohne eventuell Verdacht zu erregen, also fuhr er wieder in die Watson Road zurück. Er fand unter ein paar hohen Platanen einen schattigen Platz und parkte dann den VW auf dem Bankette so, daß er die Einfahrt zur Wohnwagensiedlung sehen konnte. Nachdem er den Motor ausgeschaltet hatte, langte er hinüber und öffnete die Beifahrertür, um ein wenig mehr Luftzug zu ernten. Das Wageninnere fühlte sich heiß an.

Dann tat er das, womit er in diesem seltsamen Beruf, der ihn sich ausgesucht hatte, schon viel zuviel Zeit verbracht hatte. Was er in Hotelfoyers, Parkplätzen, Bars, leeren Wohnungen und Telefonzellen tat und an Orten, die zu verschiedenartig waren, um klassifiziert zu werden.

Er wartete.

Es war schon dunkel, als sie endlich auftauchte. Nudger erhaschte einen Blick auf ihr hageres Profil, als sie abbog und mit ihrem Wagen unter dem bogenförmigen ›Placid Grove‹-Schild hindurchfuhr.

Er ließ den VW an und folgte ihr, behielt die strahlenden roten Heckleuten ihres Autos im Auge, bis sie dicht aneinander zu rücken schienen und verschwanden, als sie nach rechts auf die Tranquillity Lane abbog, auf der letzten Etappe in Richtung Heimat.

Er fuhr an den Straßenrand und wartete, ließ ihr viel Zeit, hineinzugehen, bevor er den Gang einlegte und nicht weit von ihrem Wohnwagen entfernt parkte.

Als er im Dunkeln die Tranquillity Lane entlangging, schien es, als schrien die Grillen in einer verrückten Lautstärke, wie in jener Nacht, als er mit Tom geredet hatte. Oder vielleicht schien das nur so, weil es ansonsten so still war; es war immer noch zu heiß, als daß jemand ohne guten Grund draußen wäre. Glühwürmchen flimmerten zwischen den Wohnwagen, sandten mysteriöse Leuchtsignale, die einzig sichtbaren Zeichen von Leben oder Bewegung.

Candy Anns Auto, ein alter, aber glänzender gelber Ford, stand dicht bei ihrem Wohnwagen. Auf dem Weg zur Tür blieb Nudger stehen und verkratzte mit einem Schlüssel die Motorhaube.

Sogar in dem trüben Licht konnte er sehen, daß das Auto unter der neuen gelben Lackierung dunkelgrün oder schwarz war. Er beugte sich hinunter und betrachtete das Kennzeichen. Die Nummer begann mit einem L.

Die Grillen hörten urplötzlich auf zu schreien.

Es dauerte ein paar Sekunden, bis Nudger die Stille wirklich wahrnahm.

Er richtete sich gerade auf, als er aus den Augenwinkeln sah, wie einer der Schatten plötzlich Gestalt annahm und auf ihn losstürzte.

Nudger wollte erschreckt aufschreien, aber ein Schlag in die Seite raubte ihm den Atem und ließ seine verletzte Rippe vor Schmerz aufflammen.

Er lag am Boden. Ein großer Mann holte über ihm zu einem Tritt aus. Nudger rollte sich auf die linke Seite, spürte, wie ihn ein Schuh an der Hüfte streifte. Er rappelte sich auf, und ein weiterer Schalg streifte ihn am Hals und warf ihn beinahe wieder zu Boden.

Der Mann stürzte wieder auf ihn los. Diesmal wich Nudger aus und schlug dem großen Mann die Faust in den Magen, hörte einen eher irritierten denn schmerzerfüllten oder atemlosen Ächzer. Hui! Der Bauch des Kerls war so hart, daß Nudger sich die Faust wehgetan hatte. Der Mann war fit für ein Kommandounternehmen, trug ein dunkles Hemd mit langen Ärmeln und hatte sich eine gestrickte Skimütze übergestülpt, um sein Gesicht zu verbergen.

Der Abend war viel zu heiß dafür, dachte Nudger dümmlich, als der Mann ihn bei der Hemdbrust packte. Die Knöpfe schossen wie platzende Maiskörner in den Schatten.

Nudger versuchte seinen Gegner wegzustoßen, doch der Mann ächzte nur und hieb mit der Handkante auf Nudgers Hals herunter. Der Schlag ging daneben, wurde von der Schulter abgelenkt und traf die gelbe Kühlerhaube des Autos. Mußte auf beiden Seiten Beulen hinterlassen.

Dann war der große Mann wieder dicht bei Nudger, setzte sein ganzes Gewicht ein und zwang Nudger mit dem Rücken auf die Motorhaube. Er packte Nudger beim Haar und schlug seinen Kopf auf das glatte Metall. Noch mehr Beulen. Es verursachte einen Heidenkrach, aber wahrscheinlich nicht genug, um die Nachbarn aufzuwecken und Hilfe zu bringen. Aber vielleicht hörte es sich nur für Nudger so laut an. Mit jedem Aufprall explodierte ihm der Schmerz zwischen den Ohren.

Als Nudgers Hinterkopf besonders hart auf das Auto prallte, mußte sich unter der Motorhaube irgend etwas gelockert haben. Die Hupe begann plötzlich zu plärren und hörte nicht auf zu heulen.

Der Mann richtete sich auf, und als er durch die Augenlöcher der Skimütze wütend auf ihn herabstarrte, erkannte ihn Nudger.

Der Große versuchte einen letzten Schwinger, schoß mit der Faust an Nudgers Gesicht vorbei, machte dann auf dem Absatz kehrt und rannte in die Dunkelheit hinein. Für seine Größe bewegte er sich ausgesprochen rasch.

Noch lange, nachdem er ihn aus den Augen verloren hatte, hörte Nudger seine Schritte auf dem Kiesweg.

Nudger richtete sich auf, fuhr sich mit den Fingerspitzen zaghaft über den Hinterkopf und betrachtete dann die Finger im Licht des Mondes. Kein Blut zu sehen. Gott sei Dank hatte der Ford keine Kühlerfigur.

Er ging um den Wagen herum zur Fahrertür und zog den Motorhaubenriegel. Dann hob er die Motorhaube hoch, suchte nach den Hupenkabeln und riß sie heraus.

Die plärrende Hupe verstummte ganz plötzlich.

»... ist hier endlich Ruhe!« schrie eine Männerstimme aus dem Wohnwagen auf der anderen Straßenseite.

»Alles okay jetzt!« rief Nudger zurück. »Alles in Ordnung gebracht!« Sein Kopf fühlte sich an, als pralle er immer noch auf die Motorhaube. Nur die kartonartige Dünne und Biegsamkeit des Metalls hatte ihn vor einer ernsthaften Verletzung bewahrt. Danke, Detroit.

Er rückte seine Kleidung zurecht und sah, daß seine Hosen am Knie zerrissen waren. Er wußte, daß er Glück gehabt hatte. Die gellende Hupe hatte die Nachbarn alarmiert und ihn gerettet; sein starker Angreifer hatte keine Zeit gehabt, ihm großen Schaden zuzufügen.

»Wer ist da draußen?« fragte eine bebende Stimme. »Was ist da los?«

Nudger wandte sich um und sah Candy Ann in der Tür ihres Wohnwagens stehen, die Hand immer noch am Knauf, so daß sie, falls nötig, rasch wieder im Wohnwagen verschwinden und den Butzemann aussperren konnte.

»Ich bin's, Nudger«, keuchte Nudger. »Ich bin da los.« Er wartete, bis der Boden seine Schlagseite verlor, und ging dann in das Licht. Ein dumpfer Schmerz karambolierte ihm im Schädel herum.

»Dann kommen Sie doch herein«, sagte sie.

32. Kapitel

Candy Ann ließ ihn nicht aus den Augen, als er auf die Tür zuging. Als sich ihre Blicke ineinanderbohrten, versuchte sie ein Lächeln, aber sie konnte ihre Gesichtsmuskeln nicht recht beherrschen, als wären sie steif und unkoordinierbar geworden. In dem gelben indirekten Licht, das aus dem Wohnwagen schien, sah sie viel älter aus. Ihr Kleinmädchenaussehen hatte sie verlassen; nun war sie eine abgezehrte, gramzerfressene Frau, eine Barbiepuppe vom Lande, deren Gesichtszüge ein ungezogenes Kind mit dunkler Kreide nachgezeichnet hatte. Die Halbmondschatten unter den Augen beraubten sie ihrer Unschuld. Sie hielt ein Glas in der Hand, in dem einmal Marmelade gewesen war. In dem Glas waren zwei Finger breit einer farblosen Flüssigkeit. Hinter ihr auf dem Tisch lag eine zerknitterte Papiertüte und eine Flasche Gin. Die Flasche war beinahe voll, doch als er Candy Anns Atem roch, erkannte Nudger, daß sie schon etwas getrunken haben mußte, bevor sie nach Hause gekommen war.

»Das ist aber eine Überraschung und ein Vergnügen«, sagte sie schließlich, immer noch ohne zu lächeln, bemühte sich vergeblich um einen wohlerzogenen ländlichen Charme, der weit danebenging. »Was, um alles in der Welt, war da draußen los?«

»Jemand hat sich bei Ihrem Auto herumgetrieben«, sagte Nudger. »Vielleicht ein Radkappendieb. Ich habe ihn verscheucht.«

Sie starrte von der obersten der drei Stufen, die zum Wohnwagen führten, auf ihn herunter, immer noch mit der Hand auf dem Knauf. Ihr dünner Körper verlagerte unbehaglich das Gewicht, als risse ein heftiger Wind an ihm.

Nudger könnte schließlich doch der Butzemann sein.

»Ich habe es mir zusammengereimt«, sagte Nudger.

Jetzt lächelte sie tatsächlich, aber es war ein flüchtiges Lächeln, ein matter grünlicher Schatten, der über ihr angespanntes Gesicht huschte. »Sie sind ein Mann von beeindruckender Hartnäckigkeit, Mr. Nudger. Sie wissen einfach nicht, wann Sie aufhören müssen.«

Sie trat einen Schritt zurück, und er folgte ihr in den Wohnwagen. Es war heiß hier drinnen; irgend etwas stimmte nicht mit der Klimaanlage.

»Höllisch heiß, was?« sagte Candy Ann. Nudger schien das angemessen.

Er setzte sich ihr gegenüber an das winzige Resopaltischchen, genau wie er vor elf Tagen Tom gegenüber gesessen hatte. Sie bot ihm etwas zu trinken an. Er lehnte ab. Sie stürzte den Inhalt des Marmeladenglases hinunter und goß sich ungeschickt wieder Gin ein, verschüttete dabei ein wenig davon auf den Tisch. Es war ein billiger Gin, aber ein hundertprozentiger, vielleicht sogar stark genug, um sich durch das Resopal zu fressen.

»Nun, was haben Sie sich also zusammengereimt, Mr. Nudger?« Ein ängstlicher und wehleidiger Unterton lag in ihrer Stimme. Sie wollte es nicht, doch sie mußte es ihn sagen hören. Mußte es mit jemandem teilen.

»Von hier zum Right Steer Steakhouse sind es mehr als vier Meilen«, sagte Nudger. »Die Kellnerinnen dort verdienen wenig mehr als den gesetzlichen Mindestlohn, und es gibt kein Trinkgeld, also müssen Taxifahrten von hier nach dort einen Großteil Ihres Gehaltes verschlingen, so daß sich die Arbeit dort kaum lohnt. Aber dann scheinen Sie ja immer mit dem Taxi zu fahren. Als ich Sie bei Curtis' Beerdigung in einem Taxi davonfahren sah, wurde mir das klar.«

»Aber sicher. Mein Auto war in der Werkstatt.«

»Ihre Nachbarn behaupten, es sei seit Monaten verschwunden.«

»Ich hatte es einer Freundin geliehen. Sie hat es 'ne

Weile gefahren, dann ist sie von der Straße abgekommen und in ein paar Bäume gerast und hat es kaputtgefahren. Ich hab' kein Vollkasko, also hat es eine Weile gedauert, bis ich es reparieren lassen konnte. Es war dort aufgebockt, wohin ich es hab' abschleppen lassen. Dort ist es die ganze Zeit über gewesen, in der Werkstatt.«

»Ich habe mir gedacht, daß es dort sein könnte, nachdem ich das Geld und die Perücke gefunden hatte.«

Sie senkte den Kopf ein wenig und nahm einen stärkenden Schluck Gin. »Geld? Perücke?«

»In der Kartonschachtel über dem Deckenpaneel in Ihrem Bad.«

»Sie haben geschnüffelt, Mr. Nudger.« Es klang eher resigniert denn empört.

»Sie sind zwar mager, aber nicht klein«, sagte Nudger. »Mit einer dunklen Lockenperücke und einem falschen Schnurrbart, ähnlich angezogen und in einem Auto, sähen Sie Colt ähnlich genug, um ein Dutzend Augenzeugen, die Sie nur flüchtig sehen, hinters Licht zu führen. Es war eine raffinierte Vorsichtsmaßnahme, die Sie beide da ergriffen haben.«

Candy Ann sah verblüfft drein. »Wollen Sie damit etwa sagen, daß ich bei dem Überfall den Fluchtwagen gefahren hätte?«

»Vielleicht. Und dann haben Sie vielleicht jemanden engagiert, um den Tom zu spielen und mir einzureden, er wäre Colts Komplize, und daß sie beide, als der Abzug durchgezogen wurde, weit entfernt vom Tatort waren. Ich habe mit einigen Ihrer Nachbarn gesprochen; sie haben mir gesagt, daß Sie einen dunkelgrünen Ford fahren. Sie haben Ihr Auto versteckt, weil die Polizei eine ungefähre Beschreibung hatte, dann haben Sie es gelb lackieren lassen, damit Sie wieder damit fahren konnten.«

Candy Ann fuhr sich mit der Zungenspitze über die Ränder der hervorstehenden Zähne. Sie dachte einen Augenblick nach, bevor sie etwas erwiderte.

»Teilweise haben Sie recht. Es ist wahr, daß Curtis und Tom mein Auto für ihre Raubüberfälle benutzt haben. Was jedoch die Perücke angeht, die gehört Tom.«

»Ich bezweifle, daß Tom Curtis je kennengelernt hat. Er ist jemand, den Sie mit gestohlenem Geld oder Drogen dafür bezahlt haben, daß er sich da hinsetzte, wo Sie jetzt sitzen, und mir Lügenmärchen erzählte. Und vergessen Sie nicht, er hat behauptete, daß er die Perücke nach Curtis Verhaftung verbrannt hätte.«

»Wenn ich das Fluchtauto gefahren hätte, Mr. Nudger, und hundertprozentig wüßte, daß Colt schuldig war, warum hätte ich dann einen Privatdetektiv beauftragen sollen, um die Zeugenaussagen zu zerpflücken?«

»Das hat mir eine Zeitlang zu knabbern gegeben«, sagte Nudger, »bis ich gemerkt habe, daß Sie gar kein Interesse daran hatten, Colts Unschuld zu beweisen. Was Ihnen wirklich Sorgen machte, war, daß Curtis Colt im Gefängnis auspacken könnte. Sie wollten nicht, daß die Zeugen ihre Ausagen änderten, Sie wollten, daß diese Aussagen erhärtet werden, damit die Zeugen ihre Ausagen sogar auch dann nicht ändern würden, wenn Colt auspackte. Und Sie wollten, daß die Polizei von Das-ist-aber-nicht-sein-richtiger-Name-Tom erfuhr, um einen möglichen Verdacht von sich abzulenken.«

Draußen veranstalteten die Grillen wieder einen Höllenlärm, ihre schrillen ununterbrochenen Schreie waren das lauteste Geräusch in dem glühend heißen Wohnwagen. Candy Ann hob den Kopf und sah Nudger mit einem angsterfüllten, bittenden Blick direkt in die Augen. Sie fragte nur: »Und warum sollte ich so was tun?«

»Weil Sie bei allen Raubüberfällen Curtis Colts Komplizin waren. Und als Sie das Spirituosengeschäft überfallen haben, ist er im Auto geblieben. Sie haben den Schuß abgegeben, der die alte Frau getötet hat.«

Candy Ann schüttelte langsam den Kopf, als wäre sie betäubt. »Gott, das ist verrückt.«

»Curtis war es, der den ziellosen Schuß aus dem fahrenden Wagen abgegeben hat«, sagte Nudger. »Das wurde mir klar, als eine Zeugin, Edna Fine, mir gesagt hat, daß sie einen Arm aus dem Auto gesehen hat, der nach hinten auf das Spirituosengeschäft schoß. Sie sah das Auto von links. Der Fahrerseite. Der Arm ragte aus dem Fenster auf der Fahrerseite. Curtis' Arm. Deshalb haben die Tests ergeben, daß er an jenem Abend eine Waffe abgefeuert hatte.«

»I wo, das ist einfach nich wahr, Mr. Nudger. Nichts davon.«

»Es ist wahr. Und Sie haben sich an Randy Gantner herangemacht, damit er bei seiner Aussage bleibt, wenn die anderen Zeugen ihre Aussage ändern sollten. Als es so aussah, als könnte ich tatsächlich Fortschritte machen, hätten Sie Verdacht erregt, wenn Sie mich einfach von dem Fall abgezogen hätten, also haben Sie Gantner dazu gebracht, einen seiner Gewerkschaftsschläger-Kumpel anzuheuern, mich zusammenzuschlagen und mich zu verjagen. Als das nichts nutzte, hat Gantner dafür gesorgt, daß die anderen Zeugen bei ihrer Aussage bleiben würden; er hat sogar Edna Fine terrorisiert, indem er ihre Katze umgebracht hat. Während ich Sie beschattet habe und darauf gewartet habe, daß Sie das Auto holen, von dem ich sicher war, daß Sie es irgendwo versteckt haben, hat Gantner mich beschattet. Gerade eben, da draußen, hat er begriffen, in welch großen Schwierigkeiten er steckt, zu was Sie ihn da verführt haben, indem Sie an seinen pubertären Männlichkeitswahn appellierten, und er hat wieder versucht, mich mit Gewalt zu stoppen.« Nudger sah auf die Ginflasche. Er hatte Lust, etwas zu trinken, aber er verkniff es sich. »Hat Sie Gantner auch bloß im Arm gehalten, als Sie mit ihm geschlafen haben, Candy Ann?«

Sie gab keine Antwort. Sie trank ihr Glas aus und goß sich wieder Gin in das Marmeladenglas, schlug mit dem Flaschenhals hart an den dicken Rand des Glases. Es verursachte ein überraschend durchdringendes, feuersteinartiges Geräusch, als könnten gleich Funken stieben.

»Colt hat nie ausgepackt«, sagte Nudger. »Nicht bei der Polizei, nicht bei seinem Anwalt, nicht einmal bei einem Pfarrer. Nun, da er tot ist, können Sie ihm für immer vertrauen, aber ich habe das Gefühl, das hätten Sie ohnehin tun können. Er hat Sie mehr geliebt als Sie ihn, und Sie werden mit dem Wissen leben müssen, daß er den Tod nicht verdient hatte.«

Sie schaute in ihr Glas, als suche sie nach Antworten und schwieg lange. Nudger fühlte, wie ihm eine Schweißperle in einem wilden Zickzackkurs den Nacken hinunterkullerte, wie ein winziges Lebewesen, das toll war von der Hitze.

Dann sagte sie: »Ich wollte nicht auf den alten Mann schießen, aber er hat mich dazu gezwungen. Dann ist die alte Frau auf mich los.« Sie sah zu Nudger auf und lächelte ganz leicht. Es war ein Lächeln, das Nudger noch nie an ihr gesehen hatte; es jagte eine klirrende Kälte durch ihn. Da war ein nadelspitzengroßes Zentrum von Finsternis, dem Abgrund des Wahnsinns, in ihren Augen. »Gott steh mir bei, Mr. Nudger, ich muß immerzu daran denken, daß ich die alte Frau erschossen habe. Und an Curtis.«

»Sie haben sie umgebracht«, sagte Nudger leise. »Und dann haben Sie Curtis Colt umgebracht, indem Sie schwiegen und ihn an ihrer Stelle sterben ließen.«

»Ich habe Angst gehabt«, sagte sie nur tonlos.

»Alle haben die meiste Zeit Angst.«

»Das stimmt vermutlich. Aber einige von uns haben mehr Angst als andere und mit mehr Grund.«

Nudger schwieg, weigerte sich, ihr beizustimmen. Er war sich sicher, daß sie Gantner nicht alles anvertraut hatte. Nudger war der einzige, der alles über sie wußte, und er würde ihr nicht sagen, was sie unbedingt hören wollte, würde sie nicht beruhigen und ihr geben, was sie zur Legitimation ihrer Taten brauchte. Es mußte ein gewisses Maß an Gerechtigkeit geben; es mußte auf dieser Welt einen Ausgleich geben.

»Sie können mir nichts beweisen«, sagte Candy Ann immer noch mit ihrem unheimlichen Lächeln, das mit Belustigung wenig zu tun hatte.

»Sie haben recht«, gab Nudger zu. »Kann ich nicht. Doch ich glaube nicht, daß es nötig ist, dies juristisch zu beweisen, Candy Ann. Sie haben es selbst gesagt: unsere Gedanken sind klitzekleine Stromstöße im Gehirn. Curtis ritt auf einmal auf dem Blitz. Bei Ihnen wird es sich über Jahre hinziehen, aber die Bestimmung ist dieselbe. Ich bin überzeugt, Sie werden mir zustimmen, daß der Ritt leichter war.«

Sie saß ganz still. Sie gab keine Antwort. Würde keine geben.

Nudger stand auf und wischte sich mit dem Handrükken über die feuchte Stirn. Er fühlte sich klebrig, schmutzig, beengt von der niedrigen Decke und den nahen Wänden des winzigen, stickigen Wohnwagens. Er mußte schleunigst von hier verschwinden, um dem Gefühl zu entkommen, eingesperrt zu sein.

Er verabschiedete sich nicht von Candy Ann, als er hinausging. Sie verabschiedete sich nicht von ihm.

Als Nudger aus dem Wohnwagen stieg, hörte er die Flasche an das Glas klirren.

33. Kapitel

Es war Dezember und der Frost hatte die Ecken der Fensterscheibe mit einem Netz überzogen, als Hammersmith Nudger im Büro anrief und ihm sagte, daß Candy Ann Adams Selbstmord begangen habe.

Nudger stockte einen Augenblick der Atem; etwas Eisiges flüsterte ihm ins Ohr. Es hatte nicht so lange gedauert, wie er gedacht hatte; er konnte sich Candy Ann alt und schuldzerfressen vorstellen, aber es war schwierig, sie sich tot vorzustellen.

»Sie wurde mit ihrem Radio in der Badewanne gefunden«, sagte Hammersmith. »Das Radio war an, sie war aus.« Unter der Flapsigkeit lag eine beinahe unergründliche Traurigkeit. Nudger kannte Hammersmith wahrscheinlich besser als jeder andere und wußte, wann er sich hinter Sarkasmus und Ironie versteckte, die ihn vor Schmerz schützen sollten. Aber diesmal war es nicht genug Schutz.

»Vielleicht war es ein Unfall«, meinte Nudger, der es besser wußte, der wußte, was Hammersmith so traurig gestimmt hatte.

»Sie hat einen Brief hinterlassen. Sie hat gestanden, die alte Frau getötet zu haben, und sie hat gestanden, erst dich und dann Gantner benutzt zu haben, um sicherzustellen, daß Curtis Colt für ihre Tat auf den elektrischen Stuhl kam. Es war alles haargenau so, wie du es dir im Sommer zusammengereimt hast.«

»Was ist mit Gantner?« fragte Nudger und knöpfte sich noch ein paar Knöpfe an seiner Strickjacke zu. Im Büro war es kalt.

»Er hat die Wahrheit gesagt«, sagte Hammersmith. »Candy Ann hat ihm gesagt, Colt habe sie angestiftet, die Zeugen zu einer Änderung ihrer Aussagen zu bewegen; sie hat ihm gesagt, Colt habe die alte Frau erschossen und sie habe Angst vor ihm und wüßte, daß er sie umbringen würde, wenn er der Hinrichtung entginge und irgendwie aus dem Gefängnis käme. Damit hat sie Gantner und seinen Schlägerkumpel überredet, dich aus dem Fall zu verjagen, als es so aussah, als könntest du auf die Wahrheit stoßen. Ich glaube, daß Colt unschuldig und Candy Ann die Mörderin war, ist Gantner erst aufgegangen, als er dich nach der Beerdigung beschattet hat und geahnt hat, was du dir zusammengereimt hast.«

So hatte es auch Nudger gesehen. Hammersmith hatte Gantner im Juli vernommen, um herauszufinden, ob Candy Ann den Mord im Spirituosengeschäft gestanden hatte. Aber Gantner war schlau genug, sich nicht als Beihelfer zum Mord zu belasten und hatte jede Kenntnis von Candy Anns Schuld abgestritten. Er hatte die Wahrheit gesagt, und es hatte nicht genug Beweise gegeben, um ihn anzuklagen.

Nudger konnte Hammersmiths Trauer und Frustration durch die Leitung strömen fühlen. Hammersmith war ein Polizist und kein Mörder. Aber er hatte dazu beigetragen, Beweismaterial gegen einen Unschuldigen zu sammeln, dazu beigetragen, ihn auf dem Blitz in den Tod zu schicken.

»Es ist vorbei«, sagte Nudger. »Quäl dich nicht damit.«

»Es ist auch für Curtis Colt vorbei«, sagte Hammersmith.

»Er hat den Wagen gefahren«, erinnerte ihn Nudger. »Er war daran beteiligt.«

»Aber er hat nicht den Abzug durchgezogen«, sagte Hammersmith. »Er hat niemanden umgebracht. Das Gesetz hat ihn umgebracht. Und das Gesetz bin ich.« Er zündete sich eine Zigarre an. Nudger hörte ihn wie wild schmatzen und paffen. Hammersmith wurde wütend, spürte, wie die ätzende Schärfe des Geschehens an ihm fraß, nagte. »Ich halte nichts von dieser Selbstjustizscheiße, Nudge. Der Mann hatte den Tod nicht verdient.«

»Hat er nicht«, pflichtete ihm Nudger bei. »Aber er war auch nicht vollkommen. Wie das Gesetz. Und wie wir.«

Hammersmith schwieg einen Moment. Dann sagte er: »Ich sollte mich besser wieder an die Arbeit machen. Das Verbrechen nimmt nie eine Auszeit. Und ich bin so beliebt. Alle Leitungen auf meinem Telefon blinken. Alle.«

Nudger fragte sich, ob das auch stimmte. Er riet Hammersmith, nicht so streng mit sich zu sein, und legte auf.

Er wußte, wie Hammersmith reagieren würde. Er würde nicht nach Hause gehen und seine Frau verprügeln oder den Hund treten oder sich betrinken. Er würde eine Weile grübeln, sich dann in die Arbeit stürzen, ranklotzen, bis die Erinnerung mit der Zeit verblaßte und er die Vergangenheit akzeptieren konnte, eine Perspektive, mit der er leben konnte, statt sich den Revolver in den Mund zu stecken und Candy Ann zu folgen. Am Revolver zu kauen, sich auslöschen wie Billy Abraham. Hammersmith würde das nicht tun. Ihm würde es schließlich wieder gut gehen, doch es würde nicht leicht sein.

Als Curtis Colts Unschuld publik wurde, begann Scott Scalla zu manövrieren. Er war kein Staatsmann, aber wenn es auf die nackte Politik ankam, konnte er ebensogut schwindeln und sein Mäntelchen in den Wind hängen wie alle anderen. Er sei schrecklich erschüttert über Colts Hinrichtung, sagte sein Pressesprecher, immer und immer wieder. Gott allein wußte, welche Höllenqualen der Gouverneur leide. Scalla selbst deutete in einem Interview nach einer Weihnachtsandacht der *Friends of God* an, daß im Fall Colt ein Versagen der Polizei vorliege, das diese zu vertuschen versucht habe. Dort sei der Fehler passiert, auf einer unteren Ebene, so daß Scalla, als die Angelegenheit das Büro des Gouverneurs erreicht hatte, keine andere Wahl gehabt hatte, als dem Buchstaben des Gesetzes zu folgen und die Hinrichtung nicht zu verhindern. Ein Unschuldiger war tot, und der Gouverneur eines großen Staates war, da ihm vom Gesetz die Hände gebunden waren, zu einem unwissentlichen Beihelfer geworden. Das Gesetz war unterlaufen und pervertiert worden. Scalla verspach eine Untersuchung. Die Schlamperei in dem Verfahren würde aufgeklärt werden.

Doch Scalla wollte nicht wirklich eine Untersuchung. Jedenfalls keine, die ihn mit einbezog. Er wollte nur im Bewußtsein der Wähler einen möglichst wenig schädlichen Eindruck hinterlassen, was ihm mit der richtigen Abfolge von Verlautbarungen und Erklärungen auch gelang.

Die Untersuchung wurde bald von der Staatsebene zur Stadt abgeschoben; das Komitee der Commissioner führte eine innerpolizeiliche Untersuchung durch. Die Aufmerksamkeit der Medien wurde von größeren Nachrichten beansprucht, von denen einige just zu diesem Zweck künstlich erzeugt worden waren, und die Wähleröffentlichkeit war mit anderen Dingen beschäftigt. Und wie der Gouverneur versprochen hatte, fand ja eine Untersuchung statt. Nun brauchte man nur noch einen Sündenbock, jemanden, der die ganze Last des Fehlurteils und der Hinrichtung auf sich nahm. Ein Opfer, mit dem man die Öffentlichkeit beschwichtigen und den Fall für immer abschließen konnte.

Jemanden, der entbehrlich war.

Wer wäre da besser, als der Polizist, der in dem Mordfall die Ermittlungen geleitet hatte? Lieutenant John Edward ›Jack‹ Hammersmith.

Nudger war nicht sonderlich besorgt, als er hörte, daß sich die Untersuchung auf Hammersmith konzentrierte, der jedoch bei laufenden Bezügen vom Dienst suspendiert worden war. Das Komitee der Commissioner kannte das Spiel; seine Mitglieder standen selbst unter

Druck. Und Nudger kannte Hammersmith besser als Scott Scalla.

»Es ist alles okay, Nudge«, sagte Hammersmith, als Nudger bei ihm zu Hause in Webster Groves vorbeischaute. Obwohl es nur etwa fünf Grad warm war, saß Hammersmith in einem Gartenstuhl unter einer blätterlosen hundertjährigen Eiche im Garten. Er trug farbbespritzte Cordhosen und einen rotschwarzkarierten Stutzer und sah schwabbliger und schlampiger aus als in Uniform. »Mir passiert schon nichts.«

Nudger glaubte ihm. Hammersmith war, in seinem engen beruflichen Umfeld, genauso geschickt und durchtrieben wie ein Politiker wie Scott Scalla. Er konnte ebenso tricksen wie die Polizeibürokratie, die Medien und das Komitee der Commissioner, über die Hammersmith mehr wußte, als diese ahnten.

Hammersmith nahm eine seiner abscheulichen Zigarren aus der Tasche und zündete sie mit einem Streichholz an. »Meine Frau hat mir verboten, die drinnen zu rauchen«, sagte er.

»Wahrscheinlich will sie keine grünen Gardinen haben.«

»Apropos«, sagte Hammersmith. »Ich habe mir einen guten Anwalt genommen. Charles Siberling.«

Nudger sah Siberling vor sich, wie er sich feuerspeiend durch das Disziplinarverfahren kämpfte. Er lächelte. Hammersmith würde wirklich nichts passieren. »Siberling ist eine gute Wahl«, sagte er. »Du spielst nicht gerade fair mit deinen Vorgesetzten.«

Hammersmith strahlte um die Zigarre; die blauen Augen durchbohrten den ekelhaften Qualm. »Mann, ist der vielleicht aalglatt«, sagte er bewundernd. »Wie ein Barrakuda mit einem Aktenkoffer. Der Mann hat eine große Zukunft vor sich.«

»Ich habe eine Lungenentzündung vor mir«, sagte Nudger, »wenn ich nicht bald aus der Kälte komme.« Sein Atem bildete eine Wolke vor seinem Gesicht.

Hammersmith tat jetzt etwas, was Nudger noch nie bei ihm gesehen hatte: er drückte eine halbgerauchte Zigarre aus. »Laß uns ins Haus gehen, Nudger. Wir trinken ein paar Bier und lästern über Gott und die Welt.«

Eine Stunde später kehrte Nudger, beruhigt über Hammersmith und gesättigt von einem Schinkensandwich und zwei Budweiser, wieder in seine Wohnung zurück.

In der Post lag seine Wahlbenachrichtigungskarte mit dem Datum der nächsten Wahl und der Adresse seines Wahllokals. Der Staat wollte die Mehrwertsteuer erhöhen, um die Instandhaltung der Highways zu finanzieren. Die Gegner der Gesetzesvorlage behaupteten, die zusätzlichen Steuergelder sollten tatsächlich andere staatliche Gelder freisetzen, mit denen Scott Scallas Wahlkampfschulden bezahlt werden würden. »Geld für die eigenen Taschen statt für Schlaglöcher«, hieß es in ihren Broschüren. Der vom Staat finanzierte Fernsehspot, der wiederholt gesendet wurde, zeigte eine junge Familie, deren Kombi in ein Schlagloch fuhr, außer Kontrolle geriet und in Flammen aufging. Nur der Vater, der am Steuer gesessen hatte, überlebte, wenn auch nicht sehr glücklich. Es war eine düstere Situation, die alle Weibgeborenen mit ihrer Wahlstimme zu verhindern trachten würden.

Es wurde erwartet, daß das Gesetz mit großer Mehrheit verabschiedet werden würde.

Nudger warf die Wahlbenachrichtigungskarte und die Wahlpropaganda in den Papierkorb und beschloß, nicht zur Wahl zu gehen.

Dann ging er ans Wohnzimmerfenster, starrte auf den trüben, schneeschweren Winterhimmel und änderte seine Meinung. Menschen wie Scott Scalla verließen sich ja gerade darauf, daß Menschen wie Nudger nicht zur Wahl gingen. Nudger würde diesmal zur Wahl gehen, und er würde auch weiterhin zur Wahl gehen.

Vielleicht würde es eines Tages etwas ändern.

Vielleicht würde Charles Siberling für das Amt des Gouverneurs kandidieren.

34. Kapitel

Nudger lag mit Claudia in der Morgensonne in ihrem Schlafzimmer. Er lag auf dem Rücken, unter der Decke, während sie auf der Decke lag und immer noch tief durchatmete. Alles war wieder gut zwischen ihnen, dachte Nudger, wenn auch nicht so gut, wie es gewesen war, bevor sie ihre Beziehung neu definiert hatten. Er war sich nicht sicher, ob Claudia sich mit anderen Männern traf. Er fragte nie, fürchtete sich vor der Antwort.

Sie seufzte, stützte sich auf den Ellenbogen, drehte sich um und setzte dann auf der Bettkante auf. Nudger beobachtete sie mit der vertrauten Ehrfurcht. Ihr schmaler Körper war in dem weichen Licht atemberaubend. Eine halbe Stunde zuvor hatten sich seine Lenden nach ihr gesehnt, und nun tat es sein Herz. Eine Aufsplitterung, bei der die Frauenbewegung das ungeliftete Gesicht verzöge. Vielleicht hatte sie recht; manchmal kam sich Nudger so ausgestorben vor wie jene Dinosauren mit den zwei Gehirnen, von denen jedes ein katastrophales Urteilsvermögen besaß.

Claudia stand auf und wandte sich um, um auf ihn herabzusehen. »Ich verstehe nicht, wie du es unter der Decke aushalten kannst«, sagte sie. »Die Heizung sorgt hier drinnen für tausend Grad.«

»Mir ist kalt«, erklärte er. »Kälte ist subjektiv, sogar bei tausend Grad.«

Sie schüttelte den Kopf, und er sah ihr zu, wie sie zum Badezimmer ging. Was für ein Gang.

Die Dusche zischte und gluckste eine Weile, dann kam Claudia wieder zurück, frottierte sich immer noch ab. Auf ihren Armen und Schenkeln war eine Gänsehaut, und dort, wo sie mit dem rauhen Handtuch zu heftig gerubbelt hatte, war die Haut gerötet.

Beim Anziehen fragte sie: »Wie geht es Hammersmith?« Sie hatte Hammersmith schon immer gemocht, und sie wußte, wie sehr ihn die Geschichte mitnahm.

»Alles ist wieder so, wie er es für normal hält«, sagte Nudger.

»Er muß ein paar einflußreiche Leute kennen.«

»Noch besser. Er kennt ein paar Geschichten über einflußreiche Leute.«

Das Komitee der Commissioner hatte Hammersmith nach einer angemessenen Zeitspanne freigesprochen. Siberling hatte sie so erbost, daß sie schließlich die Ansicht geäußert hatten, es sei die Justiz gewesen, die bei Colts Verurteilung und Hinrichtung einen Fehler gemacht hatte. Siberling gab die Schuld der Vorgehensweise der Polizei, der Politik, der Sonne, dem Mond und den Sternen, allem und jedem außer Hammersmith. Der Schwarze Peter, der Hammersmith zugeschoben worden wra, war in kleine Schnipsel zerrissen worden, die keinen interessierten.

Das Problem war – genau wie bei Claudia und Nudger –, daß für Hammersmith nichts mehr so war wie zuvor. Darauf schien es im Leben hinauszulaufen. Mal hier, mal da einen kleinen Teil seines Selbst einzubüßen, sich immer mehr eisiger Finsternis zu nähern.

Claudia stand krumm in ihren Levi's und knöpfte sich gerade eine weiße Baumwollbluse zu. Nudger gefiel sie am besten, wenn sie sich schlicht anzog, um ihre subtile Schönheit zur Geltung zu bringen. Sie einfach nur anzuschauen gab ihm ein Gefühl von Zufriedenheit und Ganzheit. Er brauchte sie mehr, als er beabsichtigt hatte. Soviel mehr. Er dachte an Candy Ann und Colt und fragte sich, ob die Liebe für jeden immer eine Falle war. Sein und Claudias Leben währte nicht ewig; war es da ein Wunder, daß er bei ihr egoistisch war? Okay, mehr als egoistisch. Ausgesprochen gierig und besitzergreifend.

»Warum fahren wir am Wochenende nicht einfach weg?« schlug er vor. »Fahren irgendwohin und suchen uns selige Abgeschiedenheit? Wir könnten uns eine Hütte mieten.«

Sie übersprang einen Knopf. »Ich kann nicht. Ich habe dieses Wochenende schon etwas vor.«

»Das ganze Wochenende?«

Sie nickte, kehrte ihm den Rücken zu und bürstete sich die Haare. Ihre Blicke trafen sich im Toilettenspiegel. Sie schaute weg.

»Mit einem meiner Geschlechtsgenossen?« fragte Nudger.

»Ja.«

Nudger wurde plötzlich das Herz so schwer, daß er meinte, sich nicht von der Stelle rühren zu können. Claudias Bild im Spiegel schien zurückzuweichen, sich zu verändern, als sähe er sie in einem zitternden Zerrspiegel.

»Ich verstehe wirklich nicht, wie du bei dieser Hitze unter der Decke liegen kannst«, sagte sie. »Du mußt verrückt sein.«

Er lauschte dem seufzenden, leisen Knistern, als die Bürste durch ihr langes Haar fuhr. Es war beinahe wie das Geräusch von knisterndem Starkstrom, von dahinschwindender Zeit.

»Nicht verrückt«, sagte Nudger. »Kalt. Kälter als zuvor.«

Aber er schlug die Decke zurück und kämpfte sich aus dem Bett in seine Welt.

Manche Menschen waren einfach nicht unterzukriegen.